Mecklenbrauck/Müller/Schulz
Prüfungsklassiker Steuerlehre
für Steuerfachangestellte

Zusätzliche digitale Inhalte für Sie!

Zu diesem Buch stehen Ihnen kostenlos folgende digitale Inhalte zur Verfügung:

- Online-Buch ✓
- Buch als PDF
- Online-Training
- Zusatz-Downloads
- App
- Digitale Lernkarten

Schalten Sie sich das Buch inklusive Mehrwert direkt frei.

Scannen Sie den QR-Code **oder** rufen Sie die Seite **www.kiehl.de** auf. Geben Sie den Freischaltcode ein und folgen Sie dem Anmeldedialog. Fertig!

Ihr Freischaltcode

CFUI-NEED-AEBJ-UFXE-VPNB-HU

www.kiehl.de

Prüfungsklassiker Steuerlehre für Steuerfachangestellte

Über 170 typische Prüfungsaufgaben und Lösungen

Von
RA Christian Mecklenbrauck,
Ass. jur. Peter Volker Müller und
Ass. jur. Heiko Schulz

7., aktualisierte Auflage

kiehl

Bearbeitervermerk

- **Einkommensteuer:**
  Ass. jur. Peter Volker Müller
- **Umsatzsteuer:**
  RA Christian Mecklenbrauck
- **Körperschaftsteuer, Gewerbesteuer und Abgabenordnung:**
  Ass. jur. Heiko Schulz

ISBN 978-3-470-**65607**-6, 7., aktualisierte Auflage 2021

Kiehl ist eine Marke des NWB Verlags

Satz: SATZ-ART Prepress & Publishing GmbH, Bochum
Druck: Stückle Druck und Verlag, Ettenheim

Vorwort

Das Ihnen vorliegende Buch „Prüfungsklassiker Steuerlehre für Steuerfachangestellte" ist Teil der Trilogie der Prüfungsklassiker für Steuerfachangestellte.

Die 179 typischen Prüfungsaufgaben der verschiedenen Themengebiete der Steuerlehre (Einkommensteuer, Umsatzsteuer, Gewerbesteuer, Körperschaftsteuer und Abgabenordnung) bieten Ihnen die einmalige Möglichkeit, sich sicher, umfassend und zügig auf die Abschlussprüfung vorzubereiten.

Die Gewichtung der einzelnen Kapitel orientiert sich an der Punkteverteilung der Abschlussprüfung der verschiedenen Bundesländer. Erfahrungsgemäß werden für die Einkommensteuer, gefolgt von der Umsatzsteuer, die meisten Punkte vergeben. Für die restlichen Gebiete werden bei einer Bearbeitungszeit von insgesamt 150 Minuten für die schriftliche Prüfung Steuerlehre im Verhältnis nur wenige Punkte zu erreichen sein.

Der Aufbau des Buches und die ausführlichen Lösungen geben Ihnen die Gelegenheit, die einzelnen Themengebiete schichtweise auf dem erforderlichen Prüfungsniveau abzuarbeiten.

Die Prüfungsklassiker eignen sich aber nicht nur zur direkten Prüfungsvorbereitung, sondern auch schon während der Ausbildung bzw. zur Begleitung des theoretischen Unterrichts als ideale Lernkontrolle, denn wer frühzeitig auf Abschlussprüfungsniveau lernt und übt, kann sich in der „heißen" Lernphase auf Wiederholungen und Feinheiten konzentrieren.

Auch für die Ausbilder und Dozenten dürften die Prüfungsklassiker interessant und bei der Suche nach passenden Übungsfällen in den verschiedenen Varianten mit dem unterschiedlichen Schwierigkeitsgrad der verschiedenen Bundesländer behilflich sein. Es gibt Anreize für neue Fragestellungen und eine Füllmenge an neuen Übungsaufgaben.

Als sog. Sperrfach hat Ihre Klausur Steuerlehre eine ganz besondere Bedeutung. Diese Klausur muss bestanden werden (ansonsten keine Zulassung zur mündlichen Prüfung). Selbst gute Ergebnisse in den anderen Gebieten helfen dann nicht weiter, die Tür zur bestandenen Abschlussprüfung bleibt verschlossen.

Den erforderlichen Schlüssel zum Öffnen dieser Tür halten Sie gerade in Ihren Händen!

Christian Mecklenbrauck/Peter Müller/Heiko Schulz
Lünen/Leimen/Bremen, im Januar 2021

Benutzungshinweise

Diese Symbole erleichtern Ihnen die Arbeit mit diesem Buch:

TIPP

Hier finden Sie nützliche Hinweise zum Thema.

MERKE

Das X macht auf wichtige Merksätze oder Definitionen aufmerksam.

ACHTUNG

Das Ausrufezeichen steht für Beachtenswertes, wie z. B. Fehler, die immer wieder vorkommen, typische Stolpersteine oder wichtige Ausnahmen.

INFO

Hier erhalten Sie nützliche Zusatz- und Hintergrundinformationen zum Thema.

RECHTSGRUNDLAGEN

Das Paragrafenzeichen verweist auf rechtliche Grundlagen, wie z. B. Gesetzestexte.

MEDIEN

Das Maus-Symbol weist Sie auf andere Medien hin. Sie finden hier Hinweise z. B. auf Download-Möglichkeiten von Zusatzmaterialien, auf Audio-Medien oder auf die Website von Kiehl.

Feedbackhinweis

Kein Produkt ist so gut, dass es nicht noch verbessert werden könnte. Ihre Meinung ist uns wichtig. Was gefällt Ihnen gut? Was können wir in Ihren Augen verbessern? Bitte schreiben Sie einfach eine E-Mail an: **feedback@kiehl.de**

1. Einkommensteuer

Vorbemerkung zu den Einkommensteueraufgaben

Die vorliegenden Aufgaben sind nicht als Lehrbuch zu verstehen. Diese Fälle dienen dazu, das bereits Erlernte auf Fälle anzuwenden und in der für die Prüfung nötigen Form zu bearbeiten. Die Hinweise zu den Rechtsgrundlagen sollen keine vollständige Lösung ergeben, sondern sie sollen dazu anregen, die gestellte Aufgabe anhand der Gesetze nachzuarbeiten. Die Darstellung der Lösungen erfolgt aus der Sicht des Klausurenverbundes. Daher erscheinen manche Lösungen möglicherweise unnötig umständlich (z. B. Vorsorgeaufwendungen). Um aber die volle Punktzahl zu erhalten sind gelegentlich unnötig erscheinende Schritte darzustellen.

Die vorliegenden Aufgaben spiegeln die klassischen Aufgaben in der Einkommensteuer im Klausurenverbund wieder. Dabei wurden aber auch Varianten aufgenommen, die zwar bisher nicht abgeprüft wurden, aber als Spielmöglichkeit infrage kommen. Die Anzahl der Varianten spiegelt nicht zwingend die Wichtigkeit in der Prüfung wider.

Darüber hinaus wurden auch Fallkonstellationen berücksichtigt, die in Abschlussprüfungen außerhalb des Klausurenverbundes geprüft wurden.

Die in der Einkommensteuer zu bearbeitenden Aufgaben sind im Klausurenverbund der beteiligten Steuerberaterkammern vereinheitlicht. Inzwischen wird auch im Klausurenverbund die Einkommensteuer verstärkt als Gesamtfall geprüft. Das bedeutet, dass das Gesamtschema bis zum zu versteuernden Einkommen vollständig beherrscht werden muss. Es ist nicht unüblich sogar mehrere Gesamtfälle mit unterschiedlichen Schwerpunkten in die Prüfung aufzunehmen. Es ist aber z. B. auch möglich, dass einzelne Einkünfte vertieft abgeprüft werden. Genauso ist es möglich, dass einzelne Sonderausgaben oder Außergewöhnliche Belastungen abgeprüft werden und nicht das Einkommen als Ganzes.

Die einzelnen Einheiten sind grundsätzlich nicht mit dem davorliegenden Prüfungsteil verbunden, dies kann aber im Einzelfall dennoch vorkommen. Sofern man den ersten Teil nicht lösen kann, sollte man für die weitere Lösung ein Ergebnis annehmen, um eventuell die weitere Aufgabe lösen zu können. Dabei ist es unerheblich, dass die Zahlen dann nicht stimmen, da es sich um Folgefehler handelt, die nicht mit erneutem Punktabzug bestraft werden dürfen.

Aus lerntaktischen Gründen werden bei den Einkommensteuerfällen in diesem Buch die Problemstellungen der Einkommensteuer zunächst in einzelnen Aufgaben und abschließend jeweils in einem zusammenfassenden Fall erneut abgeprüft.

Der Prüfling sollte, auch wenn kein Gesamtfall abgeprüft wird, trotzdem auch die Gesamtsystematik der Einkommensteuer verstehen, damit er über ein besseres Verständnis für die Einzelprobleme und deren Systematik verfügt. R 2 Abs. 1 EStR sollte man als Prüfling idealerweise auswendig können.

Der nachfolgende Hinweis mag Ihnen unnötig, wenn nicht sogar lächerlich erscheinen, aber jahrelange Erfahrung aus der Prüfungsvorbereitung zeigen, dass immer wieder dieselben Fehler beim Lernen gemacht werden.

Um eine echte Erfolgskontrolle zu haben, sollte man erst in die Lösungen schauen, wenn man den Fall bearbeitet hat. Man betrügt sich sonst nur selbst. Eine Lösung ist immer logisch wenn man sie liest, aber erstaunlicherweise kann man es trotzdem nicht auf einen neuen Fall übertragen, wenn man es nicht selbstständig versucht hat. Seien Sie zu sich selbst ehrlich. Und wenn Sie einmal etwas nicht können, ist das kein Weltuntergang. Machen Sie sich klar wie viel Sie falsch machen dürfen, bevor Sie durchfallen, dann gehen Sie viel entspannter in die Prüfung und schreiben dann vielleicht auch die eins.

Lesen Sie sich in der Prüfung immer zuerst die Aufgabenstellung durch, bevor Sie den Sachverhalt lesen. Nur wenn man weiß, was gefragt ist, kann man den Sachverhalt entsprechend gefiltert lesen und nach den nötigen Informationen suchen. Man lässt sich dann weniger von Informationen, die man nicht braucht, verwirren. Wen interessiert die Zahl der Kinder, wenn nach der Summe der Einkünfte gefragt wird?

Aus Vereinfachungsgründen wird für das ganze Jahr 2020 von 19 % bzw. 7 % Umsatzsteuer ausgegangen.

1.1 Summe der Einkünfte

1.1.1 Gewinneinkünfte

INFO

Bei den Gewinneinkünften ist im Regelfall davon auszugehen, dass die beteiligten Personen als Unternehmer i. S. d. UStG zu betrachten sind, und daher grundsätzlich zum Vorsteuerabzug berechtigt sind. Als Betriebsausgaben kommt daher analog § 9b EStG nur der Nettoaufwand infrage. Allerdings kommt es gelegentlich vor, dass Umsätze vorliegen, an denen ein Kleinunternehmer beteiligt ist. Da dieser keine Umsatzsteuer ausweist, kommt daher auch kein Vorsteuerabzug infrage.

Wissenslücken in der Umsatzsteuer „rächen" sich auch in der Einkommensteuer und im Rechnungswesen.

ACHTUNG

Die Einkünfte aus Land- und Forstwirtschaft spielen keine große Rolle in der Prüfung. Allerdings wird erwartet, dass man in der Lage ist, den Gewinn bei einem vom Kalenderjahr (KJ) abweichendem Wirtschaftsjahr (WJ) korrekt zu ermitteln.

Aufgabe 1: Einkünfte aus Land- und Forstwirtschaft (1)

Ermitteln Sie in einer übersichtlichen Darstellung die Einkünfte für Gustav G. für 2020.

Der Land- und Forstwirt Gustav G., der seinen Gewinn nach einem vom Kalenderjahr (KJ) abweichenden Wirtschaftsjahr (WJ) ermittelt, hat in den Jahren 2019 bis 2021 folgende Gewinne erzielt:

2019/2020:	+ 85.000 €
2020/2021:	- 34.000 €
2021/2022:	+ 45.500 €

Lösung s. Seite 149

Aufgabe 2: Einkünfte aus Land- und Forstwirtschaft (2)

Ermitteln Sie in einer übersichtlichen Darstellung die Einkünfte für Gustav G. für 2020.

Der Land- und Forstwirt Gustav G., der seinen Gewinn nach einem vom Kalenderjahr (KJ) abweichenden Wirtschaftsjahr (WJ) ermittelt, hat in den Jahren 2019 bis 2021 folgende Gewinne erzielt:

2019/2020:	+ 15.400 €
2020/2021:	+ 34.000 €
2021/2022:	- 45.500 €

Lösung s. Seite 150

ACHTUNG

Auch bei den Einkünften aus Gewerbebetrieb wird in der Prüfung erwartet, dass man in der Lage ist den Gewinn bei einem vom Kalenderjahr (KJ) abweichendem Wirtschaftsjahr (WJ) korrekt zu ermitteln. Machen Sie sich die Unterschiede zu Land- und Forstwirtschaft klar, dann sollte eine solche Aufgabe kein Problem sein.

Aufgabe 3: Einkünfte aus Gewerbebetrieb (1)

Ermitteln Sie in einer übersichtlichen Darstellung die Einkünfte für Dussel D. für 2020.

Der gewerbetreibende Dussel D., der seinen Gewinn nach einem vom Kalenderjahr (KJ) abweichenden Wirtschaftsjahr (WJ) ermittelt, hat in den Jahren 2019 bis 2021 folgende Gewinne erzielt:

2019/2020:	+ 85.000 €
2020/2021:	- 34.000 €
2021/2022:	+ 45.500 €

Lösung s. Seite 150

Aufgabe 4: Einkünfte aus Gewerbebetrieb (2)

Ermitteln Sie in einer übersichtlichen Darstellung die Einkünfte für Dussel D. für 2020.

Der gewerbetreibende Dussel D., der seinen Gewinn nach einem vom Kalenderjahr (KJ) abweichenden Wirtschaftsjahr (WJ) ermittelt, hat in den Jahren 2019 bis 2021 folgende Gewinne erzielt:

2019/2020:	+ 15.400 €
2020/2021:	+ 34.000 €
2021/2022:	- 45.500 €

Lösung s. Seite 150

ACHTUNG

Bei Einzelunternehmern sind insbesondere die Vorschriften der Gewinnermittlung zu beachten. Dies bedeutet, dass § 11 EStG grundsätzlich nicht zur Anwendung kommt. Des Weiteren muss hier darauf geachtet werden, ob es sich bei den aufgeführten Aufwendungen um Betriebsausgaben handelt. Es wird im Regelfall eine kurze stichwortartige Lösung erwartet. Daher sollte die Lösung auch bzgl. der Bezeichnungen den Sachverhalt widerspiegeln. Achten Sie auf die korrekte Verwendung der Fachbegriffe.

Aufgabe 5: Einzelunternehmer

Ermitteln Sie in einer übersichtlichen Darstellung die Einkünfte für Michael J. für 2020.

Michael J. betreibt in Stuttgart eine Weingroßhandlung. Er ermittelt seinen Gewinn gem. § 4 Abs. 1 EStG i. V. m. § 5 Abs. 1 Satz 1 EStG.

Er hat einen vorläufigen Gewinn von 123.450 € ermittelt. Dabei hat er folgende Vorgänge noch nicht als Aufwand bzw. als Ertrag erfasst:

Für eine Geschäftsreise vom 15.03.2020 bis 18.03.2020 hatte er Hotelkosten i. H. v. 150 € zzgl. 7 % USt je Übernachtung ohne Frühstück. Am 15.03.2020 fuhr er mit dem Firmenfahrzeug um 13:00 Uhr von zuhause los. Da er noch Unterlagen holen musste, fuhr er zunächst 10 km in die Firma und arbeitete dort drei Stunden. Um 16:15 Uhr fuhr er von dort in das Hotel, das 260 km von seiner Firma entfernt ist. Am 18.03.2020 fuhr er vom Hotel 275 km direkt nach Hause und kam um 13:55 Uhr an. Am 16.03.2020 ging Michael J. mit einem Geschäftspartner anlässlich einer Geschäftsbesprechung essen. Er bezahlte hierfür angemessene 238 € inkl. 19 % USt und gab 12 € Trinkgeld. Insgesamt hatte er Verpflegungskosten für sich selbst i. H. v. 476 € inkl. 19 % USt.

Er fuhr mit dem Firmenfahrzeug an 200 weiteren Tagen von seiner Wohnung zu seiner Firma und zurück. Er verwendet das Fahrzeug auch für Privatfahrten. Allerdings hat er kein Fahrtenbuch geführt, da ihm dies zu umständlich war. Sämtliche Fahrzeugkosten inkl. AfA sind bereits bei der vorläufigen Gewinnermittlung berücksichtigt worden. Er hat das Firmenfahrzeug 2013 für 28.000 € zzgl. 19 % USt gekauft. Das Fahrzeug hatte zum Zeitpunkt der Erstzulassung einen empfohlenen Herstellerpreis inkl. 19 % USt i. H. v. 45.735 €. Bei dem Fahrzeug handelt es sich um ein Elektrofahrzeug. Die Batterie hat eine Kapazität von 20 Kilowattstunden.

Lösung s. Seite 151

ACHTUNG

Die Gewinnermittlung bei Personengesellschaften, und damit auch bei einer Mitunternehmerschaft, wird inzwischen regelmäßig im Teil Rechnungswesen abgeprüft. Dennoch ist auch in der Einkommensteuer damit zu rechnen. Allerdings ist, im Gegensatz zur Gewinnermittlung im Rechnungswesen, eine tabellarische Lösung nicht angebracht, da im Regelfall in der Einkommensteuer nur für eine Person der Gewinn zu ermitteln ist. Dabei ist aber zu beachten, dass bei der Gewinnermittlung für einen Gesellschafter auch das Ergebnis der anderen Gesellschafter einen Einfluss auf das Ergebnis des zu prüfenden Gesellschafters haben kann.

Außerdem ist darauf zu achten, dass eventuell handelsrechtlich eine Korrektur erforderlich ist, bevor die steuerrechtliche Gewinnermittlung erfolgen kann.

Aufgabe 6: Mitunternehmerschaft/atypisch stille Beteiligung (1)

Ermitteln Sie in einer übersichtlichen Darstellung die Einkünfte für Hans G. für 2020.

Hans G. ist zu 35 % an der Goldesel OHG beteiligt. Die OHG ermittelt ihren Gewinn gem. § 4 Abs. 1 i. V. m. § 5 Abs. 1 Satz 1 EStG. Die Gewinnanteile werden nach der Beteiligungsquote verteilt. Die Vorwegverzinsung gem. § 121 HGB ist ausgeschlossen. Die OHG hat für das Jahr 2020 einen vorläufigen Gewinn i. H. v. 150.000 € ermittelt.

Hans G. hat der Gesellschaft ein unbebautes Grundstück, das er am 12.01.2016 privat gekauft hatte, für 1.000 € monatlich vermietet. Die OHG hat die Miete als Aufwand berücksichtigt. Für das Grundstück hat Hans G. Grundsteuer i. H. v. 3.500 € bezahlt. Da er den Kaufpreis damals nicht vollständig aufbringen konnte. hat er bei seiner Hausbank einen Kredit aufgenommen. Hierfür zahlt er jährlich 4.000 € Zinsen.

Lösung s. Seite 153

Aufgabe 7: Mitunternehmerschaft/atypisch stille Beteiligung (2)

Ermitteln Sie in einer übersichtlichen Darstellung die Einkünfte für Hans G. für 2020.

Hans G. ist zu 26 % an der Goldesel OHG beteiligt. Die OHG ermittelt ihren Gewinn gem. § 4 Abs. 1 i. V. m. § 5 Abs. 1 Satz 1 EStG. Die Gewinnanteile werden nach der Beteiligungsquote verteilt. Die Vorwegverzinsung gem. § 121 HGB ist ausgeschlossen. Die OHG hat für das Jahr 2020 einen vorläufigen Jahresüberschuss i. H. v. 235.000 € ermittelt.

Hans G. hat der Gesellschaft ein unbebautes Grundstück, das er am 12.01.2016 privat gekauft hatte, für 2.000 € monatlich vermietet. Die OHG hat die Miete als Aufwand berücksichtigt. Da allerdings die Miete für Dezember 2020 erst am 20.01.2021 überwiesen wurde, hat der Buchhalter die Miete bisher nicht bei den Betriebsausgaben 2020 berücksichtigt.

Für das Grundstück hat Hans G. Grundsteuer i. H. v. 4.800 € bezahlt. Da er den Kaufpreis damals nicht vollständig aufbringen konnte, hat er bei seiner Hausbank einen Kredit aufgenommen. Hierfür zahlt er monatlich 500 € Zinsen.

Lösung s. Seite 154

Aufgabe 8: Mitunternehmerschaft/atypisch stille Beteiligung (3)

Ermitteln Sie in einer übersichtlichen Darstellung die Einkünfte für Gustav G. für 2020.

Gustav G. ist als Gesellschafter mit 65.000 € zu 65 % an der Goldesel OHG beteiligt. Dussel D. ist als Gesellschafter mit 35.000 € zu 35 % an der Goldesel OHG beteiligt. Die OHG ermittelt ihren Gewinn gem. § 4 Abs. 1 i. V. m. § 5 Abs. 1 Satz 1 EStG. Die Gewinnanteile werden grundsätzlich nach den gesetzlichen Bestimmungen verteilt. Abweichend hiervon wurde aber vereinbart, den Restgewinn nach der Beteiligungsquote zu verteilen. Die OHG hat für das Jahr 2020 einen vorläufigen Gewinn i. H. v. 150.000 € ermittelt.

Gustav G. ist verheiratet und hat mit seiner Ehefrau ein gemeinsames Kind.

Gustav G. arbeitet seit dem 01.02.2019 für die Gesellschaft als Angestellter. Er erhält dafür einen Bruttoarbeitslohn von 2.500 € monatlich. Die OHG hat das Gehalt als Aufwand berücksichtigt. Für seine Tätigkeit hat sich Gustav G. am 15.03.2020 ein Laptop gekauft. Das Laptop kostete 476 € inkl. 19 % USt. Das Laptop hat eine Nutzungsdauer von drei Jahren.

Lösung s. Seite 155

INFO

Die Einkünfte aus selbstständiger Arbeit sind zwingendes Thema in den Prüfungen im Teil Rechnungswesen. Dennoch kommen auch einfache Fälle in der Einkommensteuer infrage. Außerdem darf man nicht annehmen, nur weil ein Thema an anderer Stelle bereits geprüft wird, dass man es in der Einkommensteuer nicht mehr bräuchte. Während die EÜR im Rechnungswesen tabellarisch abgeprüft wird, und die Aufgabe darin besteht Korrekturen bei der Gewinnermittlung vorzunehmen, muss in der Einkommensteuer der Gewinn aktiv ermittelt werden. Dies bedeutet, dass bei einer EÜR im Rechnungswesen z. B. 30 % der Bewirtungskosten als nicht abzugsfähig hinzugerechnet werden müssen, da in der Regel bereits 100 % geltend gemacht wurden, wohingegen in der Regel in der Einkommensteuer die 70 % abziehbarer Anteil als Betriebsausgaben von den Einnahmen abgezogen werden müssen.

Beachten Sie, dass es sich bei einer EÜR um eine Gewinnermittlung und nicht um eine Überschusseinkunftsart handelt. Daher sind die Vorschriften über die Gewinnermittlung und damit auch die Vorschriften für die GWG und die Sammelposten anzuwenden.

Gelegentlich taucht auch das Thema Übungsleiter auf. Die damit zusammenhängenden Besonderheiten sind auch Gegenstand der folgenden Aufgaben.

Aufgabe 9: Einkünfte aus selbstständiger Arbeit (1)

Ermitteln Sie in einer übersichtlichen Darstellung die Einkünfte für Luke S. für 2020.

Luke S. arbeitet als Steuerberater in seiner eigenen Kanzlei. Er hat für 2020 einen vorläufigen Gewinn von 67.300 € ermittelt. Dabei wurden folgende Sachverhalte noch nicht berücksichtigt.

Er zahlt seit 2019 monatlich eine Miete für seine Geschäftsräume i. H. v. 1.400 € zzgl. 19 % USt. da der Vermieter zur Umsatzsteuer optiert hat. Die Miete wird jeweils zum Ersten eines jeden Monats fällig und pünktlich überwiesen. Aufgrund eines Bankfehlers wird die Dezembermiete 2020 allerdings erst am 08.01.2021 überwiesen. Daher hat er die Miete für Dezember bisher nicht berücksichtigt.

Er hat am 15.04.2020 einen Computer für sein Büro gekauft. Der Kaufpreis betrug 1.100 € zzgl. 19 % USt. Vereinbarungsgemäß wird der Kaufpreis am 12.01.2021 überwiesen. Die Nutzungsdauer des Computers beträgt drei Jahre. Am 18.12.2020 kauft er zur Datensicherung eine externe Festplatte für 222 € zzgl. 19 % USt und bezahlt sofort bar. Die Nutzungsdauer beträgt ebenfalls drei Jahre.

Für Büromaterial hat er am 15.02.2020 1.800 € inkl. 19 % USt bar bezahlt.

Für das Jahr 2021 plant er die Anschaffung eines neuen Schreibtischs. Der Schreibtisch soll 2.000 € zzgl. 19 % USt kosten.

Alle Vorsteuererstattungsbeträge und Umsatzsteuerzahlbeträge sind, soweit erforderlich, bereits in der Gewinnermittlung berücksichtigt.

Lösung s. Seite 156

Aufgabe 10: Einkünfte aus selbstständiger Arbeit (2)

Ermitteln Sie in einer übersichtlichen Darstellung die Einkünfte für Luke S. für 2020.

Luke S. unterrichtet an der Volkshochschule. Dafür erhält er im Jahr 2020 eine Vergütung i. H. v. 2.450 €. Er hat nachgewiesene Aufwendungen i. H. v. 2.000 €.

Lösung s. Seite 157

Aufgabe 11: Einkünfte aus selbstständiger Arbeit (3)

Ermitteln Sie in einer übersichtlichen Darstellung die Einkünfte für Luke S. für 2020.

Luke S. unterrichtet an der Volkshochschule. Dafür erhält er im Jahr 2020 eine Vergütung i. H. v. 2.650 €. Er hat nachgewiesene Aufwendungen i. H. v. 2.425 €.

Lösung s. Seite 158

Aufgabe 12: Zusammenfassender Fall zu Gewinneinkünften

Ermitteln Sie in einer übersichtlichen Darstellung die Summe der Einkünfte für Gunther G. für 2020.

Gunther G. betreibt im Nebenerwerb einen land- und forstwirtschaftlichen Betrieb, der seinen Gewinn nach einem vom Kalenderjahr (KJ) abweichenden Wirtschaftsjahr (WJ) ermittelt und hat in den Jahren 2018 bis 2021 folgende Gewinne erzielt:

2018/2019:	- 25.800 €
2019/2020:	- 20.000 €
2020/2021:	+ 22.000 €

Gunther G. betreibt zusätzlich in München ein Möbelhaus. Er ermittelt seinen Gewinn gem. § 4 Abs. 1 EStG i. V. m. § 5 Abs. 1 Satz 1 EStG.

Er hat einen vorläufigen Gewinn i. H. v. 224.830 € ermittelt. Dabei hat er folgende Vorgänge noch nicht als Aufwand bzw. als Ertrag erfasst:

Für eine Geschäftsreise vom 16.04.2020 bis 17.04.2020 hatte er Hotelkosten i. H. v. 210 € zzgl. 7 % USt je Übernachtung ohne Frühstück. Am 16.04.2020 fuhr er mit dem Firmenfahrzeug um 13:00 Uhr von zuhause los in das Hotel, das 130 km entfernt ist. Am 17.04.2020 fuhr er um 21:00 Uhr vom Hotel los zurück nach Hause und kam um 22:38 Uhr an. Insgesamt hatte er Verpflegungskosten für sich selbst i. H. v. 110 € inkl. 19 % USt.

Er fuhr mit dem Firmenfahrzeug an 190 Tagen von seiner Wohnung zu seiner 34,9 km entfernten Firma und zurück. Er verwendet das Fahrzeug auch für Privatfahrten. Allerdings hat er kein Fahrtenbuch geführt, da ihm das zu umständlich war. Sämtliche Fahrzeugkosten inkl. AfA sind bereits bei der vorläufigen Gewinnermittlung berücksichtigt worden. Gunther G. hat hat das Firmenfahrzeug im Februar 2020 gebraucht für 19.500 €

zzgl. 19 % USt gekauft. Das Fahrzeug hatte zum Zeitpunkt der Erstzulassung einen empfohlenen Herstellerpreis inkl. 19 % USt i. H. v. 53.829 €.

Gunther G. ist auch noch zu 40 % an der Goldesel OHG beteiligt. Die OHG ermittelt ihren Gewinn gem. § 4 Abs. 1 i. V. m. § 5 Abs. 1 Satz 1 EStG. Die Gewinnanteile werden nach der Beteiligungsquote verteilt. Die Vorwegverzinsung gem. § 121 HGB ist ausgeschlossen. Die OHG hat für das Jahr 2020 einen vorläufigen Jahresüberschuss i. H. v. 179.000 € ermittelt.

Gunther G. hat der Gesellschaft in 2019 ein Darlehen i. H. v. 100.000 € gewährt. Die Zinsen betragen monatlich 1.000 €. Die OHG hat die Zinsen als Aufwand berücksichtigt. Da allerdings die Zinsen für Dezember 2019 erst am 08.02.2020 überwiesen wurden, hat der Buchhalter die Zinsen bisher bei den Betriebsausgaben 2020 berücksichtigt.

Gunther G. unterrichtet nebenher auch an der Volkshochschule. Dafür erhält er im Jahr 2020 eine Vergütung i. H. v. 3.180 €. Er hat nachgewiesene Aufwendungen i. H. v. 1.200 €.

Lösung s. Seite 158

1.1.2 Überschusseinkünfte

INFO

Im Gegensatz zu den Gewinneinkünften ist hier regelmäßig das Zufluss-/Abflussprinzip zu beachten und nicht die periodengerechte Abgrenzung. Allerdings sind weiterhin die Vorschriften über die AfA und die Regeln für GWG zu beachten. Der Sammelposten kommt bei den Überschusseinkünften nicht infrage.

Es empfiehlt sich in der Prüfung beim Lösungsaufbau immer klar zwischen Einnahmen und Ausgaben zu unterscheiden.

Die Einkünfte aus nichtselbstständiger Arbeit sind ein beliebtes Thema in den Prüfungen. Hierbei ist insbesondere das Zufluss-/Abflussprinzip gem. § 11 EStG mit den Besonderheiten bei Gehältern zu beachten. Arbeitsmittel und die damit zusammenhängende Abgrenzung zu Privatausgaben spielen ebenfalls eine Rolle. Die verschiedenen Konstellationen der Berücksichtigung eines Arbeitszimmers sollten ebenfalls beherrscht werden.

Bei den Einkünften aus nichtselbstständiger Arbeit ist insbesondere darauf zu achten, dass für das Gehalt nicht die übliche kurze Zeit gem. H 11 EStR gilt. (vgl. R 39b.2 LStR) Auch Sachbezüge können eine Rolle spielen. Ansonsten liegt der Schwerpunkt auf den Werbungskosten wie Reisekosten, Entfernungspauschale und Arbeitsmitteln.

Aufgabe 13: Einkünfte aus nichtselbstständiger Arbeit – Angestellte (1)

Ermitteln Sie in einer übersichtlichen Darstellung die Einkünfte für Dirk N. für 2020.

Dirk N. ist Angestellter einer großen Automobilfirma. Er erhält laut Arbeitsvertrag einen Bruttoarbeitslohn i. H. v. 2.600 € monatlich. Laut seinem Arbeitsvertrag wird das Gehalt jeweils zum Ende des Monats überwiesen. Bis November 2020 wurde das Gehalt jeweils pünktlich überwiesen. Nur das Dezembergehalt verzögert sich. Am 20.01.2021 erhält Dirk endlich sein Gehalt für Dezember 2020. Sein Weihnachtsgeld i. H. v. 2.540 € für 2020 wird am selben Tag überwiesen.

Da er sehr viel am Computer arbeiten muss, kauft er sich am 12.12.2020 ein gebrauchtes Laptop für netto 300 € zzgl. 19 % USt. Die Rechnung erhält er am 05.01.2021 und überweist sofort. Das Laptop wird von ihm nachweislich ausschließlich beruflich verwendet.

Lösung s. Seite 160

Aufgabe 14: Einkünfte aus nichtselbstständiger Arbeit – Angestellte (2)

Ermitteln Sie in einer übersichtlichen Darstellung die Einkünfte für Gustav G. für 2020.

Gustav G. ist bei einem Textilhersteller im Büro beschäftigt. Er erhält monatlich ein Bruttogehalt i. H. v. 2.300 €. Er hat von seinem Arbeitgeber eine Personalrabattkarte bekommen, mit der er 20 % auf alle Einkäufe erhält.

Er nutzt diese Karte wie folgt (Der Rabatt ist noch nicht abgezogen.):

Einkauf am 15.02.2020:	400 € zzgl. 19 % USt
Einkauf am 20.04.2020:	550 € zzgl. 19 % USt
Einkauf am 02.08.2020:	800 € zzgl. 19 % USt
Einkauf am 15.12.2020:	1.400 € zzgl. 19 % USt

Lösung s. Seite 162

Aufgabe 15: Einkünfte aus nichtselbstständiger Arbeit – Angestellte (3)

Ermitteln Sie in einer übersichtlichen Darstellung die Einkünfte für Claas K. für 2020.

Claas K. ist bei einem Autohaus im Büro beschäftigt. Er erhält monatlich ein Bruttogehalt i. H. v. 2.800 €. Er hat von seinem Arbeitgeber die Möglichkeit erhalten, einmal im Jahr ein Neufahrzeug mit 15 % Rabatt zu kaufen. Er macht davon 2020 gebrauch. Das Fahrzeug, das er kauft hat einen Bruttolistenpreis i. H. v. 35.700 €. An Endkunden verkauft der Arbeitgeber vergleichbare Fahrzeuge mit einem Rabatt von 10 %. Die Händler am Markt verkaufen die Fahrzeuge allerdings für 23.800 €, und somit deutlich günstiger.

Lösung s. Seite 163

Aufgabe 16: Einkünfte aus nichtselbstständiger Arbeit – Angestellte (4)

Ermitteln Sie in einer übersichtlichen Darstellung die Einkünfte für Berta B. für 2020.

Berta B. ist angestellte Lehrerin an einer Privatschule. Sie erhält monatlich ein Bruttogehalt i. H. v. 3.400 €. An der Schule steht Ihr ein eigenes Zimmer für alle erforderlichen Tätigkeiten zur Verfügung. Da Sie allerdings lieber zuhause arbeitet nimmt Sie ihre Arbeit (Korrektur von Klausuren, Unterrichtsvorbereitung usw.) mit nach Hause.

Sie weist in Ihrer Steuererklärung die Aufwendungen für ein Arbeitszimmer wie folgt nach:

Wohnung, insgesamt 125 m², davon ein separates Zimmer als Arbeitszimmer 25 m²

Miete, monatlich gesamt:	1.300,00 €
Nebenkosten, monatlich gesamt:	350,00 €
Schreibtisch, Kaufpreis netto zzgl. 19 % USt (ND fünf Jahre):	1.000,00 €
Bürostuhl, Kaufpreis netto zzgl. 19 % USt (ND fünf Jahre):	400,00 €
Gebrauchtes Laptop, Kaufpreis brutto inkl. 19 % USt (ND drei Jahre):	487,90 €

Den Schreibtisch und den Bürostuhl hat sie am 15.04.2020 und das Laptop am 18.07.2020 gekauft.

Sie trägt privat ausschließlich Jeans und T-Shirt. Ihr Chef hat ihr nahegelegt, sich neue Kleidung zu kaufen. Daraufhin kauft sie sich zwei Kostüme für jeweils 238 €. Diese gibt Sie ebenfalls in ihrer Steuererklärung an.

Lösung s. Seite 164

Aufgabe 17: Einkünfte aus nichtselbstständiger Arbeit – Angestellte (5)

Ermitteln Sie in einer übersichtlichen Darstellung die Einkünfte für Dussel D. für 2020.

Dussel D. ist Angestellter und erhält monatlich 2.000 € Bruttoarbeitslohn. Er wohnt 20,4 km von seiner Arbeitsstätte entfernt. Er fährt an 220 Tagen mit dem eigenen Auto. Sein Arbeitgeber erstattet ihm 0,40 € je Entfernungskilometer und macht insoweit im Rahmen der gesetzlichen Möglichkeiten Gebrauch von der Pauschalierung. Dussel D. hatte abzugsfähige Reisekosten i. H. v. 500 €. Der Arbeitgeber hatte ihm 300 € erstattet (§ 3 Nr. 16 EStG beachten).

Lösung s. Seite 166

Aufgabe 18: Einkünfte aus nichtselbstständiger Arbeit – Angestellte (6)

Ermitteln Sie in einer übersichtlichen Darstellung die Einkünfte für Berta B. für 2020.

Berta B. ist angestellte Lehrerin an einer Privatschule. Sie erhält monatlich ein Bruttogehalt i. H. v. 3.000 €. An der Schule steht ihr kein eigenes Zimmer zur Verfügung. Daher muss sie ihre Arbeit (Korrektur von Klausuren, Unterrichtsvorbereitung usw.) teilweise zuhause erledigen.

Sie weist in Ihrer Steuererklärung die Aufwendungen für ein Arbeitszimmer wie folgt nach:

Wohnung, insgesamt 125 m², davon ein separates Zimmer als Arbeitszimmer 25 m²

Miete, monatlich gesamt:	1.250 €
Nebenkosten, monatlich gesamt:	220 €
Schreibtisch, Kaufpreis netto zzgl. 19 % USt (ND fünf Jahre):	400 €
Bürostuhl, Kaufpreis netto zzgl. 19 % USt (ND fünf Jahre):	120 €
Gebrauchtes Laptop, Kaufpreis brutto inkl. 19 % USt (ND drei Jahre)	1.071 €

Den Schreibtisch und den Bürostuhl hat sie am 02.06.2019 und das Laptop am 25.10.2020 gekauft.

Um sich beruflich aktuell zu halten, besucht sie in den Sommerferien einen Kurs. Die Kursgebühren betragen 238 € inkl. 19 % USt. Sie fährt mit ihrem Privatfahrzeug am 17.08.2020 morgens um 10:00 Uhr los und kommt um 18:00 Uhr im Hotel an. Am 19.08.2020 fährt sie um 14:00 Uhr vom Hotel los und kommt um 22:35 Uhr zuhause an. Das Hotel ist 540 km von ihrer Wohnung entfernt. Sie hat Aufwendungen für Verpflegung i. H. v. 225 € inkl. 19 % USt nachgewiesen. Die Übernachtungskosten ohne Frühstück im Hotel hat sie mit je 150 € zzgl. 7 % USt nachgewiesen.

Lösung s. Seite 167

ACHTUNG

Bei Beamten ist insbesondere darauf zu achten in welchem Jahr der Pensionseintritt ist, da von diesem die weitere Berechnung abhängt. Die Pension und die Rente sind unterschiedliche Einkunftsarten und werden unterschiedlich berechnet. Machen Sie sich die Unterschiede klar und lernen Sie die Berechnungsschemata für die jeweilige Einkunftsart. In der Prüfung ist keine Zeit um im Gesetz nachzulesen wie die jeweilige Berechnung zu erfolgen hat.

Aufgabe 19: Einkünfte aus nichtselbstständiger Arbeit – Beamte (1)

Ermitteln Sie in einer übersichtlichen Darstellung für Gundel G. die Einkünfte für 2020.

Gundel G. war bis zum 15.03.2018 als Beamtin bei der Stadt Saarbrücken tätig. Sie hatte bis dahin monatlich 3.400 € Gehalt. Für März erhält sie 50 %.

Ab dem 16.03.2018 erhält sie als Beamtin im Ruhestand eine Pension i. H. v. monatlich 2.400 €. Für März erhält sie 50 %. Zum 01.07.2018 wird die Pension im Rahmen einer üblichen Anpassung auf 2.450 € monatlich erhöht. am 01.07.2020 kommt es zu einer erneuten Anpassung auf monatlich 2.500 €.

Lösung s. Seite 170

Aufgabe 20: Einkünfte aus nichtselbstständiger Arbeit – Beamte (2)

Ermitteln Sie in einer übersichtlichen Darstellung für Gundel G. die Einkünfte für 2020.

Gundel G. war bis zum 15.03.2020 als Beamtin bei der Stadt Saarbrücken tätig. Sie hatte bis dahin monatlich 3.400 € Gehalt. Für März erhält sie 50 %.

Ab dem 16.03.2020 erhält sie als Beamtin im Ruhestand eine Pension i. H. v. monatlich 2.450 €. Für März erhält sie 50 %. Zum 01.07.2020 wird die Pension im Rahmen einer üblichen Anpassung auf 2.500 € monatlich erhöht. Am 01.07.2021 kommt es zu einer erneuten Anpassung auf monatlich 2.550 €

Lösung s. Seite 171

INFO

Einkünfte aus Kapitalvermögen, insbesondere § 32d EStG, waren bisher im Klausurenverbund kein vertiefter Prüfungsstoff. Für die zukünftigen Prüfungen gilt aber, dass zumindest der § 32d Abs. 4 und Abs. 6 EStG abgeprüft werden könnten. Darüber hinaus muss die Abgeltungswirkung gem. § 43 Abs. 5 EStG und die Berechnung der Einkünfte aus Kapitalvermögen weiterhin beherrscht werden.

Aufgabe 21: Einkünfte aus Kapitalvermögen

Ermitteln Sie in einer übersichtlichen Darstellung die Summe der Einkünfte für Daniel D. für 2020.

Daniel D., konfessionslos, ledig und ohne Kinder, lebt in Berlin.

Daniel D. hat bei seiner Hausbank einiges an privatem Geld angelegt. Freistellungsanträge hat er bei der Bank im maximal möglichen Umfang gestellt. Die Hausbank zahlt ihm für das Jahr 2020 dafür Zinsen von 15.526 € nach Abzug von KapESt und SolZ auf sein Bankkonto aus. Nachgewiesene Werbungskosten liegen i. H. v. 1.200 € vor.

a) Daniel D. stellt keine Anträge.

b) Daniel D. stellt den Antrag gem. § 32d Abs. 4 EStG.

c) Daniel D. stellt den Antrag gem. § 32d Abs. 6 EStG. Gehen Sie davon aus, dass sein persönlicher Steuersatz günstiger wäre.

Lösung s. Seite 172

ACHTUNG

Bei den Einkünften aus Vermietung und Verpachtung kommt es insbesondere auf die Werbungskosten an. Die meisten Aufwendungen im Zusammenhang mit einem Grundstück sind unproblematisch. Schwierigkeiten machen eventuell anschaffungsnahe Herstellungskosten und damit die Berechnung der AfA. Diese kommen zwar selten vor, aber wenn sie in der Prüfung eine Rolle spielen, führen sie regelmäßig zu Fehlern und damit zu Punktverlusten, die vermeidbar sind, wenn man sich auch hier das Berechnungsschema bewusst macht und übt. Die anschaffungsnahen Herstellungskosten dürfen nicht mit den nachträglichen Anschaffungs- oder Herstellungskosten verwechselt werden.

Ein weiteres Problemfeld ist die vergünstigte Vermietung und die damit zusammenhängende Berechnung der Werbungskosten.

Aufgabe 22: Einkünfte aus Vermietung und Verpachtung – Werbungskosten/AfA

Ermitteln Sie in einer übersichtlichen Darstellung die Einkünfte für Gundel G. für 2020.

Gundel G. hat im Jahr 2017 ein Mehrfamilienhaus gekauft um es zu vermieten. Der Kaufpreis betrug 280.000 €. Davon entfielen 70.000 € auf das Grundstück. Das Gebäude wurde am 17.02.1980 fertig gestellt. Der Bauantrag war am 12.01.1979 gestellt worden. Alle Stockwerke sind zu Wohnzwecken bestimmt.

Das Erdgeschoss ist seit dem 01.10.2017 für monatlich 600 € vermietet. Gundel G. stellt monatlich zusätzlich 120 € Nebenkosten in Rechnung. Der erste Stock ist seit dem 01.08.2018 für monatlich 800 € vermietet. Gundel G. stellt auch hier monatlich zusätzlich 120 € Nebenkosten in Rechnung. Der zweite Stock ist seit dem 01.03.2020 für monatlich 700 € vermietet. Gundel G. stellt auch hier monatlich zusätzlich 120 € Nebenkosten in Rechnung. Der zweite Stock stand seit dem 31.12.2019 aufgrund eines Mieterwechsels leer.

Gundel G. hatte im Jahr 2020 folgende Aufwendungen – soweit angefallen inkl. Umsatzsteuer – für das Grundstück und das Haus:

Finanzierungszinsen:	1.500 €
Grundsteuer:	2.000 €
Abwasser:	1.500 €
Strom:	2.300 €
Haus und Grundbesitzverein:	200 €
Heizöl:	4.500 €

Lösung s. Seite 175

Aufgabe 23: Einkünfte aus Vermietung und Verpachtung – anschaffungsnahe Herstellungskosten (1)

Ermitteln Sie in einer übersichtlichen Darstellung die Einkünfte für Frodo B. für 2020.

Frodo B. hat am 01.03.2019 ein bebautes Grundstück gekauft um es zu vermieten. Der Kaufpreis betrug 320.000 €. Davon entfielen 120.000 € auf das Grundstück. Das Gebäude war am 15.01.2019 fertig gestellt worden. Seit dem 01.04.2019 ist es an den Alleinerziehenden Bilbo B. für monatlich 1.250 € zzgl. 150 € Nebenkosten für Wohnzwecke vermietet. Am 01.11.2020 lässt Frodo B. sowohl die Bäder als auch den Dachstuhl instand setzen. Hierfür fallen in 2020 Aufwendungen i. H. v. 47.600 € inkl. 19 % USt an. An laufenden Aufwendungen für das bebaute Grundstück fallen in 2020 8.533 € inkl. Umsatzsteuer an.

Lösung s. Seite 176

Aufgabe 24: Einkünfte aus Vermietung und Verpachtung – anschaffungsnahe Herstellungskosten (2)

Ermitteln Sie in einer übersichtlichen Darstellung die Einkünfte für Frodo B. für 2020.

Frodo B. hat am 03.07.2019 ein bebautes Grundstück gekauft um es zu vermieten. Der Kaufpreis betrug 450.000 €. Davon entfielen 20 % auf das Grundstück. Das Gebäude war am 15.01.2019 fertig gestellt worden. Seit dem 01.08.2019 ist es an den Alleinerziehenden Bilbo B. für monatlich 1.870 € zzgl. 235 € Nebenkosten für Wohnzwecke vermietet. Am 28.10.2020 lässt Frodo B. sowohl die Bäder als auch den Dachstuhl instand setzen. Hierfür fallen in 2020 Aufwendungen i. H. v. 10.000 € zzgl. 19 % USt an. An laufenden Aufwendungen für das bebaute Grundstück fallen in 2020 12.000 € inkl. Umsatzsteuer an.

Lösung s. Seite 177

Aufgabe 25: Einkünfte aus Vermietung und Verpachtung – vergünstigte Vermietung

Ermitteln Sie in einer übersichtlichen Darstellung die Einkünfte für Hans A. für 2020.

Hans A. hat am 12.02.2016 ein bebautes Grundstück gekauft. Der Kaufpreis betrug 320.000 €. Davon entfielen 120.000 € auf das Grundstück. Das Gebäude wurde am 15.01.2016 fertig gestellt.

Das Erdgeschoss ist für 650 € zzgl. 100 € Nebenkosten vermietet. Die ortsübliche Kaltmiete beträgt 900 € und die ortsübliche Warmmiete 1.000 €. Der erste Stock ist für 400 € zzgl. 100 € Nebenkosten vermietet. Die ortsübliche Kaltmiete beträgt auch hier 900 € und die ortsübliche Warmmiete 1.000 €.

Für das Haus sind folgende Aufwendungen angefallen:

Grundsteuer, Gebäudeversicherung u. a. (keine USt):	2.000 €
Malerarbeiten Hausfassade netto zzgl. 19 % USt:	3.000 €
Malerarbeiten in der Wohnung Erdgeschoss netto zzgl. 19 % USt:	2.500 €
Reparaturen in der Wohnung des ersten Stocks netto zzgl. 19 % USt:	1.200 €

Lösung s. Seite 178

INFO

Die Sonstigen Einkünfte teilen sich in verschiedene Einkünfte auf. Hier sind insbesondere die Rente in Abgrenzung zur Pension und das private Veräußerungsgeschäft prüfungsrelevant.

Aufgabe 26: Sonstige Einkünfte – Rente (1)

Ermitteln Sie in einer übersichtlichen Darstellung die Einkünfte für Otto W. für 2020.

Otto W. war bis zum 31.03.2019 als Angestellter der Film AG beschäftigt. Zum 01.04.2019 ging er in Rente und bezog seitdem monatlich 2.000 € Rente. Zum 01.07.2020 wird die Rente im Rahmen einer üblichen Anpassung auf 2.050 € monatlich erhöht.

Da er bezüglich seiner Rente einige Fragen zu klären hatte, wendete er sich an einen Rentenberater. Dieser stellte ihm am 15.03.2020 eine Rechnung über 119 € inkl. 19 % USt aus. Otto W. zahlte am 16.03.2020 den vollen Betrag per Überweisung.

Lösung s. Seite 179

Aufgabe 27: Sonstige Einkünfte – Rente (2)

Ermitteln Sie in einer übersichtlichen Darstellung die Einkünfte für Otto W. für 2020.

Otto W. war bis zum 30.09.2004 als Angestellter der Film AG beschäftigt. Zum 01.10.2004 ging er in Rente und bezog seitdem monatlich 1.600 € Rente.

Zum 01.07.2005 wurde die Rente im Rahmen einer üblichen Anpassung auf 1.625 € monatlich erhöht. Zum 01.07.2010 wurde die Rente im Rahmen einer üblichen Anpassung auf 1.650 € monatlich erhöht. Zum 01.07.2020 wurde die Rente im Rahmen einer üblichen Anpassung auf 1.700 € monatlich erhöht.

Aufwendungen hatte er 2020 keine nachgewiesen.

Lösung s. Seite 180

Aufgabe 28: Sonstige Einkünfte – Rente (3)

Ermitteln Sie in einer übersichtlichen Darstellung die Einkünfte für Otto S. für 2020.

Otto S. war bis zum 31.03.2013 als Angestellter der Film AG beschäftigt. Zum 01.04.2013 ging er in Rente und bezog seitdem monatlich 1.300 € Rente.

Zum 01.07.2016 wurde die Rente im Rahmen einer üblichen Anpassung auf 1.400 € monatlich erhöht. Zum 01.07.2018 wurde die Rente im Rahmen einer üblichen Anpassung auf 1.450 € monatlich erhöht. Zum 01.07.2020 wurde die Rente im Rahmen einer üblichen Anpassung auf 1.500 € monatlich erhöht.

Aufwendungen hatte er 2020 keine nachgewiesen.

Lösung s. Seite 181

Aufgabe 29: Sonstige Einkünfte – privates Veräußerungsgeschäft (1)

Ermitteln Sie in einer übersichtlichen Darstellung die Einkünfte für Jennifer L. für 2020.

Jennifer L. verkaufte am 17.03.2020 ihren Fernseher für 200 €. Diesen hatte sie am 21.05.2019 für 696 € gekauft.

Lösung s. Seite 182

Aufgabe 30: Sonstige Einkünfte – privates Veräußerungsgeschäft (2)

Ermitteln Sie in einer übersichtlichen Darstellung die Einkünfte für Jennifer L. für 2020.

Jennifer L. verkaufte am 25.03.2020 ihr wertvolles Picasso-Gemälde für 586.000 €. Sie hatte das Bild am 15.02.2020 auf einem Flohmarkt entdeckt und für 5 € gekauft ohne zu wissen, was dieses Bild wert ist.

Lösung s. Seite 182

Aufgabe 31: Sonstige Einkünfte – privates Veräußerungsgeschäft (3)

Ermitteln Sie in einer übersichtlichen Darstellung die Einkünfte für Jennifer L. für 2020 aus dem Verkauf.

Jennifer L. hatte am 01.03.2011 ein unbebautes Grundstück für 234.000 € gekauft und an ein ortsansässiges Schrottunternehmen als Lagerplatz vermietet. Das Grundstück hielt sie im Privatvermögen. Da sie im Jahr 2020 in Geldschwierigkeiten geriet, musste sie das Grundstück verkaufen. Dabei erzielte sie in 2020 Einnahmen i. H. v. 235.000 €. Für das Schalten einer Verkaufsanzeige in 2020 musste sie 800 € zzgl. 19 % USt bezahlen.

Lösung s. Seite 183

Aufgabe 32: Sonstige Einkünfte – privates Veräußerungsgeschäft (4)

Ermitteln Sie in einer übersichtlichen Darstellung die Summe der Einkünfte für Jennifer L. für 2020.

Jennifer L. hatte am 01.05.2013 ein bebautes Grundstück für 300.000 € gekauft und das Wohnhaus zu Wohnzwecken vermietet. Auf das Grundstück entfielen 120.000 € des Kaufpreises. Das Gebäude war am 15.02.2013 fertig gestellt worden. Der Bauantrag war am 12.05.2012 gestellt worden. Die monatliche Miete betrug ab dem 01.01.2019 1.200 € inkl. Nebenkosten. Im Jahr 2020 sind für den Januar 2020 laufende Aufwendungen i. H. v. 5.630 € angefallen.

Das bebaute Grundstück hielt sie im Privatvermögen. Da sie im Jahr 2020 in Geldschwierigkeiten geriet, musste sie das Grundstück zum 31.01.2020 verkaufen. Dabei erzielte sie in 2020 Einnahmen i. H. v. 435.000 €. Hiervon entfielen 350.000 € auf das Gebäude.

Lösung s. Seite 184

Aufgabe 33: Sonstige Einkünfte – privates Veräußerungsgeschäft (5)

Ermitteln Sie in einer übersichtlichen Darstellung die Einkünfte für Jennifer L. für 2020.

Jennifer L. hatte am 15.05.2009 ein unbebautes Grundstück für 15.000 € gekauft und als Parkplatz an ein ortsansässiges Hotel vermietet. Am 18.09.2010 hat sie ein weiteres Grundstück für 10.000 € dazugekauft, um es ebenfalls an das Hotel als Parkplatz zu vermieten. Beide Grundstücke hielt sie im Privatvermögen. Da sie im Jahr 2020 in Geldschwierigkeiten geriet, musste sie beide Grundstück verkaufen. Dabei erzielte sie am 20.06.2020 Einnahmen i. H. v. 32.700 €. Davon entfielen 22.200 € auf das erste Grundstück.

Lösung s. Seite 185

Aufgabe 34: Sonstige Einkünfte – privates Veräußerungsgeschäft (6)

Ermitteln Sie in einer übersichtlichen Darstellung die Einkünfte für Jennifer L. für 2020.

Jennifer L. hatte am 01.08.2014 ein bebautes Grundstück für 450.000 € gekauft und das Wohnhaus zu Wohnzwecken vermietet. Auf das Grundstück entfielen 180.000 € des Kaufpreises. Das Gebäude war am 23.06.2014 fertig gestellt worden. Der Bauantrag war am 01.02.2013 gestellt worden. Die monatliche Miete betrug ab dem 01.08.2014 1.005 € inkl. Nebenkosten. Im Jahr 2020 sind laufende Aufwendungen i. H. v. 3.215 € angefallen.

Das bebaute Grundstück hielt sie im Privatvermögen. Seit dem 01.02.2017 dient das Haus ausschließlich zu eigenen Wohnzwecken von Jennifer L.

Da sie im Jahr 2020 in Geldschwierigkeiten geriet, musste sie das Grundstück zum 30.09.2020 verkaufen. Dabei erzielte sie in 2020 Einnahmen i. H. v. 390.000 €. Hiervon entfielen 275.000 € auf das Gebäude.

Lösung s. Seite 186

Aufgabe 35: Zusammenfassender Fall zu Überschusseinkünften

Ermitteln Sie in einer übersichtlichen Darstellung die Summe der Einkünfte für das Ehepaar Jack und Jil N. für 2020. Beide sind konfessionslos. Eine Prüfung gem. § 32d EStG ist nicht vorzunehmen.

Das Ehepaar war nach seiner Hochzeit am 10.05.1976 in eine gemeinsame Wohnung in München gezogen. Das Ehepaar ist berufsbedingt am 05.03.2009 nach Berlin umgezogen. Ihr einziges Kind, eine Tochter, wurde am 25.05.1980 in einer Klinik in Augsburg geboren.

Jack N. ist angestellter Lehrer an einer Privatschule. Er erhält monatlich ein Bruttogehalt i. H. v. 2.750 €. An der Schule steht ihm kein eigenes Zimmer zur Verfügung, daher muss er seine Arbeit (Korrektur von Klausuren, Unterrichtsvorbereitung usw.) teilweise zuhause erledigen.

Er weist in seiner Steuererklärung die Aufwendungen für ein Arbeitszimmer wie folgt nach:

Wohnung, insgesamt 100 m², davon ein separates Zimmer als Arbeitszimmer 40 m²

Miete, monatlich gesamt:	820 €
Nebenkosten, monatlich gesamt:	180 €
Schreibtisch, Kaufpreis netto zzgl. 19 % USt (ND fünf Jahre):	250 €
Bürostuhl, Kaufpreis netto zzgl. 19 % USt (ND fünf Jahre):	50 €
Gebrauchtes Laptop, Kaufpreis brutto inkl. 19 % USt (ND drei Jahre):	900 €

Den Schreibtisch und den Bürostuhl hat er am 14.04.2020 und das Laptop am 08.04.2018 gekauft.

Jack N., hat im Jahr 2019 Aktien der Gondel AG für 130.850 € gekauft. Für das Jahr 2020 erhält er eine Dividende i. H. v. 2.500 €. Nach Abzug von 625 € KESt und 34,37 € SolZ erhält er 1.840,63 € auf seinem Konto gutgeschrieben. Jack N. hat keinen Freistellungsauftrag erteilt.

Jack N. hat am 01.07.2018 ein bebautes Grundstück gekauft um es zu vermieten. Der Kaufpreis betrug 880.000 €. Davon entfielen 280.000 € auf das Grundstück. Das Gebäude war am 02.05.2018 fertig gestellt worden. Seit dem 01.08.2018 ist es an den Rentner Rocky B. für monatlich 1.900 € zzgl. 300 € Nebenkosten für Wohnzwecke vermietet. Zwischen dem 26.10.2020 und dem 15.12.2020 lässt Jack N. umfangreiche Umbaumaßnahmen durchführen. Hierfür fallen in 2020 Aufwendungen i. H. v. 119.238 € inkl. 19 % USt an. An laufenden Aufwendungen für das bebaute Grundstück fallen in 2020 17.360 € inkl. Umsatzsteuer an.

Jil N. war bis zum 31.10.2020 als Beamtin bei der Stadt Saarbrücken tätig. Sie hatte bis dahin ein monatliches Gehalt i. H. v. 2.750 €. Sie hat nachweislich Werbungskosten i. H. v. 957 €

Ab dem 01.11.2020 erhält Sie als Beamtin im Ruhestand eine Pension von monatlich 1.980 €. Am 01.07.2021 kommt es zu einer Anpassung auf monatlich 2.020 €

Jil N. hat am 05.08.2015 ein bebautes Grundstück gekauft. Der Kaufpreis betrug 465.000 €. Davon entfielen 155.000 € auf das Grundstück. Das Gebäude wurde am 03.06.2015 fertig gestellt.

Das Erdgeschoss ist für 340 € zzgl. 155 € Nebenkosten vermietet. Die ortsübliche Kaltmiete beträgt 800 € und die ortsübliche Warmmiete 900 €. Der erste Stock ist für 510 € zzgl. 117 € Nebenkosten vermietet. Die ortsübliche Kaltmiete beträgt 860 €. Die ortsübliche Warmmiete beträgt 950 €.

Für das Haus sind folgende Aufwendungen angefallen:

Grundsteuer, Gebäudeversicherung u. a. (Keine USt):	1.300 €
Malerarbeiten Hausfassade netto zzgl. 19 % USt:	2.800 €
Malerarbeiten in der Wohnung Erdgeschoss netto zzgl. 19 % USt:	1.270 €

Lösung s. Seite 186

Aufgabe 36: Zusammenfassender Fall zur Summe der Einkünfte

Ermitteln Sie in einer übersichtlichen Darstellung die Summe der Einkünfte für James B. für 2020.

James B. ist konfessionslos. Er wohnt in Hamburg in der Englandstraße 7 und ist seit langem verwitwet. Seitdem lebt er mit wechselnden Lebensabschnittsgefährtinnen zusammen. Kinder hat er bisher keine. Er wurde im Jahr 1958 in England geboren.

James B. führt einen Gewerbebetrieb für den er den Gewinn nach einem vom Kalenderjahr (KJ) abweichenden Wirtschaftsjahr (WJ) gem. § 4 Abs. 1 i. V. m. § 5 Abs. 1 Satz 1 EStG ermittelt. In den Jahren 2018 bis 2021 hat er folgende Gewinne erzielt:

2018/2019:	+ 7.700 €
2019/2020:	+ 11.007 €
2020/2021:	- 8.006 €

James B. ist als Gesellschafter mit 50.000 € zu 50 % an der Goldfinger OHG beteiligt. Sean C. ist als einziger Mitgesellschafter mit 65.000 € ebenfalls zu 50 % an der Goldfinger OHG beteiligt. Die OHG ermittelt ihren Gewinn gem. § 4 Abs. 1 i. V. m. § 5 Abs. 1 Satz 1 EStG. Die Gewinnanteile werden nach den gesetzlichen Bestimmungen verteilt. Die OHG hat für das Jahr 2020 einen vorläufigen Gewinn i. H. v. 200.700 € ermittelt.

James B. unterrichtet an der Volkshochschule. Dafür erhält er im Jahr 2020 eine Vergütung i. H. v. 2.700 €. Er hat nachgewiesene Aufwendungen i. H. v. 2.693 €.

James B. war bis zum 30.09.2018 als Angestellter der Film AG beschäftigt. Zum 01.10.2018 ging er in Rente und bezog seither monatlich 2.200 € Rente.

Zum 01.07.2019 wurde die Rente im Rahmen einer üblichen Anpassung auf 2.275 € monatlich erhöht. Zum 01.07.2020 wurde die Rente im Rahmen einer üblichen Anpassung auf 2.300 € monatlich erhöht. Aufwendungen hatte er 2020 keine nachgewiesen.

James B. hatte am 28.08.2007 ein unbebautes Grundstück für 77.700 € gekauft und als Lagerplatz an ein ortsansässiges Unternehmen vermietet. Am 13.11.2019 hat er das Nachbargrundstück für 7.000 € dazu gekauft, um es ebenfalls an das Unternehmen als Lagerplatz zu vermieten. Beide Grundstücke hielt er im Privatvermögen. Da er im Jahr 2020 in Geldschwierigkeiten geriet, musste er beide Grundstücke verkaufen. Dabei erzielte er am 27.12.2020 Einnahmen i. H. v. 100.007 €. Davon entfielen 6.000 € auf das zweite Grundstück.

Lösung s. Seite 190

1.2 Gesamtbetrag der Einkünfte

INFO

Nach der Summe der Einkünfte sind insbesondere der Altersentlastungsbetrag und der Freibetrag für Alleinerziehende prüfungsrelevant. Beim Altersentlastungsbetrag ist entscheidend, dass man korrekt ermitteln kann wann das entscheidende Lebensjahr vollendet ist. Insofern kommt dem 01.01. als Geburtstag eine besondere Bedeutung zu.

Der Freibetrag für Land- und Forstwirtschaft spielt nur eine untergeordnete Bedeutung, da auch die Einkünfte aus Land- und Forstwirtschaft nur von geringer Bedeutung sind. Es schadet allerdings nicht, wenn man die Voraussetzungen und die Höhe kennt (sofern man eine 1,0 anstrebt).

Aufgabe 37: Altersentlastungsbetrag (1)

Ermitteln Sie in einer übersichtlichen Darstellung den Gesamtbetrag der Einkünfte für Donald D. für 2020.

Donald D. wurde am 01.01.1956 geboren. Er ist seit dem 01.12.2019 in Pension. Er erhält als Beamter im Ruhestand eine monatliche Pension i. H. v. 950 €. Da Donald D. von seiner Pension nicht leben kann, arbeitet er nebenbei als angestellter Nachtportier. Hieraus hat er im Jahr 2020 einen Bruttoarbeitslohn i. H. v. 10.500 €. Aus einer vermieteten Wohnung erzielt er negative Einkünfte i. H. v. 8.320 €.

Lösung s. Seite 192

Aufgabe 38: Altersentlastungsbetrag (2)

Ermitteln Sie in einer übersichtlichen Darstellung den Gesamtbetrag der Einkünfte für Donald D. für 2020.

Donald D. wurde am 31.12.1955 geboren. Er ist seit dem 01.05.2019 in Rente. Er erhält aus dem Versorgungswerk der Anwälte eine monatliche Rente i. H. v. 800 €. Am 01.07.2020 wurde die Rente auf 820 € angepasst. Da Donald D. von seiner Rente nicht leben kann, arbeitet er nebenbei als selbstständiger Rechtsanwalt. Hieraus hat er im Jahr 2020 Einkünfte i. H. v. 7.000 €. Aus einer vermieteten Wohnung erzielt er negative Einkünfte i. H. v. 2.000 €.

Lösung s. Seite 194

Aufgabe 39: Entlastungsbetrag für Alleinerziehende (1)

Ermitteln Sie in einer übersichtlichen Darstellung den Gesamtbetrag der Einkünfte für Lieschen M. für 2020.

Lieschen M., geboren am 05.03.1976, wohnt seit 23 Jahren in Heidelberg. Sie ist bei einer großen Softwarefirma angestellt und erhält einen Bruttoarbeitslohn i. H. v. 65.000 € jährlich. Sie ist seit dem 05.04.2018 geschieden und erhält von Ihrem Ex-Mann monatlich Unterhalt i. H. v. 1.200 € für sich und 600 € für die Tochter. Sie hat die Anlage U unterschrieben abgegeben. Ihre am 18.12.2016 geborene Tochter wohnt bei ihr im Haushalt. Für Basisbeiträge zur Krankenversicherung und Pflegeversicherung zahlt Lieschen M. 4.875 € für das Jahr 2020.

Lösung s. Seite 196

Aufgabe 40: Entlastungsbetrag für Alleinerziehende (2)

Ermitteln Sie in einer übersichtlichen Darstellung den Gesamtbetrag der Einkünfte für Bärbel S. für 2020.

Bärbel S., geboren am 12.03.1979, wohnt seit 15 Jahren in München. Sie ist bei einer großen Softwarefirma angestellt und erhält einen Bruttoarbeitslohn i. H. v. 32.000 € jährlich. Sie ist seit dem 08.07.2017 geschieden und erhält von Ihrem Ex-Mann monatlich Unterhalt i. H. v. 800 € für sich und 300 € für die Tochter. Sie hat die Anlage U unterschrieben abgegeben. Ihre am 18.12.2016 geborene Tochter wohnt bei ihr im Haushalt. Seit dem 25.03.2020 wohnt ihr neuer Lebensgefährte, 38 Jahre alt, mit ihr und ihrer Tochter gemeinsam in einem Haushalt. Für Basisbeiträge zur Krankenversicherung und Pflegeversicherung zahlt Bärbel S. 2.989 € für das Jahr 2020.

Lösung s. Seite 197

Aufgabe 41: Entlastungsbetrag für Alleinerziehende (3)

Ermitteln Sie in einer übersichtlichen Darstellung den Gesamtbetrag der Einkünfte für Gundel G. für 2020.

Gundel G., geboren am 02.12.1971 wohnt seit zehn Jahren in Stuttgart. Sie ist bei einer kleinen Druckerei angestellt und erhält einen Bruttoarbeitslohn i. H. v. 25.000 € jährlich. Sie ist seit dem 11.11.2017 geschieden. Ihre am 05.08.2015 geborene Tochter und ihr am 20.08.1998 geborener Sohn wohnen bei ihr im Haushalt. Ihr Sohn arbeitet nach seiner Ausbildung seit Dezember 2019 bei einem großen Automobilhersteller und unterstützt sie finanziell bei der Miete und den sonstigen Lebenshaltungskosten.

Lösung s. Seite 198

Aufgabe 42: Zusammenfassender Fall zum Gesamtbetrag der Einkünfte

Ermitteln Sie in einer übersichtlichen Darstellung den Gesamtbetrag der Einkünfte für Daisy D. für 2020.

Daisy D. wurde am 15.03.1954 geboren. Sie lebt seit dem 05.08.2007 in Potsdam. Ihre Tochter Yasemin wurde am 12.05.2013 geboren. Der Vater ist unbekannt verzogen und leistet keinen Unterhalt. Anderweitige Unterstützung erhält sie nicht. Sie wohnt mit ihrer Tochter alleine.

Sie ist seit dem 01.05.2020 in Rente. Sie erhält aus dem Versorgungswerk der Anwälte eine monatliche Rente i. H. v. 2.540 €. Am 01.07.2020 wurde die Rente auf 2.600 € angepasst. Davor hat Sie bei einer Kanzlei in Berlin gearbeitet und erhielt ein monatliches Bruttogehalt i. H. v. 3.760 €.

Da Daisy D. von ihrer Rente nicht leben kann, arbeitet sie seit dem 01.05.2020 als selbstständige Rechtsanwältin. Hieraus hat sie im Jahr 2020 Einkünfte i. H. v. 18.000 €. Aus einer vermieteten Wohnung erzielt sie in 2020 negative Einkünfte i. H. v. 1.370 €.

Nebenbei hat Sie noch einen kleinen landwirtschaftlichen Betrieb aus dem Sie Einkünfte i. H. v. 3.500 € erzielt.

Lösung s. Seite 199

1.3 Einkommen

INFO

Neben den Einkünften liegt nach dem Gesamtbetrag der Einkünfte ein Schwerpunkt der Prüfungsaufgaben auf dem Einkommen, da man hier als Ersteller der Prüfung ein breites Feld an Spielmöglichkeiten hat.

Der Verlustvor- bzw. -rücktrag ist im Regelfall einfach, da die Verluste meist unter 1 Mio. € liegen. Aber es schadet auch hier nicht, wenn man weiß wie man rechnen muss, wenn die Verluste über 1 Mio. € liegen (Immer vorausgesetzt man strebt die 1,0 an).

Aber auf jeden Fall sollten Sonderausgaben und Außergewöhnliche Belastungen beherrscht werden. Als Sonderausgaben oder Außergewöhnliche Belastungen kommen nur Aufwendungen infrage die weder Betriebsausgaben noch Werbungskosten sind.

Ehegattenunterhalt als Sonderausgaben stellen im Regelfall kein Problem dar, da hier lediglich die höhenmäßig beschränkte Abziehbarkeit abgeprüft wird.

Innerhalb des Bereiches der Sonderausgaben kommt den Vorsorgeaufwendungen eine große Bedeutung zu. Hier sollte man nicht auf Lücke setzen. Sofern man alle verschiedenen Varianten beherrscht und deren Berechnung kein Problem darstellt, kann man hier schnell und zuverlässig Punkte sammeln.

Bei den Außergewöhnlichen Belastungen i. S. d. § 33 EStG ist die neue Rechtsprechung des BFH zu beachten. Die zumutbare Belastung ist nun stufenweise zu berechnen.

Für alle Aufgaben in diesem Buch gilt, dass § 10 Abs. 4a EStG nicht zu prüfen ist (dies galt bisher auch in der Abschlussprüfung).

ACHTUNG

Kinderbetreuungskosten sind seit der gesetzlichen Neuregelung einfacher geworden, aber gerade wegen dieser Neuregelung eventuell verstärkt ein Prüfungsthema.

Aufgabe 43: Verlustvor-/-rücktrag (1)

Ermitteln Sie in einer übersichtlichen Darstellung das Einkommen für Dagobert D. für 2020.

Dagobert D. hat in 2020 nachweislich einen Gesamtbetrag der Einkünfte i. H. v. 4.457.300 €. Aus dem Jahr 2019 besteht noch ein festgestellter Verlust i. H. v. 2.365.000 €. Nachweislich liegen abzugsfähige Sonderausgaben i. H. v. 8.930,50 € vor. § 10c EStG ist nicht anwendbar.

Lösung s. Seite 201

Aufgabe 44: Verlustvor-/-rücktrag (2)

Ermitteln Sie in einer übersichtlichen Darstellung das Einkommen für Donald D. für 2020.

Donald D. hat in 2020 nachweislich einen Gesamtbetrag der Einkünfte i. H. v. 1.452.680 €. Aus dem Jahr 2019 besteht noch ein festgestellter Verlust i. H. v. 865.000 €. Nachweislich liegen abzugsfähige Sonderausgaben i. H. v. 13.455 € vor. § 10c EStG ist nicht anwendbar.

Lösung s. Seite 201

Aufgabe 45: Sonderausgaben – Ehegattenunterhalt

Ermitteln Sie in einer übersichtlichen Darstellung die aus dem Sachverhalt ergebenden Sonderausgaben für Diane K. für 2020.

Diane K. lebt in München und ist seit dem 25.03.2019 von ihrem Mann geschieden. zeitgleich ist sie aus der Kirche ausgetreten. Da ihr Ex-Mann über kein eigenes Einkommen verfügt, zahlt sie ihm monatlich 1.000 € Unterhalt. Zusätzlich zahlt sie für ihn die Beiträge für die Basisversorgung in der Kranken- und Pflegeversicherung, monatlich 375 €. Ihr Ex-Mann hat die Anlage U unterschrieben und lebt in Deutschland. Sie selbst hat nachweislich einen Gesamtbetrag der Einkünfte i. H. v. 85.600 €.

Lösung s. Seite 202

Aufgabe 46: Sonderausgaben – Altersvorsorgeaufwendungen (1)

Ermitteln Sie in einer übersichtlichen Darstellung die sich aus dem Sachverhalt ergebenden abzugsfähigen Sonderausgaben für Buster K. für 2020. § 10c EStG ist nicht zu prüfen.

Buster K., konfessionslos, hat nachweislich einen Gesamtbetrag der Einkünfte i. H. v. 64.380 €. Er zahlt monatlich 450 € in eine Rürup-Rentenversicherung. Als selbstständiger Anwalt zahlt er monatlich 820 € an das Versorgungswerk.

Lösung s. Seite 202

Aufgabe 47: Sonderausgaben – Altersvorsorgeaufwendungen (2)

Ermitteln Sie in einer übersichtlichen Darstellung die sich aus dem Sachverhalt ergebenden abzugsfähigen Sonderausgaben für Buster K. für 2020. § 10c EStG ist nicht zu prüfen.

Buster K., konfessionslos, hat nachweislich einen Gesamtbetrag der Einkünfte i. H. v. 64.380 €. Er zahlt monatlich 600 € in eine Rürup-Rentenversicherung. Buster K. ist Beamter bei der Stadt Berlin. Sein Bruttogehalt als Beamter beträgt monatlich 2.500 €.

Lösung s. Seite 203

Aufgabe 48: Sonderausgaben – Altersvorsorgeaufwendungen (3)

Ermitteln Sie in einer übersichtlichen Darstellung die sich aus dem Sachverhalt ergebenden abzugsfähigen Sonderausgaben für Buster K. und seine Ehefrau Julia K. für 2020. § 10c EStG ist nicht zu prüfen.

Das Ehepaar, konfessionslos, hat nachweislich einen Gesamtbetrag der Einkünfte i. H. v. 115.765 €. Er zahlt monatlich 950 € in eine Rürup-Rentenversicherung. Als angestellter Anwalt werden für ihn monatlich 386 € (Arbeitnehmeranteil) an das Versorgungswerk abgeführt.

Sie zahlt als Beamtin monatlich 890 € in eine Rürup-Rentenversicherung. Ihr Bruttogehalt beträgt monatlich 4.100 €.

Lösung s. Seite 204

Aufgabe 49: Sonderausgaben – Sonstige Vorsorgeaufwendungen (1)

Ermitteln Sie in einer übersichtlichen Darstellung die sich aus dem Sachverhalt ergebenden abzugsfähigen Sonderausgaben für Danny D. für 2020. § 10c EStG ist nicht zu prüfen.

Danny D., ledig und kinderlos, ist selbstständig als Anwalt tätig. Er zahlt für seine private Krankenversicherung monatlich 450 €, wovon 325 € auf die Basisversorgung entfallen. Für seine Pflegeversicherung zahlt er monatlich 63 € für die Basisversorgung. Für seine Zusatzpflegeversicherung zahlt er monatlich 25 €.

Er hat eine Risikolebensversicherung, für die er monatlich 14,50 € bezahlt. Für seine private Haftpflichtversicherung zahlt er monatlich 25 €. Für seine Rechtschutzversicherung zahlt er jährlich 35 €.

Lösung s. Seite 205

Aufgabe 50: Sonderausgaben – Sonstige Vorsorgeaufwendungen (2)

Ermitteln Sie in einer übersichtlichen Darstellung die sich aus dem Sachverhalt ergebenden abzugsfähigen Sonderausgaben für Danny D. für 2020. § 10c EStG ist nicht zu prüfen.

Danny D., ledig und kinderlos, ist als angestellter Anwalt tätig. Von seinem Bruttoarbeitslohn werden für die Krankenversicherung monatlich 249 € (Arbeitnehmeranteil) einbehalten. Für seine Pflegeversicherung werden monatlich 38,25 € (Arbeitnehmeranteil) einbehalten. Für seine Zusatzpflegeversicherung zahlt er monatlich 10 €. Für seine Arbeitslosenversicherung werden monatlich 45 € (Arbeitnehmeranteil) einbehalten.

Er hat eine Risikolebensversicherung für die er monatlich 35,40 € bezahlt. Für seine private Haftpflichtversicherung zahlt er monatlich 17,45 €.

Lösung s. Seite 206

Aufgabe 51: Sonderausgaben – Sonstige Vorsorgeaufwendungen (3)

Ermitteln Sie in einer übersichtlichen Darstellung die sich aus dem Sachverhalt ergebenden abzugsfähigen Sonderausgaben für Danny D. für 2020. § 10c EStG ist nicht zu prüfen.

Danny D., ledig und kinderlos, ist als Beamter der Stadt Hamburg tätig. Er zahlt für seine Krankenversicherung monatlich 185 €, wovon 120 € auf Basisleistungen entfallen. Für eine Zusatzpflegeversicherung zahlt er monatlich 25 €.

Er hat eine Risikolebensversicherung für die er monatlich 35,40 € bezahlt. Für seine private Haftpflichtversicherung zahlt er monatlich 17,45 €.

Lösung s. Seite 207

Aufgabe 52: Sonderausgaben – Sonstige Vorsorgeaufwendungen (4)

Ermitteln Sie in einer übersichtlichen Darstellung die sich aus dem Sachverhalt ergebenden abzugsfähigen Sonderausgaben für das Ehepaar Danny D. und Bette M. für 2020. § 10c EStG ist nicht zu prüfen.

Danny D. ist als Beamter der Stadt Hamburg tätig. Er zahlt für seine Krankenversicherung monatlich 95 €, wovon 20 € auf Basisleistungen entfallen. Für eine Zusatzpflegeversicherung zahlt er monatlich 36 €. Für seine private Haftpflichtversicherung zahlt er monatlich 15 €.

Bette M. ist selbstständig als Anwältin tätig. Sie zahlt für ihre private Krankenversicherung monatlich 725 €, wovon 400 € auf die Basisversorgung entfallen. Für ihre Pflegeversicherung zahlt sie monatlich 45 € für die Basisversorgung. Für ihre Zusatzpflegeversicherung zahlt sie monatlich 15 €.

Sie hat eine Risikolebensversicherung für die sie monatlich 48 € bezahlt. Für ihre private Haftpflichtversicherung zahlt sie jährlich 210 €.

Lösung s. Seite 208

Aufgabe 53: Sonderausgaben – Altersvorsorgeaufwendungen und Sonstige Vorsorgeaufwendungen (1)

Ermitteln Sie in einer übersichtlichen Darstellung die abzugsfähigen Sonderausgaben für Arnold S. für 2020.

Arnold S., ledig, konfessionslos und kinderlos, ist als angestellter Anwalt tätig. Von seinem Bruttoarbeitslohn werden für die Altersvorsorge 378 € (Arbeitnehmeranteil) einbehalten. Für die Krankenversicherung werden monatlich 328 € (Arbeitnehmeranteil) einbehalten. Für seine Pflegeversicherung werden monatlich 51 € (Arbeitnehmeranteil) einbehalten. Für seine Zusatzpflegeversicherung zahlt er monatlich 17 €. Für seine Arbeitslosenversicherung werden monatlich 60 € (Arbeitnehmeranteil) einbehalten.

Er zahlt für seine Hundehaftpflichtversicherung monatlich 13 €.

Für seine Altersvorsorge zahlt er noch 150 € monatlich in eine Rürup-Rentenversicherung.

Lösung s. Seite 209

Aufgabe 54: Sonderausgaben – Altersvorsorgeaufwendungen und Sonstige Vorsorgeaufwendungen (2)

Ermitteln Sie in einer übersichtlichen Darstellung die abzugsfähigen Sonderausgaben für Arnold S. für 2020.

Arnold S., ledig, konfessionslos und kinderlos, ist selbstständig als Anwalt tätig. Er zahlt für seine Altersvorsorge 756 € an das Versorgungswerk. Zusätzlich zahlt er monatlich 225 € in eine Rürup-Rentenversicherung. Er zahlt für seine private Krankenversicherung monatlich 450 €, wovon 325 € auf die Basisversorgung entfallen. Für seine Pflegeversicherung zahlt er monatlich 63 € für die Basisversorgung. Für seine Zusatzpflegeversicherung zahlt er monatlich 25 €.

Er hat eine Risikolebensversicherung, für die er jährlich 98 € bezahlt. Für seine private Haftpflichtversicherung zahlt er monatlich 25 €. Für seine Rechtschutzversicherung zahlt er jährlich 35 €. Für seine private Hausratversicherung zahlt er monatlich 15 €.

Lösung s. Seite 210

Aufgabe 55: Sonderausgaben – Altersvorsorgeaufwendungen und Sonstige Vorsorgeaufwendungen (3)

Ermitteln Sie in einer übersichtlichen Darstellung die abzugsfähigen Sonderausgaben für Arnold S. für 2020.

Arnold S., ledig, konfessionslos und kinderlos, ist als Beamter der Stadt Hamburg tätig. Er zahlt für seine Krankenversicherung monatlich 185 €, wovon 120 € für Basisleistungen entfallen. Für eine Zusatzpflegeversicherung zahlt er monatlich 25 €.

Er hat eine Risikolebensversicherung für die er monatlich 35,40 € bezahlt. Für seine private Haftpflichtversicherung zahlt er jährlich 112 €. Für seine Altersvorsorge zahlt er monatlich 1.000 € in eine Rürup-Rentenversicherung. Sein monatliches Bruttogehalt beträgt 6.300 €.

Lösung s. Seite 211

Aufgabe 56: Sonderausgaben – Altersvorsorgeaufwendungen und Sonstige Vorsorgeaufwendungen (4)

Ermitteln Sie in einer übersichtlichen Darstellung die abzugsfähigen Sonderausgaben für Arnold S. und seine Ehefrau Diane K. für 2020.

Arnold S., konfessionslos und kinderlos, ist als Beamter der Stadt Hamburg tätig. Er zahlt für seine Krankenversicherung monatlich 185 €, wovon 120 € für Basisleistungen entfallen. Für eine Zusatzpflegeversicherung zahlt er monatlich 25 €. Sein monatliches Bruttogehalt beträgt 4.650 €.

Er hat eine Risikolebensversicherung für die er monatlich 35,40 € bezahlt. Für seine private Haftpflichtversicherung zahlt er jährlich 112 €. Für seine Altersvorsorge zahlt er monatlich 812 € in eine Rürup-Rentenversicherung.

Seine Ehefrau Diane K., konfessionslos und kinderlos, ist als angestellte Steuerberaterin tätig. Von ihrem Bruttoarbeitslohn werden für die Altersvorsorge 330,75 € (Arbeitnehmeranteil) einbehalten. Für die Krankenversicherung werden monatlich 287 € (Arbeitnehmeranteil) einbehalten. Für ihre Pflegeversicherung werden monatlich 44,63 € (Arbeitnehmeranteil) einbehalten. Für ihre Zusatzpflegeversicherung zahlt sie monatlich 23 €. Für ihre Arbeitslosenversicherung werden monatlich 52,50 € (Arbeitnehmeranteil) einbehalten.

Sie hat eine Risikolebensversicherung, für die sie monatlich 11 € bezahlt.

Für ihre Altersvorsorge zahlt sie noch 486 € monatlich in eine Rürup-Rentenversicherung.

Lösung s. Seite 212

Aufgabe 57: Sonstige Sonderausgaben § 10 EStG (1)

Ermitteln Sie in einer übersichtlichen Darstellung die abzugsfähigen Sonderausgaben für Joachim G. für 2020, die sich aus diesem Sachverhalt ergeben.

Joachim G. lebt in Potsdam. Er zahlt im Jahr 2020 Kirchensteuer i. H. v. 3.780 €. Er hat für das Jahr 2019 im Jahr 2020 eine Kirchensteuererstattung i. H. v. 450 € erhalten.

Lösung s. Seite 213

Aufgabe 58: Sonstige Sonderausgaben § 10 EStG (2)

Ermitteln Sie in einer übersichtlichen Darstellung die abzugsfähigen Sonderausgaben für das Ehepaar Angela und Joachim M. für 2020, die sich aus diesem Sachverhalt ergeben.

Das Ehepaar Angela und Joachim M. lebt in Berlin und haben zwei Kinder. Die 5-jährige Tochter wird tagsüber von einer Tagesmutter betreut. Hierfür zahlt das Ehepaar wöchentlich 825 €. Davon entfallen 200 € auf die Verpflegung. Der 11-jährige Sohn wird nachmittags von einem Nachhilfelehrer betreut. Hierfür zahlt das Ehepaar monatlich 1.100 €. Davon entfallen 800 € auf die Betreuung und 300 € auf die Nachhilfe. Alle erforderlichen Nachweise liegen vor.

Lösung s. Seite 213

Aufgabe 59: Sonderausgaben – Spenden nach § 10b EStG (1)

Ermitteln Sie in einer übersichtlichen Darstellung die abzugsfähigen Sonderausgaben für Christian W. für 2020, die sich aus diesem Sachverhalt ergeben.

Christian W. hat nachweislich einen Gesamtbetrag der Einkünfte i. H. v. 73.540 €. Wie jedes Jahr hat er auch 2020 monatlich 500 € an das DRK gespendet. An die Universität Heidelberg hat er in 2020 für wissenschaftliche Zwecke 10.000 € gespendet.

Lösung s. Seite 214

Aufgabe 60: Sonderausgaben – Spenden nach § 10b EStG (2)

Ermitteln Sie in einer übersichtlichen Darstellung die abzugsfähigen Sonderausgaben für Johannes R. für 2020, die sich aus diesem Sachverhalt ergeben.

Johannes R. hat nachweislich einen Gesamtbetrag der Einkünfte i. H. v. 123.800 €. Wie jedes Jahr hat er auch 2020 monatlich 100 € an das DRK gespendet. An die evangelische Kirche in Heidelberg hat er in 2020 8.000 € gespendet.

Lösung s. Seite 214

Aufgabe 61: Sonderausgaben – Spenden nach § 10b EStG (3)

Ermitteln Sie in einer übersichtlichen Darstellung die abzugsfähigen Sonderausgaben für Johannes R. für 2020, die sich aus diesem Sachverhalt ergeben.

Johannes R. hat nachweislich einen Gesamtbetrag der Einkünfte i. H. v. 44.750 €. Wie jedes Jahr hat er auch 2020 5.000 € an den deutschen Tierschutzbund gespendet. An „seine“ Partei hat er in 2020 3.000 € gespendet.

Lösung s. Seite 215

Aufgabe 62: Sonderausgaben – Spenden nach § 10b EStG (4)

Ermitteln Sie in einer übersichtlichen Darstellung die abzugsfähigen Sonderausgaben für Konrad A. für 2020, die sich aus diesem Sachverhalt ergeben.

Konrad A. hat nachweislich einen Gesamtbetrag der Einkünfte i. H. v. 66.330 €. Wie jedes Jahr hat er auch 2020 14.000 € an den ortsansässigen Billardverein gespendet. Er zahlt an diesen Verein monatlich einen Mitgliedsbeitrag i. H. v. 50 €.

Lösung s. Seite 216

INFO

Da § 33a EStG Vorrang vor § 33 EStG hat, wird er hier auch als erstes behandelt. Da nach § 33b EStG ein Wahlrecht zu § 33 EStG besteht, wird hier auch § 33b EStG vor § 33 EStG behandelt. Es empfiehlt sich für die Prüfung auch in dieser Reihenfolge vorzugehen.

Bei den Außergewöhnlichen Belastungen im Zusammenhang mit § 33a EStG kommt es immer wieder auf die Eigenschaft Kind i. S. d. § 32 EStG an. Man sollte daher die verschiedenen zeitlichen Grenzen und die jeweiligen Voraussetzungen idealerweise auswendig können.

Aufgabe 63: Außergewöhnliche Belastungen gem. § 33a Abs. 1 EStG (1)

Ermitteln Sie in einer übersichtlichen Darstellung die abzugsfähigen Außergewöhnlichen Belastungen für Gustav G. für 2020.

Gustav G. unterstützt seinen mittellosen Vater und zahlt diesem monatlich 1.400 € für dessen Unterhalt.

Lösung s. Seite 216

Aufgabe 64: Außergewöhnliche Belastungen gem. § 33a Abs. 1 EStG (2)

Ermitteln Sie in einer übersichtlichen Darstellung die abzugsfähigen Außergewöhnlichen Belastungen für Gustav G. für 2020.

Gustav G. unterstützt seinen Vater und zahlt diesem monatlich 1.400 € für dessen Unterhalt. Sein Vater verdient als Angestellter monatlich 800 €. Der Vater von Gustav G. hat keine größeren Vermögenswerte und wohnt zur Miete. Er zahlt monatlich 450 € Warmmiete.

Lösung s. Seite 217

Aufgabe 65: Außergewöhnliche Belastungen gem. § 33a Abs. 1 EStG (3)

Ermitteln Sie in einer übersichtlichen Darstellung die abzugsfähigen Außergewöhnlichen Belastungen für Gustav G. für 2020.

Gustav G., wohnhaft in München, unterstützt seinen Sohn, wohnhaft in Hamburg, der noch studiert. Sein Sohn wurde am 15.12.1986 geboren. Gustav G. zahlt seinem Sohn monatlich 950 € für dessen Unterhalt. Sein Sohn jobbt nebenbei in einer Bar und hat im Jahr 2020 2.400 € als BAL. Sein Sohn erhält für 2020 keine weitere Unterstützung.

Lösung s. Seite 217

Aufgabe 66: Außergewöhnliche Belastungen gem. § 33a Abs. 2 EStG (1)

Ermitteln Sie in einer übersichtlichen Darstellung die abzugsfähigen Außergewöhnlichen Belastungen für Gustav G. für 2020 gem. § 33a EStG.

Gustav G., wohnhaft in München, unterstützt seine Tochter, wohnhaft in Hamburg, die eine Ausbildung als Mechatronikerin absolviert. Seine Tochter wurde am 03.02.2002 geboren. Gustav G. zahlt seiner Tochter monatlich 765 € für deren Unterhalt.

Lösung s. Seite 218

Aufgabe 67: Außergewöhnliche Belastungen gem. § 33a Abs. 2 EStG (2)

Ermitteln Sie in einer übersichtlichen Darstellung die abzugsfähigen Außergewöhnlichen Belastungen für Gustav G. für 2020.

Gustav G., wohnhaft in München, unterstützt seine Tochter, wohnhaft in Hamburg, die noch studiert. Seine Tochter wurde am 05.06.1995 geboren. Gustav G. zahlt seiner Tochter monatlich 765 € für deren Unterhalt. Seine Tochter jobbt nebenbei in einer Bar und hat im Zeitraum Januar 2020 bis März 2020 3.600 € als BAL. Seine Tochter erhält im gesamten Jahr 2020 monatlich 260 € als Stipendium einer staatlichen Organisation. 40 % sind davon nach dem Abschluss des Studiums zurückzuzahlen.

Lösung s. Seite 219

Aufgabe 68: Außergewöhnliche Belastungen gem. § 33b EStG (1)

Ermitteln Sie in einer übersichtlichen Darstellung die abzugsfähigen Außergewöhnlichen Belastungen für Linda D. für 2020.

Linda D. ist zu 75 % körperbehindert.

Lösung s. Seite 220

Aufgabe 69: Außergewöhnliche Belastungen gem. § 33b EStG (2)

Ermitteln Sie in einer übersichtlichen Darstellung die abzugsfähigen Außergewöhnlichen Belastungen für Linda D. für 2020.

Linda D. ist zu 35 % körperbehindert. Die Behinderung beruht auf einer anerkannten Berufskrankheit.

Lösung s. Seite 220

Aufgabe 70: Außergewöhnliche Belastungen gem. § 33b EStG (3)

Ermitteln Sie in einer übersichtlichen Darstellung die abzugsfähigen Außergewöhnlichen Belastungen für Linda D. für 2020.

Linda D. ist zu 50 % körperbehindert. Sie hat zwei Kinder. Ihre Tochter, fünf Jahre alt, ist seit der Geburt blind. Ihr Sohn ist seit einem Unfall an seinem 25. Geburtstag schwer körperbehindert und hat in seinem Behindertenausweis das Merkmal H.

Lösung s. Seite 220

Aufgabe 71: Außergewöhnliche Belastungen gem. § 33b EStG (4)

Ermitteln Sie in einer übersichtlichen Darstellung die abzugsfähigen Außergewöhnlichen Belastungen für Gaby S. für 2020.

Gaby S. ist zu 45 % körperbehindert. Die Behinderung beruht auf einem privaten Sportunfall. Sie pflegt ihre hilflose 86-jährige Mutter bei dieser zuhause. Von der Pflegeversicherung wird eine Pflegerin bezahlt, die acht Stunden am Tag da ist.

Lösung s. Seite 221

Aufgabe 72: Außergewöhnliche Belastungen gem. § 33 EStG (1)

Ermitteln Sie in einer übersichtlichen Darstellung die abzugsfähigen Außergewöhnlichen Belastungen für Jennifer L. für 2020.

Jennifer L. ist seit drei Jahren verwitwet, konfessionslos und hat drei Kinder (fünf, sieben und elf Jahre alt). Im Jahr 2020 musste sie zum Zahnarzt. Die notwendige Behandlung kostete 1.345 €. Den Betrag überwies Jennifer L. am 10.05.2020. Die Krankenkasse übernimmt davon am 13.06.2020 900 €. Am 13.12.2020 wurde Jennifer L. operiert. Die Operation war medizinisch indiziert. Die Operation kostete 8.970 €. Die Krankenkasse hat die Kosten nicht übernommen. Da Jennifer L. gerade finanzielle Schwierigkeiten hatte, überwies sie am 28.12.2020 zunächst nur 2.300 €. Den Rest überweist sie am 15.07.2021. Sie hat nachweislich einen Gesamtbetrag der Einkünfte i. H. v. 46.800 €

Lösung s. Seite 222

Aufgabe 73: Außergewöhnliche Belastungen gem. § 33 EStG (2)

Ermitteln Sie in einer übersichtlichen Darstellung die abzugsfähigen Außergewöhnlichen Belastungen für Frodo B. für 2020.

Frodo B. brauchte in 2020 dringend eine neue Brille. Da er der Meinung war, dass es diesmal eine richtig gute Brille sein soll, kaufte er eine Armani-Brille für 3.000 €.

Lösung s. Seite 223

Aufgabe 74: Zusammenfassender Fall zum Einkommen

Ermitteln Sie in einer übersichtlichen Darstellung das Einkommen für Ronald R. für 2020.

Ronald R. wohnt in Stuttgart. Er wurde am 15.06.1973 in Berlin geboren. Er ist seit 2016 geschieden. Er ist im Jahr 2006 aus der Kirche ausgetreten. Seine drei Kinder leben bei ihm im Haushalt.

Ronald R. hat in 2020 nachweislich einen Gesamtbetrag der Einkünfte i. H. v. 1.253.000 €.

Aus dem Jahr 2019 besteht noch ein festgestellter Verlust i. H. v. 311.000 €.

Da seine Ex-Frau kein eigenes Einkommen hat zahlt er ihr monatlich 750 €. Seine Ex-Frau hat Anlage U unterschrieben und lebt in Deutschland. Für Basisbeträge zur Krankenversicherung und Pflegeversicherung zahlt Ronald R. zusätzlich für seine Ex-Frau monatlich 250 € für das Jahr 2020.

Ronald R. ist als angestellter Anwalt tätig. Von seinem Bruttoarbeitslohn werden für die Altersvorsorge 283,50 € (Arbeitnehmeranteil) einbehalten. Für die Krankenversicherung werden monatlich 246 € (Arbeitnehmeranteil) einbehalten. Für seine Pflegeversicherung werden monatlich 30,75 € (Arbeitnehmeranteil) einbehalten. Für seine Zusatzpflegeversicherung zahlt er monatlich 22 €. Für seine Arbeitslosenversicherung werden monatlich 45 € (Arbeitnehmeranteil) einbehalten.

Er hat eine Risikolebensversicherung, für die er jährlich 123 € bezahlt.

Für seine Altersvorsorge zahlt er noch 230 € monatlich in eine Rürup-Rentenversicherung.

Die 3-jährige Tochter wird tagsüber gelegentlich von einer Tagesmutter betreut. Hierfür zahlt Ronald R. Monatlich 720 €. Davon entfallen 120 € auf die Verpflegung. Der 13-jährige Sohn wird nachmittags von einem Nachhilfelehrer betreut. Hierfür zahlt Ronald R. monatlich 650 € für Nachhilfe. Alle erforderlichen Nachweise liegen vor.

Ronald R. hat wie jedes Jahr auch 2020 800 € an den deutschen Tierschutzbund gespendet. An „seine" Partei hat er in 2020 1.000 € in gespendet.

Ronald R. unterstützt seinen mittellosen Vater. Er zahlt seinem Vater monatlich 780 € für dessen Unterhalt.

Ronald R. selbst ist zu 50 % körperbehindert. Das dritte Kind ist ein Sohn. Der Sohn ist seit einem Unfall an seinem 25. Geburtstag schwer körperbehindert und hat in seinem Behindertenausweis das Merkmal H.

Im Jahr 2020 musste Ronald R. zum Zahnarzt. Die notwendige Behandlung kostete 1.800 €. Den Betrag überwies er am 01.02.2021. Am 07.10.2020 wurde Ronald R. wegen eines Schönheitsmakels operiert. Die Operation war nicht medizinisch indiziert. Die Operation kostete 3.500 €. Die Krankenkasse hat die Kosten nicht übernommen. Den Betrag überwies er am 28.12.2020.

Lösung s. Seite 223

1.4 Zu versteuerndes Einkommen

ACHTUNG

Kinderfreibeträge spielen seltener eine Rolle. Wenn man sich aber wegen § 33a EStG mit dem Begriff der Kinder i. S. d. § 32 EStG beschäftigt, schadet es nicht, wenn man sich auch mit den sich daraus ergebenden Freibeträgen beschäftigt.

Aufgabe 75: Kinderfreibetrag (1)

Ermitteln Sie in einer übersichtlichen Darstellung die Kinderfreibeträge für Bilbo B. für 2020.

Bilbo B. ist seit fünf Jahren geschieden. Die zwei Kinder aus dieser Ehe leben bei ihm im Haushalt. Seine geschiedene Ehefrau kommt ihren Unterhaltspflichten vollständig nach. Der Sohn hat am 05.06.2020 seinen 18. Geburtstag gefeiert. Er hat gerade seine Schulausbildung abgeschlossen und ist arbeitslos gemeldet. Die Tochter wurde dieses Jahr 24 und hat am 15.10.2020 ihr Studium erfolgreich abgeschlossen. Ab dem 01.11.2020 hat sie eine Arbeitsstelle gefunden und verdient monatlich 2.350 € brutto. Bilbo B. möchte, in Absprache mit seiner geschiedenen Ehefrau, seine Kinder, soweit dies geht, steuerlich geltend machen. Alle erforderlichen Anträge sind gestellt.

Lösung s. Seite 226

Aufgabe 76: Kinderfreibetrag (2)

Ermitteln Sie in einer übersichtlichen Darstellung die Kinderfreibeträge für Jessica A. für 2020.

Jessica A. ist seit zwei Jahren geschieden. Die zwei Kinder aus dieser Ehe leben bei ihr im Haushalt. Ihr geschiedener Ehemann kommt seinen Unterhaltspflichten leider nicht nach. Der Sohn hatte am 15.08.2020 seinen 17. Geburtstag gefeiert. Der Sohn ist seit seinem neunten Lebensjahr schwerbehindert und hat einen Behindertenausweis mit 100 % und dem eingetragenen Merkmal H.

Die Tochter wurde dieses Jahr 17 und geht noch zur Schule. Jessica A. möchte, in Absprache mit ihrem geschiedenen Ehemann, ihre Kinder, soweit dies geht, steuerlich geltend machen. Alle erforderlichen Anträge sind gestellt.

Lösung s. Seite 227

Aufgabe 77: Ermittlung des zu versteuernden Einkommens

Ermitteln Sie in einer übersichtlichen Darstellung das zu versteuernde Einkommen für Margarethe S. für 2020.

Margarethe S. wohnt in Düsseldorf. Sie ist am 15.03.1990 in Köln geboren worden. Sie ist seit fünf Jahren geschieden. Aus dieser Ehe sind zwei Kinder hervorgegangen. Beide leben bei ihrem Ex-Mann im Haushalt in Köln. Sie kommt ihrer Unterhaltspflichten für die Kinder regelmäßig nach. Der Sohn hatte am 15.08.2019 seinen 25. Geburtstag. Der Sohn ist am Tag vor seinem Geburtstag schwer verunglückt. Leider ist er seit diesem Tag schwerbehindert und hat einen Behindertenausweis mit 100 % und dem eingetragenen Merkmal H.

Die Tochter feierte ihren 25. Geburtstag am 15.10.2020 und studiert noch das ganze Jahr in Köln. Margarethe S. hat mit ihrem Ex-Mann abgesprochen, dass die Kinder, soweit dies geht, steuerlich bei ihm geltend gemacht werden sollen. Alle erforderlichen Anträge sind gestellt.

Margarethe S. hat nachweislich eine Summe der Einkünfte i. H. v. 107.663 €

Sie hat einen Verlustvortrag i. H. v. 3.544 € aus 2019. Nachweislich hat sie Sonderausgaben i. H. v. 13.455 €. Darüber hinaus hat sie nachweislich Außergewöhnliche Belastungen i. H. v. 4.211 €. § 10c EStG ist nicht zu prüfen.

Lösung s. Seite 227

1.5 Steuerermäßigungen

INFO

Die Steuerermäßigungen werden im Regelfall einzeln abgeprüft. Allerdings muss § 34g EStG eventuell innerhalb der Prüfung des § 10b EStG geprüft werden (vergleiche hierzu die Aufgaben zu Spenden).

Bei der Steuerermäßigung für bezahlte Gewerbesteuer wird von Ihnen erwartet, dass Sie, obwohl es einen extra Prüfungsteil Gewerbesteuer gibt, eventuell den erforderlichen Steuermessbetrag und die zu zahlende Gewerbesteuer selbstständig ermitteln.

In den Fällen zu § 35a EStG kommt es darauf an, dass Sie die einzelnen Aufwendungen den einzelnen Absätzen korrekt zuordnen.

Aufgabe 78: Steuerermäßigungen gem. § 34g EStG (1)

Ermitteln Sie in einer übersichtlichen Darstellung die Steuerermäßigung für Bilbo B. für 2020.

Bilbo B. ist Mitglied der „Neue Partei“ Partei. Im Jahr 2020 zahlt er monatlich 50 € Mitgliedsbeitrag. Er spendet seiner Partei in 2020 zusätzlich 2.800 €.

Lösung s. Seite 229

Aufgabe 79: Steuerermäßigungen gem. § 34g EStG (2)

Ermitteln Sie in einer übersichtlichen Darstellung die Steuerermäßigung für das Ehepaar Donald und Daisy D. für 2020.

Donald D. ist ab Mai 2020 Mitglied der „Entenschutz Partei“. Im Jahr 2020 zahlt er monatlich 35 € Mitgliedsbeitrag. Er spendet seiner Partei in 2020 zusätzlich 800 €.

Daisy D. spendet der „Frauenrechte Partei“ im Jahr 2020 600 €.

Lösung s. Seite 229

Aufgabe 80: Steuerermäßigungen gem. § 35 EStG (1)

Ermitteln Sie in einer übersichtlichen Darstellung die Steuerermäßigung für Luke S. für 2020.

Luke S. betreibt in Berlin einen Supermarkt. Der Gewinn aus dem Gewerbebetrieb beträgt 185.000 €. Dieser Gewinn sind seine einzigen Einkünfte. Der maßgebende Gewerbeertrag beträgt in 2020 245.600 €. Der Hebesatz der Stadt Berlin beträgt 410 %. Für Luke S. wird für 2020 eine tarifliche Einkommensteuer i. H. v. 33.300 € festgesetzt.

Lösung s. Seite 230

Aufgabe 81: Steuerermäßigungen gem. § 35 EStG (2)

Ermitteln Sie in einer übersichtlichen Darstellung die Steuerermäßigung für Luke S. für 2020.

Luke S. betreibt in Berlin einen Supermarkt. Der Gewinn aus dem Gewerbebetrieb beträgt 120.000 €. Aus Vermietung und Verpachtung erzielt er einen Überschuss i. H. v. 60.000 €. Der maßgebende Gewerbeertrag beträgt in 2020 140.550 €. Der Hebesatz der Stadt Berlin beträgt 410 %. Für Luke S. wird eine tarifliche Einkommensteuer i. H. v. 21.000 € für 2020 festgesetzt.

Lösung s. Seite 231

Aufgabe 82: Steuerermäßigungen gem. § 35a EStG

Ermitteln Sie in einer übersichtlichen Darstellung die Steuerermäßigungen für Bertold B. für 2020.

Bertold B., ledig, konfessionslos und kinderlos, wohnt in Stuttgart. Für seinen Haushalt beschäftigt er eine Haushaltshilfe (putzen und alles was anfällt). Er zahlt ihr in 2020 monatlich insgesamt mit allen Abgaben 425,68 € (Minijob). Er musste in 2020 sein Dach reparieren lassen und zahlte dafür 41.650 € inkl. 19 % USt. Davon entfielen 8.000 € zzgl. 19 % USt auf das Material, der Rest waren Arbeitskosten. Für die Gartenpflege hat er einen Gärtner beschäftigt, dem er dafür monatlich 1.230 € zzgl. 19 % USt bezahlt. Der Schornsteinfeger hat in 2020 den Kamin gereinigt. Die Rechnung belief sich auf 345 € zzgl. 19 % USt. Alle Aufwendungen sind vollständig bezahlt und ordnungsgemäß nachgewiesen.

Lösung s. Seite 232

Aufgabe 83: Zusammenfassender Fall zu Steuerermäßigungen

Ermitteln Sie in einer übersichtlichen Darstellung die festzusetzende Einkommensteuer für Pierre R. für 2020.

Pierre R. ledig und konfessionslos, wohnt in Bielefeld. Er wurde 1982 in Paris geboren und war 2001 nach Deutschland gezogen. Für das Jahr 2020 wurde eine tarifliche Einkommensteuer i. H. v. 25.308 € ermittelt.

Pierre R. ist seit dem 01.03.2020 Mitglied der „Alles wird besser Partei (AwbP)". Im Jahr 2020 zahlt er monatlich 65 € Mitgliedsbeitrag. Er spendet seiner Partei in 2020 zusätzlich 6.300 €.

Für seinen Haushalt beschäftigt er gelegentlich eine Haushaltshilfe (putzen und alles was anfällt). Er zahlt ihr 2020 monatlich insgesamt mit allen Abgaben 120 €. Er hat in 2020 Schäden in seinem Bad reparieren lassen und zahlte dafür 1.428 € inkl. 19 % USt. Davon entfielen 200 € zzgl. 19 % USt auf das Material, der Rest waren Arbeitskosten. Der Schornsteinfeger hat in 2020 den Kamin gereinigt. Die Rechnung belief sich auf 200 € zzgl. 19 % USt. Alle Aufwendungen sind vollständig bezahlt und ordnungsgemäß nachgewiesen. Zusätzlich hat er „schwarz" noch einen Schaden im Dach reparieren lassen und bar bezahlt. Dadurch hat er es zum Schnäppchenpreis von 23.800 € bekommen. Eine Quittung wurde nicht ausgestellt.

Lösung s. Seite 233

Aufgabe 84: Zusammenfassender Prüfungsfall zur Einkommensteuer

Sachverhalt 1:

Ermitteln Sie für das Ehepaar Ike und Tina T. für 2020 in einer übersichtlichen Darstellung die Summe der Einkünfte. § 7g EStG und § 6 Abs. 2a EStG sind zu beachten.

Die Eheleute leben in Augsburg und sind seit 35 Jahren verheiratet. Sie haben zwei Kinder, die beide im Ausland leben und selbst verheiratet sind. Ike ist am 15.02.1955 geboren. Tina ist am 02.01.1956 geboren. Ihr gemeinsames Hobby ist Musik machen.

Ike T. arbeitet seit Juni 2020 als Rechtsanwalt in seiner eigenen Kanzlei. Er hat für 2020 einen vorläufigen Gewinn i. H. v. 75.380 € ermittelt. Dabei wurden folgende Sachverhalte noch nicht berücksichtigt.

Er zahlt seit Juni monatlich eine Miete für seine Geschäftsräume i. H. v. 990 € zzgl. 19 % USt. da der Vermieter zur Umsatzsteuer optiert hat. Die Miete wird jeweils zum ersten eines jeden Monats fällig und normalerweise pünktlich überwiesen. Da er in Urlaub fahren wollte und schon öfters schlechte Erfahrungen mit Daueraufträgen gemacht hat, überweist er die Januarmiete 2020 schon am 27.12.2020.

Er hat am 18.12.2020 einen Computer für sein Büro bestellt. Der Kaufpreis beträgt 1.200 € zzgl. 19 % USt. Vereinbarungsgemäß wird der Kaufpreis bereits am 23.12.2020 überwiesen. Die Nutzungsdauer des Computers beträgt drei Jahre. Der Computer wird am 15.01.2021 geliefert.

Er kauft am 29.12.2020 auch noch einen gebrauchten Kopierer für 900 € zzgl. 19 % USt, den er sofort bar bezahlt. Die Nutzungsdauer des gebrauchten Kopierers beträgt fünf Jahre. § 7g Abs. 5 EStG möchte er nicht anwenden.

Für Büromaterial hat er am 15.09.2020 1.800 € inkl. 19 % USt bar bezahlt.

Alle Vorsteuererstattungsbeträge und Umsatzsteuerzahlbeträge sind soweit erforderlich bereits in der Gewinnermittlung berücksichtigt. Er wünscht einen möglichst niedrigen Gewinn.

Ike T. war bis Ende Mai 2020 als Angestellter einer großen Kanzlei tätig. Er erhielt laut Arbeitsvertrag einen Bruttoarbeitslohn i. H. v. 3.150 € monatlich. Laut seinem Arbeitsvertrag wird das Gehalt jeweils zum Ende des Monats überwiesen. Bis November 2019 wurde das Gehalt jeweils pünktlich überwiesen, nur das Dezembergehalt verzögert sich. Am 20.01.2020 erhält Ike T. endlich sein Gehalt für Dezember 2019. Sein Weihnachtsgeld i. H. v. 2.000 € für 2019 wird am selben Tag überwiesen.

Ike T. hat 01.07.2018 ein Mehrfamilienhaus gekauft um es zu vermieten. Der Kaufpreis betrug 760.000 €. Davon entfielen 220.000 € auf das Grundstück. Das Gebäude wurde am 28.05.2016 fertig gestellt. Der Bauantrag war am 17.08.2015 gestellt worden. Alle Stockwerke sind zu Wohnzwecken bestimmt. Die Miete ist jeweils zu Beginn des Monats fällig.

Das Erdgeschoss ist seit dem 01.07.2018 für monatlich 875 € inkl. Nebenkosten vermietet. Der erste Stock war seit dem 01.07.2018 für monatlich 915 € inkl. Nebenkosten vermietet. Die Miete wurde zum 01.08.2020 auf 930 € erhöht. Die Miete für den ersten Stock für Januar 2020 wurde bereits am 20.12.2019 vom Mieter überwiesen und am 22.12.2019 auf dem Konto von Ike T. gutgeschrieben.

Ike T. hatte im Jahr 2020 folgende Aufwendungen – soweit angefallen inkl. Umsatzsteuer – für das Grundstück und das Haus:

Finanzierungszinsen:	1.350 €
Grundsteuer:	4.700 €
Abwasser:	2.700 €
Strom:	3.500 €
Haus und Grundbesitzverein:	350 €
Heizöl:	7.600 €

Das bebaute Grundstück hielt er im Privatvermögen. Da er im Jahr 2020 in Geldschwierigkeiten geriet, musste er das Grundstück zum 30.11.2020 verkaufen. Dabei erzielte er in 2019 Einnahmen i. H. v. 1.180.000 €. Hiervon entfielen 700.000 € auf das Gebäude.

Tina T. ist bis zum 31.10.2020 bei einem großen Kaufhaus im Büro beschäftigt. Sie erhält monatlich ein Bruttogehalt i. H. v. 2.560 €. Sie hat von ihrem Arbeitgeber eine Personalrabattkarte bekommen, mit der sie 25 % auf alle Einkäufe erhält.

Sie nutzt diese Karte wie folgt (der Rabatt ist noch nicht abgezogen):

Einkauf am 13.02.2020:	1.900 € zzgl. 19 % USt
Einkauf am 03.07.2020:	3.700 € zzgl. 19 % USt

Bei ihrem Arbeitgeber steht Ihr ein eigenes Büro für alle erforderlichen Tätigkeiten zur Verfügung. Da Sie allerdings gelegentlich lieber zuhause arbeitet, nimmt Sie ihre Arbeit (Belege sortieren, Akten anlegen usw.) mit nach Hause.

Sie weist in Ihrer Steuererklärung die Aufwendungen für ein Arbeitszimmer wie folgt nach:

Wohnung, gesamt 80 m², davon ein separates Zimmer als Arbeitszimmer 16 m².

Miete, monatlich gesamt:	1.300 €
Nebenkosten, monatlich gesamt:	350 €

Sie trägt privat ausschließlich elegante Kleidung. Ihr Chef hielt das für das Büro in der Firma für übertrieben und hat ihr nahegelegt, sich neue Kleidung zu kaufen. Daraufhin kauft sie sich am 17.01.2020 eine Jeans und eine einfache Bluse für jeweils 59,50 € und bezahlt diese bar. Bei der Gelegenheit kauft sie sich eine Aktentasche für das Büro, um gegebenenfalls Akten zu Geschäftsterminen mitnehmen zu können. Auf dem Beleg steht Aktentasche, Bauart „Pilotenkoffer", 250 € netto zzgl. 19 % USt. Sowohl die Kleidung als auch die Aktentasche gibt sie in ihrer Steuererklärung an.

Zum 01.11.2020 ging sie kurzfristig in Rente und bezog seither monatlich 1.380 €. Da sie bezüglich ihrer Rente einige Fragen zu klären hatte, wendete sie sich an einen Rentenberater. Dieser stellte ihr am 27.12.2020 eine Rechnung über 95,20 € inkl. 19 % USt aus. Tina T. zahlte am 05.01.2021 den vollen Betrag per Überweisung.

ACHTUNG

Grundsätzlich sollte man zwar keine Aufgaben stellen, bei denen man das Ergebnis der Aufgabe davor zur weiteren Lösung benötigt, da dies aber auch in der Abschlussprüfung vorkommt, wurde dies an dieser Stelle ebenfalls mit eingebaut. Sie müssen damit klar kommen, dass sie eventuell mit falschen Zahlen weiterrechnen müssen. Dies ist besser als die nächste Aufgabe nicht zu lösen, nur weil man denkt, dass die Aufgabe davor falsch gelöst wurde. Konnten Sie die Aufgabe davor nicht lösen, nehmen sie irgendwelche Zahlen an, um wenigstens den Prüfungsweg aufzuzeigen. Im wahren Leben gibt es auch nur zusammenhängende Gesamtfälle.

Sachverhalt 2:
Ermitteln Sie in einer übersichtlichen Darstellung den Gesamtbetrag der Einkünfte für das Ehepaar Ike und Tina T. für 2020.

Sachverhalt 3:
Ermitteln Sie in einer übersichtlichen Darstellung die abzugsfähigen Sonderausgaben für das Ehepaar Luke und Lea S. für 2020.

Das Ehepaar hat nachweislich einen Gesamtbetrag der Einkünfte i. H. v. 112.300 €.

Luke S., konfessionslos und kinderlos, ist als Beamter der Stadt Hamburg tätig. Er zahlt für seine Krankenversicherung monatlich 215 €, wovon 125 € für Basisleistungen entfallen. Für eine Zusatzpflegeversicherung zahlt er monatlich 37 €. Sein monatliches Bruttogehalt beträgt 3.980 €.

Für seine private Haftpflichtversicherung zahlt er jährlich 143 €. Für seine Altersvorsorge zahlt er monatlich 322 € in eine Rürup-Rentenversicherung.

Seine Ehefrau Lea S., konfessionslos und kinderlos, ist als angestellte Steuerberaterin tätig. Von ihrem Bruttoarbeitslohn werden für die Altersvorsorge 236,25 € (Arbeitnehmeranteil) einbehalten. Für die Krankenversicherung werden monatlich 205 € (Arbeitnehmeranteil) einbehalten. Für ihre Pflegeversicherung werden monatlich 31,88 € (Arbeitnehmeranteil) einbehalten. Für ihre Zusatzpflegeversicherung zahlt sie monatlich 11 €. Für ihre Arbeitslosenversicherung werden monatlich 37,50 € (Arbeitnehmeranteil) einbehalten.

Sie hat eine Risikolebensversicherung, für die sie monatlich 35 € bezahlt.

Für ihre Altersvorsorge zahlt sie noch 486 € monatlich in eine Rürup-Rentenversicherung.

Luke S. hat wie jedes Jahr auch 2020 2.600 € an den ortsansässigen Turnverein gespendet. Er zahlt an diesen Verein monatlich einen Mitgliedsbeitrag i. H. v. 44 €.

Lea S. hat in 2020 nachweislich an die „Partei für den Fortschritt" 3.300 € gespendet.

Lea S. ist zu 30 % körperbehindert. Die Behinderung beruht auf einem privaten Sportunfall. Sie pflegt ihre hilflose 92-jährige Mutter bei dieser zuhause. Von der Pflegeversicherung wird eine Pflegerin bezahlt, die vier Stunden am Tag da ist.

Sachverhalt 4:
Ermitteln Sie in einer übersichtlichen Darstellung die Kinderfreibeträge für Hans K. für 2020.

Hans K. ist seit 2 ½ Jahren geschieden. Die zwei Kinder aus dieser Ehe leben bei ihm im Haushalt. Seine geschiedene Ehefrau kommt ihren Unterhaltspflichten vollständig nach. Der Sohn hat am 15.02.2020 seinen 25. Geburtstag gefeiert. Er hat im Februar 2020 sein Studium abgeschlossen und ist arbeitslos gemeldet. Die Tochter feierte am 15.09.2020 ihren 22. Geburtstag und hat am 25.10.2020 ihr Studium erfolgreich abgeschlossen. Ab dem 01.11.2020 ist sie ebenfalls arbeitslos gemeldet. Hans K. möchte, in Absprache mit seiner geschiedenen Ehefrau, seine Kinder, soweit dies geht, steuerlich geltend machen. Alle erforderlichen Anträge sind gestellt.

Sachverhalt 5:
Ermitteln Sie in einer übersichtlichen Darstellung die Steuerermäßigung für Daniel D. für 2020.

Daniel D. betreibt in Entenhausen (Deutschland) einen kleinen Laden für Bastelbedarf. Der Gewinn aus dem Gewerbebetrieb beträgt 95.000 €. Dieser Gewinn sind seine einzigen Einkünfte. Der maßgebende Gewerbeertrag beträgt in 2020 112.211 €. Der Hebesatz der Stadt Entenhausen beträgt 305 %. Für Daniel D. wird eine tarifliche Einkommensteuer für 2020 i. H. v. 25.464 € festgesetzt.

Lösung s. Seite 234

MEDIEN

Ergänzend zu dem vorliegenden Titel bieten wir Ihnen zur optimalen Prüfungsvorbereitung unsere digitalen Lernkarten an, die das gesamte Prüfungswissen für den Fachbereich Steuerlehre, in Form von Fragen und Lösungen, abdecken.

Sie finden das Produkt **Digitale Lernkarten Steuerlehre für Steuerfachangestellte** auf unserer Homepage www.kiehl.de.

2. Umsatzsteuer

Die Umsatzsteuer ist eine von fünf Steuerarten, die in der Klausur zur Steuerlehre geprüft werden. Sie ist nach der Einkommensteuer das Steuergebiet, in dem die meisten Punkte vergeben werden.

INFO

Da im Verbund die erste gemeinsame Abschlussprüfung im Sommer 2012 durchgeführt wurde und ein Vergleich mit den Abschlussprüfungen in NRW ermöglicht werden soll, wurden im Folgenden 15 Klausuren von der Sommerprüfung 2012 bis zur Sommerprüfung 2019 hinsichtlich der jeweiligen Punkteverteilung ausgewertet.

Klausur	Verbund	NRW
Sommer 2012	27 Punkte	20 Punkte
Winter 2012	26 Punkte	19 Punkte
Sommer 2013	23,5 Punkte	20 Punkte
Winter 2013	25,5 Punkte	23 Punkte
Sommer 2014	19,5 Punkte	19 Punkte
Winter 2014	19 Punkte	21 Punkte
Sommer 2015	20 Punkte	23 Punkte
Winter 2015	28 Punkte	13,5 Punkte
Sommer 2016	26 Punkte	19 Punkte
Winter 2016	28 Punkte	24,5 Punkte
Sommer 2017	23,5 Punkte	26 Punkte
Winter 2017	27 Punkte	23 Punkte
Sommer 2018	22,5 Punkte	26 Punkte
Winter 2018	24 Punkte	25,5 Punkte
Sommer 2019	23 Punkte	19,5 Punkte
Gesamt	**362,5 Punkte**	**322 Punkte**
Durchschnitt	**24,17 Punkte**	**21,47 Punkte**

Da zur Lösung der Klausur zur Steuerlehre insgesamt 150 Minuten zur Verfügung stehen, kann im Verbund bei durchschnittlich 24,17 Punkten eine Bearbeitungszeit von ca. 36 Minuten und in NRW bei durchschnittlich 21,47 Punkten eine Bearbeitungszeit von ca. 32 Minuten angesetzt werden.

Ein ergebnisorientiertes Lernen setzt voraus, dass man die Themen kennt, die in der Abschlussprüfung am wahrscheinlichsten zu erwarten sind. Die Prüfungswahrscheinlichkeit wurde in der Weise ermittelt, dass die Anzahl der Abschlussprüfungen von Sommer 2012 bis Sommer 2019 (15 Klausuren) und die Prüfungen davon, in denen ein bestimmtes Thema geprüft worden ist, in Relation gesetzt wurde.

Da aber in einer Abschlussprüfung ein Thema auch mehrfach abgefragt werden kann, ist es nicht nur interessant zu wissen, wie hoch die Wahrscheinlichkeit ist, dass ein Thema in einer Abschlussprüfung vorkommen kann, sondern auch, wie häufig das Thema insgesamt abgefragt wird. Um einen Überblick darüber zu erhalten, welche Themen am häufigsten in den Abschlussprüfungen des Verbundes und NRW abgefragt werden, wird bei den einzelnen Themen die Anzahl der Aufgaben angegeben. Der Wert wurde durch eine Auswertung der jeweiligen Aufgaben der Abschlussprüfungen von Sommer 2012 bis Sommer 2019 ermittelt.

INFO

In NRW wurden in den 15 zurückliegenden Klausuren folgende Themen behandelt:

Hauptthema	PW 6,67 % = 1 Klausur	Unterthemen Aufgaben je Unterthema	Aufgaben gesamt
Import/Export	80,00 % 12 Klausuren	▸ Ausfuhrlieferung: 3 ▸ innergemeinschaftliche Lieferung: 5 ▸ innergemeinschaftlicher Erwerb: 6 ▸ innergemeinschaftliches Verbringen: 2 ▸ Einfuhr: 1	17
sonstige Leistungen	46,67 % 7 Klausuren	▸ B2B-Bereich: 3 ▸ B2C-Bereich: 2 ▸ allgemeine sonstige Leistung: 2	7
Lieferungen	60,00 % 9 Klausuren	▸ Versandhandel § 3c UStG: 2 ▸ steuerbare und steuerpflichtige Lieferungen: 4 ▸ Werklieferung: 3 ▸ nicht steuerbare Lieferung: 1	10
unentgeltliche Wertabgabe	53,33 % 8 Klausuren	▸ Gegenstandsentnahme: 6 ▸ Nutzungsentnahme: 1 ▸ Leistungsentnahme: 2	9
Besteuerungs-ververfahren	46,67 % 7 Klausuren	▸ Mindestbemessungsgrundlage: 3 ▸ Mindest-Ist-Besteuerung: 1 ▸ Steuersatz: 4 ▸ Dauerfristverlängerung: 1 ▸ Meldeverfahren: 1 ▸ Steuerentstehung: 3 ▸ Umsatzsteuerzahllast: 1	14
Vorsteuer	53,33 % 8 Klausuren	▸ Option gem. § 9 UStG: 4 ▸ Umsatzsteuerhaus: 2 ▸ Vorsteuerkorrektur: 2 ▸ Vorsteuerabzug: 2	10

Hauptthema	PW 6,67 % = 1 Klausur	Unterthemen Aufgaben je Unterthema	Aufgaben gesamt
Reverse Charge Verfahren	20,00 % 1 Klausur	▸ B2B-Umsatz: 3	3
allg. Steuerbe-freiungen	6,67 % 1 Klausur	▸ Steuerbefreiung § 4 Nr. 9 UStG: 1	1

Im Verbund hingegen wurden 111 Aufgaben im gleichen Zeitraum gestellt:

Hauptthema	PW 7,69 % = 1 Klausur	Unterthemen Aufgaben je Unterthema	Aufgaben gesamt
Import/Export	100 % 15 Klausuren	▸ Ausfuhrlieferung: 8 ▸ innergemeinschaftliche Lieferung: 8 ▸ innergemeinschaftlicher Erwerb: 13 ▸ Einfuhr: 1	30
sonstige Leistungen	86,67 % 13 Klausuren	▸ B2B-Bereich: 10 ▸ B2C-Bereich: 10 ▸ allg. sonstige Leistung: 8	28
Lieferungen	80,00 % 12 Klausuren	▸ Versandhandel § 3c UStG: 5 ▸ steuerbare und steuerpflichtige Lieferungen: 12	17
unentgeltliche Wertabgabe	86,67 % 13 Klausuren	▸ Sachentnahme: 10 ▸ Nutzungsentnahme: 5 ▸ Leistungsentnahme: 1	16
Besteuerungs-ververfahren	53,33 % 8 Klausuren	▸ Steuerentstehung: 6 ▸ USt-Vorauszahlungen: 2 ▸ allg. Besteuerungsverfahren: 3 ▸ Mindestbemessungsgrundlage: 1 ▸ Steuersatz: 3	15
Vorsteuer	53,33 % 8 Klausuren	▸ Option gem. § 9 UStG: 4 ▸ allgemeine Vorsteuer: 4 ▸ ordnungsgemäße Rechnung: 1	9
Reverse Charge Verfahren	40,00 % 6 Klausuren	▸ B2B-Umsatz: 6 ▸ Schrotthandel: 1	7
nicht steuerbare Leistungen	26,67% 6 Klausuren	▸ echter Schadensersatz: 3 ▸ nicht steuerbare Lieferung: 1	4
allg. Steuerbe-freiungen	6,67% 1 Klausur	▸ Steuerbefreiung § 4 Nr. 9 UStG: 1	1

Prüfungsaufbau verschiedener Bundesländer
Aufgrund der kurzen Bearbeitungszeit werden die meisten Kenntnisse der Prüflinge nicht an Hand von Aufgaben geprüft, die in Form der freien Darstellung beantwortet werden müssen, sondern vielmehr unter Verwendung einer Grundtabelle, in der nur zu bestimmten Vorgaben eine kurze Antwort gegeben werden kann. Eine solche Grundtabelle wird in nahezu allen Bundesländern verwendet. Die Vorgaben sind dabei annähernd deckungsgleich.

INFO

Es gibt darüber hinaus noch Themengebiete, die in der Grundtabelle nicht geprüft werden können. Hier sind besonders

- das Reverse-Charge-Verfahren
- die Steuerentstehung und
- die Berechnung der Sondervorauszahlung

zu nennen.

Diese Bereiche werden häufig in freier Darstellung eingefordert, sodass sich der Prüfling durch eigene Ausführungen an eine Lösung der gestellten Aufgabe wagen muss, ohne dass ihm dabei eine Hilfestellung in Form einer Tabelle zur Seite gegeben wird.

- **Darstellung im Verbund**
  Die Grundtabelle sieht dabei im Verbund wie folgt aus:

Leistungsart §	Leistungsort §	Steuerbarkeit §	steuerfrei §	steuerpflichtig §	BMG §	USt €	VSt €

- **Darstellung in Nordrhein-Westfalen**
  In NRW hat von der Winterprüfung 2014 bis zur Winterprüfung 2016 eine Grundtabelle Einzug gehalten, die für alle einzutragenden Lösungen gleich aussah:

Art des Umsatzes/ der Leistung	Ort des Umsatzes und gesetzliche Grundlage	steuerbar (ja/nein)	steuerfrei oder steuerpflichtig	Bemessungsgrundlage	USt	VSt

Werden in den einzelnen Kästchen keine Informationen erwartet, ist das Kästchen mit einem Kreuz entwertet. Diese Vorgehensweise gibt Auskunft darüber, welchen Schwerpunkt die Prüfungskommission in der jeweiligen Aufgabe setzen möchte.

Unabhängig von der Tabelle wurden in gesonderten Aufgaben weitere Themen geprüft, die in der Tabelle nicht sinnvoll geprüft werden können.

In der Sommerprüfung 2017 erfolgte allerdings wieder eine Rückkehr zur alten Aufgabendarstellung. Die Kästen waren wieder untereinander und inhaltlich auf die jeweilige Aufgabenstellung ausgerichtet.

Es bleibt abzuwarten, ob die Grundtabelle tatsächlich wieder überholt ist. Man sollte allerdings sicherheitshalber nicht nur Aufgaben in der Grundtabelle lösen, sondern auch ältere Klausuren zu Übungszwecken heranziehen, um für alle Eventualitäten gerüstet zu sein.

- **Darstellung in Hessen**
  In Hessen wird häufig folgende Tabelle verwendet:

Sachverhalt	nicht steuerbar €	steuerbar/ steuerfrei €	steuerbar/ steuerpflichtig €	Umsatzsteuer €	Vorsteuer €

ACHTUNG

Ein besonderes Augenmerk ist darauf zu richten, dass in Hessen keine Rechtsgrundlagen, sondern in jedem Feld die Angabe eines Euro-Betrags verlangt wird.

Eine wichtige Besonderheit in Hessen besteht darin, dass zu den Aufgaben stets neben der Tabelle auch noch in gesonderten Kästchen eine Begründung des Ansatzes erfolgen muss. Die einschlägigen Rechtsnormen sind an dieser Stelle zu erwähnen.

Ausfüllhilfe zur Grundtabelle im Verbund

Hinsichtlich der Grundtabelle im Verbund ist im Einzelnen bei den jeweiligen Spalten Folgendes zu beachten:

- Es muss zunächst die richtige Umsatzart genannt werden, die mit der einschlägigen Rechtsgrundlage zu begründen ist.
- Im Anschluss daran ist die Ortsbestimmung vorzunehmen, die ebenfalls mit der Norm zu belegen ist, aus der sich die Ortsbestimmung ergibt.
- Die Prüfung der Steuerbarkeit erschöpft sich in der Feststellung, ob der Umsatz steuerbar oder eben nicht steuerbar ist. Sofern der Umsatz steuerbar sein sollte, ist ergänzend noch die Rechtsgrundlage zu nennen.

ACHTUNG

Die jeweiligen Tatbestandsmerkmale, die für die Steuerbarkeit eines Umsatzes erfüllt sein müssen, werden nicht nach außen erkennbar geprüft. Die jeweiligen Merkmale muss der Prüfling – am besten im Kopf, da diese Vorgehensweise am wenigsten Zeit kostet – für sich durchprüfen, um die 50 %-Chance erfolgreich zu nutzen. Der Tabellenaufbau im Verbund ist dabei keine große Hilfe, da sie im Aufbau immer gleich ist.

Der einzige Prüfungspunkt im Rahmen der Steuerbarkeit betrifft den echten Schadenersatz. In diesem Zusammenhang wird regelmäßig eine reine Zahlung der Versicherung vorgegeben, bei der ein Leistungsaustausch nicht gegeben ist.

- Die nächste Spalte befasst sich mit der Frage der Steuerfreiheit des Umsatzes. Es ist ohne weitere Darstellung der Prüfung nur zu entscheiden, ob der Umsatz steuerfrei oder nicht steuerfrei ist. Sofern eine Steuerbefreiung festgestellt wird, muss abschließend nur die konkrete Norm genannt werden, aus der sich die Steuerbefreiung ergibt. Ähnlich wie bei der Steuerbarkeit wird auch hier kein Wert auf eine konkrete Prüfung bestimmter Tatbestandsmerkmale gelegt.
- Die Frage nach der Steuerpflichtigkeit ist mit ja zu beantworten, wenn keine Steuerbefreiung eingreift, und mit nein zu beantworten, wenn der Umsatz steuerbefreit ist. Im Verbund ist hierbei keine Norm zu benennen.
- Wenn der Umsatz steuerbar und steuerpflichtig ist, muss eine Aussage zur Bemessungsgrundlage getätigt werden. Hierbei wird zum einen die Angabe der konkreten Bemessungsgrundlage in Euro und zum anderen die konkrete Rechtsgrundlage erwartet, auf der die Bemessungsgrundlage beruht.
- Im Anschluss daran ist eine Feststellung hinsichtlich der Höhe der abzuführenden Umsatzsteuer zu treffen. Die Höhe der Umsatzsteuer ist bekanntlich abhängig von der Bemessungsgrundlage und dem anzuwendenden Steuersatz. Sofern der Prüfling die Umsatzsteuer richtig bestimmt hat, hat er insoweit auch gleichzeitig eine bewertbare Aussage zum Steuersatz abgegeben: Die Nennung einer Norm wird hier nicht erwartet.
- Zu guter Letzt muss der Prüfling noch eine Stellungnahme zur Vorsteuer abgegeben. Auch hier ist ein Betrag anzugeben, der mit der konkreten Norm zu untermauern ist, aus der sich der Vorsteuerabzug ergibt. Es reicht aber in der Regel die Nennung der einschlägigen Nummer des § 15 Abs. 1 UStG.

INFO

Die folgenden Kapitel beschäftigen sich zunächst mit der Umsetzung typischer Aufgaben in der Grundtabelle. Bei der Darstellung wird vorab eine kurze aber inhaltlich ausreichende Erklärung der Lösung präsentiert und anschließend die Grundtabelle ausgefüllt, damit der Prüfling nachvollziehen kann, warum die Einträge in dieser Form von ihm erwartet werden.

Die Auswahl der prüfungsrelevanten Themen möchte keineswegs den Anspruch auf Vollständigkeit erheben. Die Auswahl orientiert sich an der Häufigkeit ihres Auftretens in den Abschlussprüfungen der letzten Jahre und soll als Hilfestellung verstanden werden, jene Themen prüfungssicher zu beherrschen, die für ein erfolgreiches Bestehen unerlässlich sind.

2.1 Leistungsart

Die Prüfung beginnt in der Regel mit der Bestimmung der zutreffenden Umsatzart.

ACHTUNG

Dieser Einstieg in die Prüfung ist sehr prüfungsorientiert gewählt, da die Entscheidung für die richtige Leistungsart die gesamte anschließende Prüfung bestimmt. Von der Umsatzart ist die im Weiteren durchzuführende

- Ortsbestimmung,
- ggf. die Steuerbefreiung und
- ggf. die Bemessungsgrundlage

abhängig, sodass bei einer fehlerhaften Bestimmung der Leistungsart die anschließende Prüfung in großen Teilen nur noch dem glücklichen Zufall überlassen bleibt.

Es werden grundsätzlich folgende Umsatzarten unterschieden:

Umsatzart	► Lieferung gem. § 3 Abs. 1 UStG ► sonstige Leistung gem. § 3 Abs. 9 UStG ► innergemeinschaftlicher Erwerb gem. § 1a UStG ► Einfuhr

2.1.1 Gleichgestellte Umsätze

Die jeweiligen Grundfälle sollten hierbei grundsätzlich keine Probleme bereiten. In den Prüfungsaufgaben werden deshalb häufig jene Umsätze geprüft, die durch eine Fiktion lediglich einer Hauptumsatzart gleichgestellt werden.

MERKE

Hier sind insbesondere folgende Konstellationen zu nennen:

Hauptumsatzart	gleichgestellter Umsatz
Lieferung gem. § 3 Abs. 1 UStG	► Verbringen gem. § 3 Abs. 1a UStG ► Gegenstandsentnahme gem. § 3 Abs. 1b UStG ► Werklieferung gem. § 3 Abs. 4 UStG
sonstige Leistung gem. § 3 Abs. 9 UStG	► Nutzungsentnahme gem. § 3 Abs. 9a Nr. 1 UStG ► Leistungsentnahme gem. § 3 Abs. 9a Nr. 2 UStG
i. g. Erwerb gem. § 1a UStG	► Verbringen gem. § 1a Abs. 2 UStG

Innergemeinschaftliches Verbringen

Das innergemeinschaftliche Verbringen ist grundsätzlich ein Innenumsatz. Solange sich Innenumsätze lediglich im Inland ereignen, sind sie umsatzsteuerrechtlich grundsätzlich unbeachtlich.

MERKE

Erst wenn die Beförderung oder Versendung des Gegenstands von einem EU-Mitgliedstaat in einen anderen EU-Mitgliedstaat erfolgt, führt dies unter bestimmten weiteren Voraussetzungen zu einem umsatzsteuerrechtlich relevanten Umsatz in zwei unterschiedlichen Mitgliedstaaten.

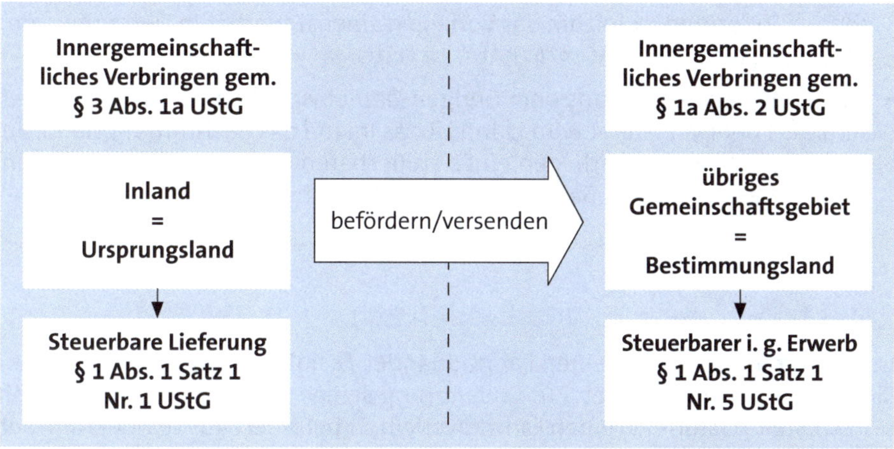

In diesem Fall verwirklicht der handelnde Unternehmer zwei steuerbare Umsätze.

TIPP

Ein innergemeinschaftliches Verbringen kommt häufig dann in Betracht, wenn

- nur der Unternehmer als verantwortlich handelnde Person auftritt
- kein gegenseitiger Vertrag erfüllt werden soll
- der Gegenstand nicht nur vorübergehend von einem EU-Mitgliedsstaat in einen anderen EU-Mitgliedstaat gelangt und die tatsächliche Sachherrschaft hierbei stets bei dem handelnden Unternehmer verbleibt.

Sofern das Verbringen des Gegenstands gem. § 1 Abs. 1 Satz 1 Nr. 1 UStG steuerbar ist, muss im nächsten Schritt an die Steuerbefreiung gem. § 4 Nr. 1 Buchst. b i. V. m § 6a Abs. 2 UStG gedacht werden. Durch diese ausdrücklich in § 6a Abs. 2 UStG normierte Steuerbefreiung, soll sichergestellt werden, dass auch im Fall des innergemeinschaftlichen Verbringens der Umsatz zwar im Ursprungsland steuerbar, aber steuerfrei ist und die Besteuerung im Bestimmungsland als innergemeinschaftlicher Erwerb durchgeführt wird.

ACHTUNG

Es ist besonderes Augenmerk darauf zu legen, ob die Prüfung der Steuerbarkeit aus der Blickrichtung des Ursprungslandes oder des Bestimmungslandes zu erfolgen hat.

- Wenn der Gegenstand aus dem Inland in das übrige Gemeinschaftsgebiet befördert oder versendet wird, dann wird aus der Sicht des Ursprungslandes geprüft. Zu prüfen ist mithin das Vorliegen einer steuerbaren Lieferung gem. § 1 Abs. 1 Satz 1 Nr. 1 i. V. m. § 3 Abs. 1a UStG.
- Wenn der Gegenstand aus dem übrigen Gemeinschaftsgebiet in das Inland befördert oder versendet wird, dann ist das Inland das Bestimmungsland. Zu prüfen ist somit das Vorliegen eines steuerbaren innergemeinschaftlichen Erwerbs gem. § 1 Abs. 1 Satz 1 Nr. 5 i. V. m. § 1a Abs. 2 UStG.

Aufgabe 1: Beförderung von Mountainbikes

Jan U. betreibt in Rosenheim einen Fahrradhandel. Er hat sich auf Mountainbikes spezialisiert, die er auch vermietet. Zur Erweiterung seiner Geschäftsaktivitäten eröffnet Jan U. in Kufstein/Österreich einen Fahrradverleih. Er befördert aus seinem Fahrradhandel in Rosenheim 20 Mountainbikes nach Kufstein, um sie dort zu verleihen. Der Einkaufspreis eines Fahrrades beträgt 1.200 €. Im Fahrradhandel wird das Mountainbike zu einem Verkaufspreis von 1.899 € angeboten.

Lösung s. Seite 240

Aufgabe 2: Beförderung von Treckingrädern

In der Filiale des Jan U. in Kufstein (vgl. Aufgabe 1) bestand für das Treckingrad „Jumper" keine nennenswerte Nachfrage. Deshalb wurde dieses Fahrrad, dessen Einkaufspreis 900 € und dessen Verkaufspreis 1.499 € beträgt, mit eigenem Fahrzeugtransporter nach Rosenheim gebracht, da Jan U. hofft, dieses Treckingrad dort besser verkaufen zu können.

Lösung s. Seite 240

Aufgabe 3: Zerstörte Planierraupe

Der in Essen ansässige Bauunternehmer Baufix ist mit der Errichtung einer Feriensiedlung in Rimini (Italien) beauftragt worden. Zur Ausführung des Auftrages befördert Baufix mit eigenem Lkw eine Planierraupe nach Rimini.

Nach Erledigung der Erdarbeiten soll die Planierraupe wieder nach Essen zurückgebracht werden. Auf der Autobahn in Italien wird der Lkw allerdings in einen Verkehrsunfall verwickelt. Die Planierraupe brennt vollständig aus und wird noch vor Ort verschrottet.

Lösung s. Seite 241

Werklieferung

In den Abschlussprüfungen sind häufig Aufgaben anzutreffen, die sich mit der Abgrenzung der Werklieferung von der sonstigen Leistung beschäftigen.

INFO

Die Werklieferung bietet die Möglichkeit gleich mehrere Prüfungsklassiker zu verbinden:

- Es muss zunächst erkannt werden, dass es sich um eine Werklieferung und eben nicht um eine sonstige Leistung handelt. Wenn an dieser Stelle schon die falsche Umsatzart angenommen wird, hat die nachfolgende Prüfung nichts mehr mit einer kontrollierten Aufgabenlösung, sondern in weiten Teilen nur noch mit Glück zu tun.
- Im Rahmen der Ortsbestimmung kann zum einen die Ortsbestimmung einer ruhenden Lieferung und zum anderen die einer bewegten Lieferung geprüft werden.
- Die Prüfung der Steuerbefreiung ist ebenfalls abhängig von der Wahl der Leistungsart.
- Bei der Steuerschuldnerschaft besteht im Fall der Werklieferung die Möglichkeit, das Reverse-Charge-Verfahren zu prüfen, das insbesondere auf Bauleistungen abstellt.

Unternehmer übernimmt die Verarbeitung oder Bearbeitung eines Gegenstandes

Verwendet der Unternehmer hierbei Stoffe,

- die er **selbst beschafft** hat und
- handelt es sich dabei um einen Hauptstoff oder einen Teil eines Hauptstoffes, weil es **nicht nur** Zutaten oder sonstige **Nebensachen sind**?

ja ↓	nein ↓
Werklieferung § 3 Abs. 4 UStG	**Sonstige Leistung § 3 Abs. 9 UStG**

RECHTSGRUNDLAGEN

Bei der Ortsbestimmung der Werklieferung sollte darauf geachtet werden, dass die Werklieferung einer Lieferung gleichgestellt wird, sodass die Ortsbestimmung ihren Beginn bei § 3 Abs. 5a UStG nimmt.

Wie bei der Ortsbestimmung der Lieferung muss auch bei der Werklieferung zwischen einer bewegten und einer ruhenden Lieferung unterschieden werden, da das Gesetz unterschiedliche Normen für die Ortsbestimmung bereithält.

TIPP

In den Prüfungsaufgaben kann man eine Werklieferung häufig an folgenden Sachverhaltsangaben erkennen:

- Es wird ausdrücklich – mitunter sogar in Fettschrift – darauf hingewiesen, dass der leistende Unternehmer die notwendigen Materialien mitbringt.
- Es wird bei der Vorstellung des leistenden Unternehmers darauf hingewiesen, dass er ein handwerkliches Unternehmen betreibt.
- Der leistende Unternehmer fertigt den Gegenstand nach Vorgaben des Kunden an.

Aufgabe 4: Neue Heizung

Franz S. besitzt in Bremen ein Immobilienobjekt, in dem er ausschließlich Vermietung betreibt, die nach § 4 Nr. 12 UStG steuerfrei ist. Da die verbaute Heizungsanlage nicht mehr die erforderliche Heizleistung aufbringt, ist der Einbau einer neuen Heizung notwendig.

Franz S. bestellt die Heizungsanlage für 25.000 € bei dem norwegischen Unternehmer Ohlsen der auch den Einbau der Anlage übernimmt.

Lösung s. Seite 242

Aufgabe 5: Motorradreparatur

Motorradfahrer Marco P. aus München ist während seines Urlaubs in Hamburg in einen Unfall verwickelt worden. Er muss deshalb sein Motorrad in der Werkstatt Bikertreff in Hamburg reparieren lassen. Bei der Reparatur verwendet die Werkstatt auch neue Verkleidungsteile und stellt nach erfolgreicher Reparatur eine Rechnung über 2.700 € brutto aus, wobei auf das verwendete Material (Verkleidungsteile) ein Betrag i. H. v. 1.500 € entfällt.

Lösung s. Seite 243

Aufgabe 6: Verkauf und Transport einer Lichtanlage

Paul Lux aus Nürnberg hat sich darauf spezialisiert, Lichtanlagen zusammen zu stellen. Von einem französischen Kunden Uderzo, der seine inländische USt-IdNr. verwendet, erhält Paul Lux den Auftrag, für dessen Diskothek in Basel (Schweiz) eine mobile Lichtanlage zu liefern. Lux stellt die Lichtanlage mit der gewünschten Ausstattung in seinem Werk in Nürnberg aus seinem Bestand zusammen und führt mehrere Probeläufe durch.

Nach Durchführung der Probeläufe wird die Lichtanlage, die aus einzelnen Einheiten besteht, aus Transportgründen wieder zerlegt, einzeln verpackt und zu dem Kunden nach Basel befördert. In Basel bauen die Mitarbeiter von Paul Lux die Einheiten zur Lichtanlage wieder zusammen. Uderzo bezahlt für die Lichtanlage einen Kaufpreis i. H. v. 10.000 €.

Lösung s. Seite 244

Unentgeltliche Wertabgaben
Die unentgeltlichen Wertabgaben sind regelmäßig in den Prüfungen anzutreffen.

INFO

Hier ergeben sich deutliche Überschneidungen mit dem Rechnungswesen, da in diesem Fach häufig die buchhalterische Erfassung von Entnahmevorgängen erwartet wird. Dies betrifft insbesondere die Nutzung des betrieblichen Kraftfahrzeugs und die Nutzung der betrieblichen Telefonanlage zu privaten Zwecken.

Diese Aufgabenstellung kann in der Gesamtprüfung also durchaus mehrfach auftreten, sodass dieser Abschnitt auch zur Wiederholung und Festigung der im Rechnungswesen erforderlichen Kenntnisse dienen kann.

Die unentgeltlichen Wertabgaben können wie folgt eingeteilt werden:

Unentgeltliche Wertabgabe

Gegenstandsentnahme § 3 Abs. 1b UStG	**Nutzungsentnahme und Leistungsentnahme** § 3 Abs. 9a UStG
Wird einer **Lieferung gegen Entgelt** gleichgestellt.	Wird einer **sonstigen Leistung gegen Entgelt** gleichgestellt.

- **Gegenstandsentnahme gem. § 3 Abs. 1b UStG**

Einer Lieferung gegen Entgelt werden gleichgestellt

§ 3 Abs. 1b Nr. 1 UStG	§ 3 Abs. 1b Nr. 2 UStG	§ 3 Abs. 1b Nr. 3 UStG
► die Entnahme ► eines Gegenstandes ► durch einen Unternehmer ► aus seinem Unternehmen ► für Zwecke, die **außerhalb des Unternehmens** liegen.	► die **unentgeltliche Zuwendung** ► eines Gegenstandes ► durch einen Unternehmer ► **an sein Personal** ► für dessen privaten Bedarf ► sofern keine Aufmerksamkeiten vorliegen.	► jede andere **unentgeltliche Zuwendung** ► eines Gegenstandes ► ausgenommen Geschenke von geringem Wert und ► Warenmuster für Zwecke des Unternehmens.

Voraussetzung ist, dass der Gegenstand oder seine Bestandteile zum **vollen oder teilweisen Vorsteuerabzug** berechtigt haben, § 3 Abs. 1b Satz 2 UStG.

TIPP

Die einschlägige Norm sollte immer so genau wie möglich zitiert werden. Es reicht also nicht aus, lediglich die Vorschrift gem. § 3 Abs. 1b UStG zu nennen. Um die konkret einschlägige Norm bestimmen zu können, ist es ratsam, auf die Motivation des Unternehmers abzustellen:

Gegenstandsentnahme

privat motiviert	**unternehmerisch** motiviert
Gegenstandsentnahme richtet sich ggf. nach **§ 3 Abs. 1b Nr. 1 UStG** Es kommt nicht auf die Person an, die den Gegenstand erhalten soll. Dies gilt auch dann, wenn die Person zum Personal gehört oder Kunde ist.	Gegenstandsentnahme richtet sich ggf. nach **§ 3 Abs. 1b Nr. 2 UStG** **oder** **§ 3 Abs. 1b Nr. 3 UStG** je nach Empfänger.

Bei den Zuwendungen an das Personal ist insbesondere Folgendes zu beachten:

Sachzuwendungen an Arbeitnehmer

Entgeltliche Lieferung an Arbeitnehmer	**Unentgeltliche** Zuwendung ► von Gegenständen ► an Arbeitnehmer ► für deren privaten Bedarf ► **aus privaten Gründen.**	**Unentgeltliche** Zuwendung ► von Gegenständen ► an Arbeitnehmer ► für deren privaten Bedarf ► **aus unternehmerischen Gründen**.
		Sofern keine **Aufmerksamkeiten** vorliegen
Steuerbar gem. **§ 1 Abs. 1 Nr. 1 i. V. m. § 3 Abs. 1 UStG**	Steuerbar gem. **§ 1 Abs. 1 Nr. 1 i. V. m. § 3 Abs. 1b Nr. 1 UStG**	Steuerbar gem. **§ 1 Abs. 1 Nr. 1 i. V. m. § 3 Abs. 1b Nr. 2 UStG**

- **Unentgeltliche Wertabgaben gem. § 3 Abs. 9a UStG**

  Im Rahmen der unentgeltlichen Wertabgaben gem. § 3 Abs. 9a UStG sollte folgende Unterscheidung beachtet werden:

Unentgeltliche Wertabgaben gem. § 3 Abs. 9a UStG

Verwendung eines dem Unternehmen zugeordneten **Gegenstands**	**Unentgeltliche Erbringung** einer anderen **sonstigen Leistung** durch den Unternehmer
Nutzungsentnahme **§ 3 Abs. 9a Nr. 1 UStG**	**Leistungsentnahme** **§ 3 Abs. 9a Nr. 2 UStG**

- Nutzungsentnahme gem. § 3 Abs. 9a Nr. 1 UStG

MERKE

Der wesentliche Unterschied zwischen der Gegenstandsentnahme einerseits und der Nutzungsentnahme andererseits dürfte in dem Umstand liegen,

- dass bei der Gegenstandsentnahme endgültig die Zugehörigkeit des Gegenstands zum Unternehmensvermögen aufgehoben wird,
- während bei der Nutzungsentnahme nicht die Aufhebung der Zugehörigkeit zum Unternehmensvermögen, sondern nur die Verwendung eines dem Unternehmen zugeordneten Gegenstands zu einem nicht unternehmerischen Zweck gewollt ist.

Einer sonstigen Leistung gegen Entgelt werden gleichgestellt

► die Verwendung eines dem Unternehmen zugeordneten Gegenstandes ► durch einen Unternehmer ► **für Zwecke, die außerhalb des Unternehmens liegen.**	► die Verwendung eines dem Unternehmen zugeordneten Gegenstandes ► durch einen Unternehmer ► **für den privaten Bedarf seines Personals** ► sofern keine **Aufmerksamkeit** vorliegt.

Gegenstand hat zum vollen oder teilweisen Vorsteuerabzug berechtigt.

ACHTUNG

Es ist von entscheidender Bedeutung, dass im Falle des § 3 Abs. 9a Nr. 1 UStG stets geprüft werden muss, ob der Gegenstand zum vollen oder teilweisen Vorsteuerabzug berechtigt hat.

Sofern der Unternehmer im Rahmen der Anschaffung des Gegenstands und bei den in der Folgezeit angefallenen Kosten keinen Vorsteuerabzug vornehmen konnte, ist es auch nicht gerechtfertigt, bei einer außerunternehmerischen Nutzung des Gegenstands Umsatzsteuer zu verlangen. Soweit der Unternehmer allerdings im Vorfeld gegenüber dem Finanzamt Vorsteuerbeträge geltend gemacht hat, muss er grundsätzlich auch eine Besteuerung seiner nicht unternehmerischen Verwendung des Gegenstands hinnehmen.

Es sollte also stets überprüft werden, ob im Zusammenhang mit der Anschaffung und der betrieblichen Nutzung des Gegenstands ein Vorsteuerabzug vorgenommen wurde. Sollte dies nicht der Fall sein, liegt auch keine unentgeltliche Wertabgabe vor. Dies gilt sowohl für die Gegenstandsentnahme als auch für die Nutzungsentnahme gem. § 3 Abs. 9a Nr. 1 UStG.

- Leistungsentnahme gem. § 3 Abs. 9a Nr. 2 UStG

Einer sonstigen Leistung gegen Entgelt werden gleichgestellt

► die unentgeltliche Erbringung einer anderen sonstigen Leistung ► durch den Unternehmer ► für Zwecke, die **außerhalb des Unternehmers** liegen.	► die unentgeltliche Erbringung einer anderen sonstigen Leistung ► durch den Unternehmer ► für den **privaten Bedarf seines Personals** ► sofern keine **Aufmerksamkeiten** vorliegen.

MERKE

Bei der Leistungsentnahme kommt es nicht darauf an, ob hinsichtlich der erbrachten sonstigen Leistung ein voller oder teilweiser Vorsteuerabzug möglich war.

Aus diesem Grund sind u. a. auch Lohnkosten und Lohnnebenkosten beachtlich und werden deshalb regelmäßig in den dazugehörigen Aufgaben angegeben.

► **Ortsbestimmung der unentgeltlichen Wertabgaben**

Die Bestimmung des Leistungsorts ist für alle unentgeltlichen Wertabgaben bis zum 31.12.2019 einheitlich in § 3f UStG geregelt:

- Die Leistung wird an dem Ort ausgeführt, von dem aus der Unternehmer sein Unternehmen betreibt.
- Werden die Leistungen von einer Betriebsstätte ausgeführt, gilt die Betriebsstätte als Ort der Lieferung.

Seit dem 01.01.2020 ist § 3f UStG ersatzlos gestrichen worden.

Die Ortsbestimmung erfolgt jetzt unter Beachtung der allgemeinen Ortsbetimmungsvorschriften.

Dies bedeutet für **Sach- bzw. Gegenstandsentnahmen i. S. d. § 3 Abs. 1b UStG,** dass die Ortsbestimmung nach **§ 3 Abs. 7 S. 1 UStG** zu erfolgen hat.

MERKE

Unentgeltliche Wertabgaben i. S. d. § 3 Abs. 1b UStG gelten als ruhende Lieferung.

Der Ort ist daher dort, wo sich der Gegenstand im Zeitpunkt der Verschaffung der Verfügungsmacht befindet.

Im Falle der **Nutzungsentnahme gem. § 3 Abs. 9a Nr. 1 UStG** und der **Leistungsentnahme gem. § 3 Abs. 9a Nr. 2 UStG** richtet sich der Ort nach **§ 3a Abs. 1 UStG**, so dass der Ort dort ist, wo der Leistungsgeber sein Unternehmen betreibt.

- **Bemessungsgrundlage der unentgeltlichen Wertabgaben**

Ein weiteres Standardproblem im Zusammenhang mit unentgeltlichen Wertabgaben stellt die Ermittlung der Bemessungsgrundlage dar.

ACHTUNG

Folgende Zuordnung sollte beachtet werden:

Unentgeltliche Wertabgabe	Bemessungsgrundlage
§ 3 Abs. 1b UStG	§ 10 Abs. 4 Nr. 1 UStG
§ 3 Abs. 9a Nr. 1 UStG	§ 10 Abs. 4 Nr. 2 UStG
§ 3 Abs. 9a Nr. 2 UStG	§ 10 Abs. 4 Nr. 3 UStG

- Bemessungsgrundlage der Gegenstandsentnahme

Die Bemessungsgrundlage der Gegenstandsentnahme i. S. d. § 3 Abs. 1b UStG bestimmt sich wie folgt:

Bemessungsgrundlage im Falle des § 3 Abs. 1b UStG

↓

§ 10 Abs. 4 Nr. 1 UStG

Einkaufspreis
- zuzüglich der Nebenkosten
- für den Gegenstand oder
- für einen gleichartigen Gegenstand.

Wenn es keinen Einkaufspreis gibt,
- nach den **Selbstkosten**.

- Jeweils zum Zeitpunkt des Umsatzes (der Entnahme)
- Die Umsatzsteuer gehört nicht zur Bemessungsgrundlage

- Bemessungsgrundlage der Nutzungsentnahme

  Bei der Bestimmung der Bemessungsgrundlage der Nutzungsentnahme sind gem. § 10 Abs. 4 Nr. 2 UStG folgende Besonderheiten zu beachten:

Bemessungsgrundlage im Falle des § 3 Abs. 9a Nr. 1 UStG

↓

Nach den bei der Ausführung dieser Umsätze entstandenen **Ausgaben**, soweit sie zum **vollen oder teilweisen Vorsteuerabzug** berechtigt haben,

- Zu diesen Ausgaben gehören auch die **Anschaffungs- oder Herstellungskosten eines Wirtschaftsguts,**
- soweit das Wirtschaftsgut dem Unternehmen zugeordnet ist und
- für die Erbringung der sonstigen Leistung verwendet wird.

  - betragen die Anschaffungs- oder Herstellungskosten **mindestens 500 €,**
  - sind sie gleichmäßig auf einen **Zeitraum zu verteilen**, der dem für das Wirtschaftsgut maßgeblichen **Berichtigungszeitraum nach § 15a UStG** entspricht **(bewegliche Wirtschaftsgüter also fünf Jahre)**.

Die Umsatzsteuer gehört **nicht** zur Bemessungsgrundlage.

- Bemessungsgrundlage der Leistungsentnahme

Bemessungsgrundlage im Falle des § 3 Abs. 9a Nr. 2 UStG

↓

Nach den bei der Ausführung dieser Umsätze entstandenen **Ausgaben**

- Zu diesen Ausgaben gehören auch die **Anschaffungs- oder Herstellungskosten eines Wirtschaftsguts,**
- soweit das Wirtschaftsgut dem Unternehmen zugeordnet ist und
- für die Erbringung der sonstigen Leistung verwendet wird.

  - betragen die Anschaffungs- oder Herstellungskosten **mindestens 500 €,**
  - sind sie gleichmäßig auf einen **Zeitraum zu verteilen**, der dem für das Wirtschaftsgut maßgeblichen **Berichtigungszeitraum nach § 15a UStG** entspricht **(bewegliche Wirtschaftsgüter also fünf Jahre)**.

Die Umsatzsteuer gehört **nicht** zur Bemessungsgrundlage.

Die Bemessungsgrundlage der Leistungsentnahme richtet sich nach § 10 Abs. 4 Nr. 3 UStG:

MERKE

Es ist besonders wichtig, dass man den entscheidenden Unterschied zwischen der Bestimmung der Bemessungsgrundlage der Nutzungsentnahme einerseits und der Leistungsentnahme andererseits erkennt:

Bei beiden Entnahmeformen wird auf die Ausgaben abgestellt, die bei der Ausführung des Umsatzes entstanden sind.

- Bei der Nutzungsentnahme zählen aber nur jene Ausgaben zur Bemessungsgrundlage, bei denen ein Vorsteuerabzug möglich war.
- Bei der Leistungsentnahme gehören hingegen alle Ausgaben zur Bemessungsgrundlage, unabhängig von einem Vorsteuerabzug.

Aufgabe 7: Firmenjubiläum

Der zum Vorsteuerabzug berechtigte Benno S. betreibt eine Geschenkeboutique in Würzburg. Er hat eine Angestellte, die seit 25 Jahren den Vertrieb leitet.

Zum Firmenjubiläum am 12.05. schenkt Benno S. seiner Vertriebsleiterin aus seinem Sortiment einen Kerzenständer, der einen Verkaufspreis von 99 € aufweist.

Benno S. hat den Kerzenständer am 10.03. zu einem Preis von 53 € brutto erworben. Am 02.05. erhöhte der Lieferant den Preis um 15 %.

Lösung s. Seite 245

Aufgabe 8: Garagenfliesen

Der in Lüneburg ansässige Unternehmer Urban ist Inhaber einer Metzgerei. Die Wandfliesen des Ladenlokals sind inzwischen veraltet und Urban möchte sie austauschen.

Von einem ortsansässigen Fliesenleger erwirbt Urban deshalb am 10.06. Wandfliesen zu einem Quadratmeterpreis von 15,99 € netto.

Nach Ausführung der Fliesenarbeiten stellt Urban fest, dass er noch 30 m² Fliesen übrig hat und entschließt sich, diese Fliesen am 14.12. in seiner privaten Garage zu verarbeiten. Der Einkaufspreis je m² lag am 14.12. bei 21,99 € netto.

Lösung s. Seite 246

Aufgabe 9: Spende für einen Sportverein

Der in Dortmund ansässige und zum Vorsteuerabzug berechtigte Steinmetz Sauer ist leidenschaftlicher Anhänger des Ballsportvereins Borussia Dortmund und unterhält zu vielen Vereinsmitgliedern geschäftliche Beziehungen.

Da sein Fußballverein zum wiederholten Mal Deutscher Meister geworden ist, veranstaltet der Verein für seine Fans eine Tombola. Steinmetz Sauer spendet dem Verein für die Tombola eine selbst entworfene Siegessäule, deren Herstellungskosten 1.500 € betrug. Die Rohstoffe hat Sauer seinem Lager entnommen. Sauer hofft, dass er mit der Spende der Siegessäule seine Geschäftsbeziehungen zu den Vereinsmitgliedern weiter verbessern kann.

Lösung s. Seite 247

Aufgabe 10: Geschenk für einen Kunden

Der vorsteuerabzugsberechtigte Unternehmer Schwarz betreibt seit über 20 Jahren in Bamberg einen Handel für Spielzeugwaren.

Schwarz erwarb am 11.08. mehrere ferngesteuerte Rennwagen, die er seinem Warensortiment zuordnete. Ein Rennwagen kostete 299 € brutto im Einkauf.

Einen der Rennwagen, der bis dahin im Geschäft nicht verkauft werden konnte, verschenkte Schwarz zu Weihnachten an den Kunden Braun aus Nürnberg, der seit vielen Jahren seine Ware bei Schwarz bestellt.

Der Einkaufspreis war wegen der erhöhten Nachfrage im Weihnachtsgeschäft ab dem 15.11. um 15 % gestiegen. Der Verkaufspreis betrug im Zeitpunkt der Schenkung 699 € brutto.

Lösung s. Seite 248

Aufgabe 11: Geburtstagsgeschenk

Architekt Blau ist in Hannover tätig. Er ist vorsteuerabzugsberechtigt und unterliegt der Regelbesteuerung.

Blau hat am 20.02.2019 von einem Studenten einen Tablet-PC zum Preis von 499 € erworben, den er zunächst betrieblich nutzte. Da Blau über seine Arbeit den Geburtstag seines Sohns vergessen hat, entschließt er sich, ihm den Tablet-PC zu schenken. Er übergibt ihm den Computer am 10.01.2020 in Hannover.

Ein vergleichbares Gerät würde am 10.01.2020 noch 299 € kosten.

Lösung s. Seite 249

Aufgabe 12: Renovierung der privaten Garage

Der Bauunternehmer Zahn aus Stuttgart lässt von einem Mitarbeiter seine private Garage verputzen.

Hierzu wird Material für 300 € Einkaufspreis aus dem Lager entnommen. Der Mitarbeiter, der Lohnkosten i. H. v. 30 € pro Stunde verursacht, hat insgesamt fünf Stunden für das Verputzen der Garage benötigt. Sofern Zahn im Auftrag eines Kunden die Garage verputzt hätte, wären dem Kunden hierfür 750 € in Rechnung gestellt worden.

Lösung s. Seite 250

Aufgabe 13: Privat genutzter betrieblicher Pkw

Am 01.12. kauft der in Köln ansässige Unternehmer Krause einen neuen betrieblichen Pkw zum Bruttolistenpreis von 25.099 €. Krause benutzt den Pkw auch für private Fahrten. Die betriebliche Nutzung liegt bei 60 %. Da Krause nur wenig Zeit hat, führt er kein Fahrtenbuch. Sowohl bei der Anschaffung als auch hinsichtlich der Folgekosten hat Krause die Vorsteuer geltend gemacht.

Lösung s. Seite 250

2.1.2 Sonstige Leistung

Diese Umsatzart ist aus den Abschlussprüfungen nicht wegzudenken.

INFO

Folgende Fallvarianten sind im Zusammenhang mit der sonstigen Leistung anzutreffen:

- Ortsbestimmung der sonstigen Leistung gem. § 3a UStG.
- Abgrenzung der sonstigen Leistung von der Werklieferung.
- Abgrenzung der sonstigen Leistung von der Lieferung im Zusammenhang mit der Hingabe von Speisen zur Bestimmung des maßgeblichen Steuersatzes.
- Anwendbarkeit des Reverse-Charge-Verfahrens bei der Ausführung einer sonstigen Leistung.

Die Steuerbarkeit der sonstigen Leistung birgt keine großen Überraschungen. Alleine die Ortsbestimmung hält regelmäßig Einzug in die Abschlussprüfungen der unterschiedlichen Steuerberaterkammern. Hierbei sollte die Struktur des § 3a UStG bekannt sein, da die Norm durchaus unübersichtlich ist.

Die Grundstruktur des § 3a UStG kann man unter Beachtung der Prüfungsrelevanz folgendermaßen darstellen:

Ortsbestimmung der sonstigen Leistung

abhängig vom Leistungsempfänger

Leistungsempfänger ist

- **eine Privatperson.**
- ein **Unternehmer**, der die Leistung nicht für sein **Unternehmen** empfangen hat.

Grundsatz: § 3a Abs. 1 UStG

- **Ort, von dem aus der Leistungsgeber sein Unternehmen betreibt.**

B2C-Umsatz

Leistungsempfänger ist

- ein **Unternehmer**, für dessen Unternehmen die Leistung ausgeführt wird.
- eine **ausschließlich nicht unternehmerisch tätige juristische Person**, der eine Umsatzsteuer-Identifikationsnummer erteilt worden ist.

Grundsatz: § 3a Abs. 2 UStG

- **Ort, von dem aus der Empfänger sein Unternehmen betreibt.**

B2B-Umsatz

unabhängig vom Leistungsempfänger

- sonstige Leistung im Zusammenhang mit einem Grundstück
  - § 3a Abs. 3 Nr. 1 UStG
- **kurzfristige** Vermietung eines Beförderungsmittels
  - § 3a Abs. 3 Nr. 2 UStG
- die Abgabe von Speisen und Getränken zum Verzehr an Ort und Stelle
  - § 3a Abs. 3 Nr. 3b UStG

INFO

Die Ortsbestimmung der sonstigen Leistung im B2C-Bereich ist allerdings von vielen Ausnahmen geprägt.

Sofern die sonstige Leistung an einen Empfänger ausgeführt wird,

- der weder ein Unternehmer ist, für dessen Unternehmen die Leistung bezogen wird,
- noch eine nicht unternehmerisch tätige juristische Person, der eine Umsatzsteuer-Identifikationsnummer erteilt worden ist,

gelten abweichend von der Grundregel des § 3a Abs. 1 UStG folgende Ausnahmeregeln:

Rechtsgrundlage	Art der sonstigen Leistung
§ 3a Abs. 3 Nr. 2 Satz 2 UStG	Vermietung eines Beförderungsmittels, die nicht als kurzfristig i. S. d. Satzes 2 anzusehen ist
§ 3a Abs. 3 Nr. 3a UStG	sonstige Leistungen im Bereich Kultur, Kunst, Wissenschaft, Unterricht
§ 3a Abs. 3 Nr. 3c UStG	Bearbeiten und Begutachten von beweglichen körperlichen Gegenständen
§ 3a Abs. 3 Nr. 4 UStG	Vermittlungsleistung
§ 3a Abs. 4 UStG	Katalogleistungen im Drittlandsgebiet (beachte nachfolgendes Kapitel)

TIPP

Um die Strukturen des § 3a UStG im Gesetzestext besser erkennen zu können, empfiehlt es sich, mit unterschiedlichen Farben die jeweiligen Normen zu markieren, die für den B2B-Bereich, B2C-Bereich und dem empfängerunabhängigen Bereich gelten. Solche Farbmarkierungen sind grundsätzlich zulässig. Man sollte nur Abstand davon nehmen, Begriffe wie B2B oder B2C in das Gesetz zu schreiben.

Die Ortsbestimmung der Katalogleistungen gem. § 3a Abs. 4 Satz 1 i. V. m. § 3a Abs. 4 Satz 2 UStG bedarf wegen ihrer Prüfungsrelevanz einer besonderen Erwähnung.

ACHTUNG

Sowohl im Verbund als auch in den Prüfungen anderer nicht im Verbund organisierter Steuerberaterkammern war die Ortsbestimmung von sonstigen Leistungen im Zusammenhang mit einer Katalogleistung in den letzten Jahren immer wieder ein Prüfungsthema. Da diese Ortsbestimmung sehr unterschiedliche Konstellationen ermöglicht und deshalb auch geeignet ist, die Systematik der Ortsbestimmung der sonstigen Leistung zu demonstrieren, muss auch in den nächsten Abschlussprüfungen mit dieser Thematik gerechnet werden.

Bei den Katalogleistungen haben sich in der Vergangenheit die folgenden Leistungen als besonders prüfungsrelevant erwiesen:

§ 3a Abs. 4 Satz 2 Nr. 3 UStG	► Beratungsleistungen - Rechtsanwalt - Steuerberater ► Ingenieurleistungen - Architekt - Sachverständiger
§ 3a Abs. 4 Satz 2 Nr. 10 UStG	► Vermietung beweglicher körperlicher Gegenstände, ausgenommen Beförderungsmittel

MERKE

Sobald die handelnde Person, die es zu beurteilen gilt, ein Freiberufler ist, muss die Katalogleistung des § 3a Abs. 4 Satz 2 Nr. 3 UStG geprüft werden.

Der Freiberufler ist allerdings nur der Aufhänger. Entscheidend für die Ortsbestimmung ist der Leistungsempfänger. Auch wenn das Gesetz mehrere Leistungsempfänger erfasst wissen möchte, kommen in den Abschlussprüfungen regelmäßig

- Unternehmer, die die Leistung für ihr Unternehmen empfangen und
- Privatpersonen

vor.

Hierbei kommt es entscheidend auf zwei Fragen an:

- Ist der Leistungsempfänger ein Unternehmer, der die Leistung für sein Unternehmen empfängt, oder handelt es sich um eine Privatperson?
  - Sofern es sich um einen Unternehmer handelt, bestimmt sich der Leistungsort nach dem B2B-Prinzip des § 3a Abs. 2 UStG.
  - Wenn es eine Privatperson ist, muss weiter gefragt werden.
- Hat die Privatperson ihren Wohnsitz innerhalb oder außerhalb der Europäischen Gemeinschaft?
  - Innerhalb der Europäischen Gemeinschaft richtet sich der Leistungsort nach dem B2C-Prinzip des § 3a Abs. 1 UStG.
  - Außerhalb der Europäischen Gemeinschaft (also im Drittlandsgebiet) richtet sich der Leistungsort nach § 3a Abs. 4 Satz 1 UStG.

Die Katalogleistung des § 3a Abs. 4 Satz 2 Nr. 10 UStG muss stets von § 3a Abs. 3 Nr. 2 UStG abgegrenzt werden. Es wird in der Norm ausdrücklich darauf hingewiesen, dass Beförderungsmittel – auch wenn sie bewegliche und körperliche Gegenstände sind – nicht erfasst werden sollen.

§ 3a Abs. 4 Satz 2 Nr. 10 UStG findet sowohl bei der kurzfristigen als auch bei der langfristigen Vermietung Anwendung.

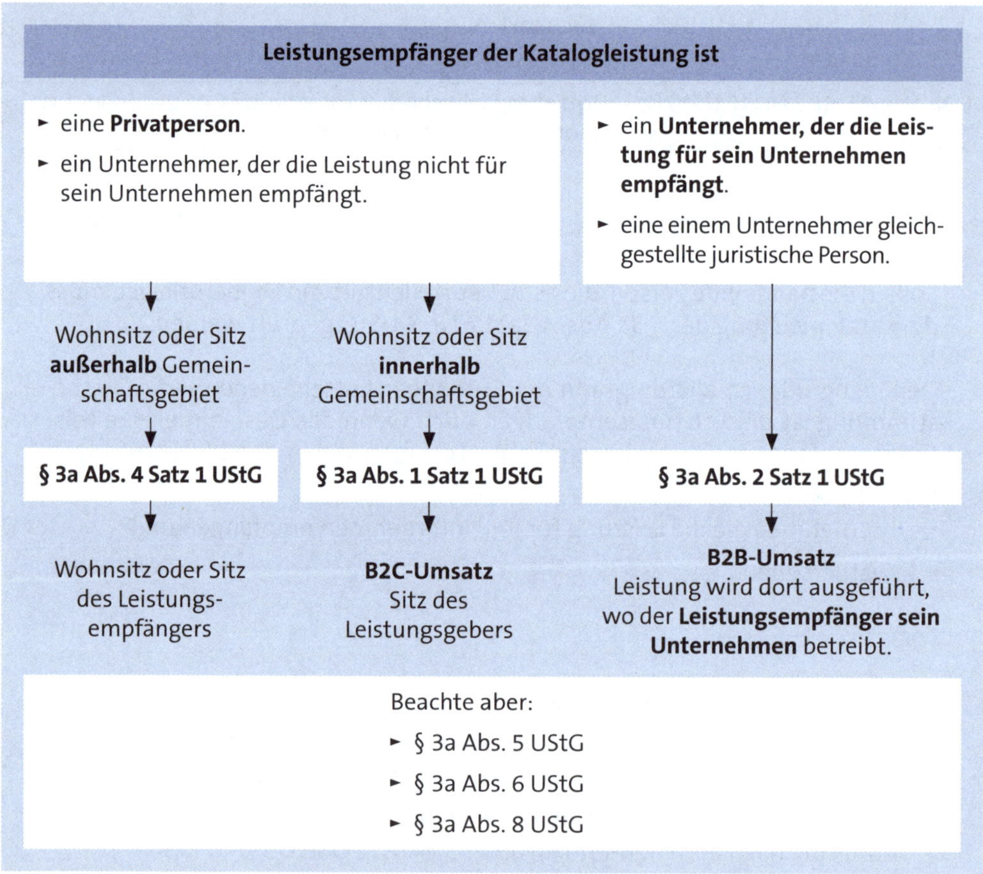

Aufgabe 14: Fahrradreparatur

Jan U. betreibt in Rosenheim ein Zweiradfachgeschäft mit angeschlossener Fahrradwerkstatt. Er versteuert seine Umsätze nach vereinbarten Entgelten und gibt monatliche Umsatzsteuervoranmeldungen ab.

Franz K. gibt sein Fahrrad in die Fahrradwerkstatt des Jan U. ab und erteilt einen Reparaturauftrag, nachdem er mit seinem Rad einen Sturz erlitten hat. Franz K. hatte aber noch Glück im Unglück und Jan U. musste nur die Speichen des Hinterrads teilweise austauschen und die Schaltung neu einstellen.

Bei der Abholung zahlte Franz K. die Rechnung i. H. v. 119 € bar.

Lösung s. Seite 252

Aufgabe 15: Speditionstransport von Fahrrädern

Sigi S. betreibt eine Spedition in München. Er versteuert seine Umsätze nach vereinbarten Entgelten und gibt monatliche Umsatzsteuervoranmeldungen ab.

Jan U. (vgl. Aufgabe 1 und 14) bestellt bei einem italienischen Hersteller aus Rom verschiedene Rennräder und beauftragt Sigi S., die Rennräder von Italien nach Deutschland zu transportieren.

Sigi S. fährt nach Rom und befördert die Fahrräder mit eigenem Lkw nach Rosenheim. Anschließend übersendet er Jan U. eine Rechnung über 399 €.

Der Sachverhalt ist aus der Sicht des Sigi S. zu prüfen.

Lösung s. Seite 253

Aufgabe 16: Fensterreinigung

Marcel M. betreibt eine Reinigungsfirma in Dortmund. Er bietet unter anderem auch Privatpersonen den Service an, deren Fenster zu reinigen. Er versteuert seine Umsätze nach vereinbarten Entgelten und gibt monatliche Umsatzsteuervoranmeldungen ab.

Veronika G. wendet sich an Marcel M. und beauftragt ihn, die Fensterfronten ihres Einfamilienhauses in Bochum zu reinigen. Marcel M. schickt daraufhin einen Mitarbeiter zu Veronika G., der die bestellte Fensterreinigung zur vollsten Zufriedenheit von Veronika G. vornimmt. Veronika G. bezahlt noch vor Ort den vereinbarten Preis i. H. v. 99 € bar.

Lösung s. Seite 254

Aufgabe 17: Mietwagen

Gerd W. ist Inhaber einer kleinen Autovermietung in Rosenheim. Er versteuert seine Umsätze nach vereinbarten Entgelten und gibt monatliche Umsatzsteuervoranmeldungen ab.

Gerd W. hat mehrere Geländewagen in der Vermietung. Ulli K., der mit seiner Familie in München wohnt, möchte eine Woche Urlaub in Kufstein/Österreich machen und dort mit einem Geländewagen in den Bergen fahren. Er mietet deshalb den Geländewagen bei Gerd W. in Rosenheim. Gerd W. räumt Ulli K. einen Sonderpreis ein und berechnet für die einwöchige Miete einen Gesamtpreis i. H. v. 899 €.

Da Ulli K. mit seiner fünfköpfigen Familie nach Kufstein fahren möchte und deshalb seinen Van zur Anreise nutzt, vereinbaren die Parteien, dass Gerd W. den Geländewagen nach Kufstein überführt und dort an Ulli K. übergibt.

Lösung s. Seite 255

Aufgabe 18: Der norwegische Mandant

Rechtsanwalt Weiß betreibt in Lünen (Deutschland) eine Rechtsanwaltskanzlei und ist auf internationales Recht spezialisiert. Er berät eine Privatperson aus Oslo (Norwegen) in einer Familienrechtsangelegenheit beim Amtsgericht Lünen. Die Vertragspartner haben eine Vereinbarung mit dem Inhalt getroffen, dass Weiß ein Honorar i. H. v. 476 € erhält.

Lösung s. Seite 256

Aufgabe 19: Der spanische Mandant

Rechtsanwalt Weiß (vgl. Aufgabe 18) vertritt einen Privatmann aus Madrid (Spanien) wegen einer Zivilrechtssache beim Amtsgericht Dortmund. Das vereinnahmte Honorar beträgt 800 €.

Lösung s. Seite 257

Aufgabe 20: Kontakte zur Wirtschaft

Rechtsanwalt Weiß (vgl. Aufgabe 18 und 19) hat auch gute Kontakte zur Wirtschaft. Aus diesem Grund berät er einen in Wien ansässigen Unternehmer in einer Vertragsangelegenheit. Der österreichische Unternehmer ist mit seiner nationalen USt-IdNr. aufgetreten.

Lösung s. Seite 258

Aufgabe 21: Gartenmöbel aus Freiburg

M. Möbelix stellt Gartenmöbel her, die er unter anderem auch vermietet. Der Sitz der Firma ist in Freiburg.

Für eine Gartenparty vermietet er mehrere Biertischgarnituren an einen schweizerischen Privatkunden aus Basel, der seinen Geburtstag feiern möchte. Die Nettomiete beträgt 299 €.

Lösung s. Seite 259

2.2 Import-Export

In den Abschlussprüfungen aller Bundesländer spielen immer wieder Sachverhalte eine Rolle, bei denen Umsatzgeschäfte mit Auslandsbezug ausgeführt werden.

RECHTSGRUNDLAGEN

Der **Auslandsbezug** kann sich zum einen aus dem Import und zum anderen aus dem Export eines Gegenstandes ergeben und folgende Normen betreffen:

Import	► Innergemeinschaftlicher Erwerb gem. § 1 Abs. 1 Nr. 5 UStG ► Einfuhr gem. § 1 Abs. 1 Nr. 4 UStG ► Ortsbestimmung der Lieferung gem. § 3 Abs. 8 UStG
Export	► Ortsbestimmung der Lieferung gem. § 3c UStG ► Steuerbefreiung gem. § 4 Nr. 1 Buchst. a UStG (Ausfuhrlieferung) ► Steuerbefreiung gem. § 4 Nr. 1 Buchst. b UStG (i. g. Lieferung)

2.2.1 Import

Import		
Warenweg innerhalb der EU	**Warenweg aus dem Drittlandsgebiet ins Inland**	
Lieferer und Abnehmer sind ► Unternehmer und ► verwenden jeweils eine USt-ID-Nr.	Der **Lieferer** schuldet die EUSt (+), wenn die Parteien die Lieferkondition **„verzollt und versteuert"** vereinbart haben.	Der **Abnehmer** schuldet die EUSt (+), wenn die Parteien die Lieferkondition **„unverzollt und unversteuert"** vereinbart haben.
Der **Erwerber** ► führt im Bestimmungsland einen steuerbaren i. g. Erwerb gem. § 1 Abs. 1 Nr. 5 UStG aus. ► kann ggf. die Vorsteuer gem. § 15 Abs. 1 Nr. 3 UStG geltend machen. Der **Lieferer** führt im Ursprungsland ► eine steuerbare Lieferung gem. § 1 Abs. 1 Nr. 1 UStG aus, ► die aber gem. § 4 Nr. 1b UStG als i. g. Lieferung steuerfrei ist.	Der **Abnehmer** ► führt keinen steuerbaren Umsatz aus. ► kann ggf. die Vorsteuer gem. § 15 Abs. 1 Nr. 1 UStG geltend machen. Der **Lieferer** ► führt eine Einfuhr gem. § 1 Abs. 1 Nr. 4 UStG und ► führt **zusätzlich** eine steuerbare und steuerpflichtige Lieferung gem. § 1 Abs. 1 Nr. 1 UStG aus. ► kann ggf. die Vorsteuer gem. § 15 Abs. 1 Nr. 2 UStG geltend machen.	Der **Lieferer** ► führt keinen steuerbaren Umsatz aus. Der **Abnehmer** ► führt eine steuerbare und steuerpflichtige Einfuhr gem. § 1 Abs. 1 Nr. 4 UStG aus ► kann ggf. die Vorsteuer gem. § 15 Abs. 1 Nr. 2 UStG geltend machen.

2.2.1.1 Innergemeinschaftlicher Erwerb

Der Erwerb von Gegenständen im übrigen Gemeinschaftsgebiet gehört mit Sicherheit zu den Klassikern.

ACHTUNG

Die Besonderheit dieses Umsatzes besteht unter anderem darin, dass der Erwerber

- einerseits die Umsatzsteuer schuldet und
- andererseits auch den Vorsteuerabzug geltend machen kann.

Aus diesem Grund wird der innergemeinschaftliche Erwerb auch gerne in der Abschlussprüfung zum Rechnungswesen geprüft, da die umsatzsteuerrechtliche Besonderheit zu einer ungewöhnlichen Buchung führt, indem sowohl Umsatzsteuer als auch Vorsteuer gebucht werden muss.

Bei der Grundtabelle ist deshalb auch darauf zu achten, dass sowohl das Feld für die Umsatzsteuer als auch das Feld für die Vorsteuer auszufüllen ist.

Der innergemeinschaftliche Erwerb gegen Entgelt gem. § 1a Abs. 1 UStG sollte stets von dem innergemeinschaftlichen Verbringen gem. § 1a Abs. 2 UStG abgegrenzt werden.

2.2.1.2 Ortsbestimmung gem. § 3 Abs. 8 UStG

Diese Ortsbestimmungsvorschrift gehört zu jenen Normen, die als Lex specialis vor der Grundnorm des § 3 Abs. 6 Satz 1 UStG zu prüfen sind.

Die Ortsbestimmungsvorschrift steht in einem unmittelbaren Zusammenhang mit der steuerbaren Einfuhr. Sobald die Tatbestandsmerkmale des § 3 Abs. 8 UStG erfüllt sind, liegen auch die Voraussetzungen einer Einfuhr gem. § 1 Abs. 1 Satz 1 Nr. 4 UStG vor.

MERKE

Das ausschlaggebende Tatbestandsmerkmal, das letztlich über den Verlauf der Prüfung entscheidet, ist die Frage danach, ob der Lieferant Schuldner der Einfuhrumsatzsteuer ist.

Diese Frage hängt wiederum von den vereinbarten Lieferkonditionen ab:

Lieferkondition	Konsequenzen
„verzollt und versteuert"	► **Der Lieferant** führt - die **steuerbare Einfuhr** gem. § 1 Abs. 1 Satz 1 Nr. 4 UStG aus und ist Schuldner der EUSt - gleichzeitig über § 3 Abs. 8 UStG eine steuerbare Lieferung gem. § 1 Abs. 1 Satz 1 Nr. 1 UStG aus. ► **Der Abnehmer** - führt **keinen steuerbaren Umsatz** aus - kann die Vorsteuer gem. § 15 Abs. 1 Nr. 1 UStG geltend machen.
„unverzollt und unversteuert"	► **Der Lieferant** führt - **keinen steuerbaren Umsatz** aus. ► Der Abnehmer - führt die **steuerbare Einfuhr** gem. § 1 Abs. 1 Satz 1 Nr. 4 UStG durch und ist Schuldner der EUSt - kann die **Vorsteuer gem. § 15 Abs. 1 Nr. 2 UStG** geltend machen.

ACHTUNG

Die Ortsbestimmung des § 3 Abs. 8 UStG wird in den Abschlussprüfungen auch im Rahmen der Vorsteuerabzugsberechtigung geprüft.

Aus der Sicht des Leistungsempfängers stellt sich die Frage, ob er aus dem Umsatzgeschäft einen Vorsteueranspruch ableiten kann. Dieser Vorsteuerabzug ist nur dann möglich, wenn in der Rechnung des Leistungsgebers die Umsatzsteuer ordnungsgemäß ausgewiesen ist. Ein Ausweis der Umsatzsteuer wiederum setzt voraus, dass der Leistungsgeber eine steuerbare und steuerpflichtige Lieferung gem. § 1 Abs. 1 Satz 1 Nr. 1 UStG ausgeführt hat. Im Zuge der Prüfung der Steuerbarkeit wird bei der Ortsbestimmung dann ggf. auf § 3 Abs. 8 UStG zurückgegriffen, damit der Umsatz als im Inland ausgeführt gilt.

2.2.2 Export

Die nachfolgende Grafik soll lediglich dazu dienen, die in den Abschlussprüfungen regelmäßig wiederkehrenden Exportfälle zu bearbeiten und nimmt keine Vollständigkeit für sich in Anspruch.

Hinsichtlich der Steuerbefreiung gem. § 4 Nr. 1 Buchst. b UStG sind wesentliche Änderungen in § 6a Abs. 1 Nr. 2 UStG erfolgt und § 6a Abs. 1 Nr. 4 UStG neu angefügt worden. Diese Änderungen haben allerdings auf die Lösung der üblichen Standartaufgaben keine wesentlichen Auswirkungen, sollten aber gleichwohl zur Kenntnis genommen werden.

<table>
<tr><th colspan="3">Export</th></tr>
<tr><th colspan="2">Warenweg innerhalb der EU</th><th>Warenweg aus dem Inland ins Drittlandsgebiet</th></tr>
<tr>
<td>Lieferer und Abnehmer sind
► Unternehmer und
► verwenden jeweils eine USt-ID-Nr.
► Der Abnehmer ist in einem anderen Mitgliedsstaat umsatzsteuerlich registriert.
► Der Abnehmer verwendet eine gültige Ust-ID-Nr. eines anderen Mitgliedsstaats.</td>
<td>Die Lieferung wird durch den Lieferer ausgeführt.

Der Abnehmer ist
► eine Privatperson oder
► ein „Exot“, der die maßgebliche Erwerbsschwelle nicht überschritten hat.

Der Lieferer hat die maßgebliche Lieferschwelle überschritten.</td>
<td>Der Lieferer hat den Gegenstand befördert oder versendet

oder

der Abnehmer
► hat den Gegenstand befördert oder versendet und
► seinen Wohnsitz oder Sitz im Ausland

Die Ausfuhrnachweise liegen vor.</td>
</tr>
<tr>
<td>Der Lieferer führt
► eine steuerbare Lieferung gem. § 1 Abs. 1 Nr. 1 UStG aus.
► die als innergemeinschaftliche Lieferung gem. § 4 Nr. 1 Buchst. b i. V. m. § 6a UStG steuerfrei ist.

Der Abnehmer führt einen steuerbaren i. g. Erwerb gem. § 1 Abs. 1 Nr. 5 UStG aus.</td>
<td>Die Ortsbestimmung der Lieferung erfolgt über § 3c UStG und der Leistungsort ist dort, wo die bewegte Lieferung endet

Der Lieferer führt eine steuerbare und steuerpflichtige Lieferung gem. § 1 Abs. 1 Nr. 1 UStG im Bestimmungsland aus.</td>
<td>Der Lieferer führt
► eine gem. § 1 Abs. 1 Nr. 1 UStG steuerbare Lieferung aus,
► die gem. § 4 Nr. 1 Buchst. a i. V. m. § 6 UStG als Ausfuhrlieferung steuerfrei ist.</td>
</tr>
</table>

Aufgabe 22: Stanzmaschine aus dem Außenlager

Der in Berlin ansässige Maschinenhändler Martin S. erwirbt bei dem in Warschau ansässigen Lieferanten Stanislaw eine Stanzmaschine im Wert von 10.000 €. Stanislaw hat die Maschine allerdings in seinem Außenlager in St. Petersburg gelagert.

Die Maschine wird im Auftrag von Stanislaw über Polen geliefert. Die Ware wird im Namen von Stanislaw in Polen zoll- und umsatzsteuerrechtlich zum freien Warenverkehr angemeldet, bevor sie nach Deutschland befördert wird.

Sowohl Martin S. als auch Stanislaw treten mit ihrer USt-IdNr. auf.

Lösung s. Seite 260

Aufgabe 23: Industriewaschmaschine

Harry H. betreibt einen Elektrogroßhandel in Frankfurt/Main. Er ist zum Vorsteuerabzug berechtigt und unterliegt der Regelbesteuerung.

Harry H. bestellt in Oslo (Norwegen) eine Industriewaschmaschine bei dem dort ansässigen Hersteller Lasse B. Die Beteiligten vereinbaren, dass Lasse B. die Maschine zu der Lieferkondition „unverzollt und unversteuert" nach Frankfurt befördert.

Lasse B. überführt die Waschmaschine in den zoll- und steuerrechtlichen freien Verkehr und entrichtet die Einfuhrumsatzsteuer für Harry H. Im Anschluss an die Lieferung erhält Harry H. von Lasse B. eine Rechnung über 15.000 €.

Lösung s. Seite 261

Aufgabe 24: Vorsteuerabzug

Unternehmer Blau stellt in Wuppertal Getriebeteile her. Er ist zum Vorsteuerabzug berechtigt und versteuert seine Umsätze nach vereinbarten Entgelten.

Blau benötigt zur Erledigung eines neuen Auftrags Zahnräder in unterschiedlicher Größe und bestellt diese bei einem Hersteller Demirel in Antalya/Türkei. Die Beteiligten vereinbarten die Lieferkondition „verzollt und versteuert". Der türkische Hersteller versendet die Ware am 12.06.2020 über einen Spediteur von Antalya nach Wuppertal. Der Spediteur entrichtet die EUSt.

Demirel schickt Blau nach der Auslieferung der Zahnräder eine ordnungsgemäße Rechnung über 5.800 €, die Blau noch am 26.06.2020 überweist.

Leider kam es nicht zur Ausführung des neuen Auftrags, da der Kunde zwischenzeitlich zahlungsunfähig wurde. Blau benötigt deshalb die Zahnräder nicht mehr und möchte wissen, ob er zumindest einen Vorsteueranspruch aus dem Ankauf bei Demirel geltend machen kann.

Lösung s. Seite 262

2.3 Reverse-Charge-Verfahren

Das Reverse-Charge-Verfahren wird in allen Bundesländern regelmäßig abgeprüft.

Das Reverse-Charge-Verfahren ist häufig im Zusammenhang mit einer sonstigen Leistung anzutreffen, soll aber trotzdem gesondert behandelt werden.

Da die Grundtabelle weder die Steuerschuldnerschaft noch die Steuerentstehung berücksichtigt, wird diese Thematik außerhalb der Grundtabelle behandelt.

ACHTUNG

Die Fragestellung im Verbund erwartet in diesem Zusammenhang häufig, dass der Sachverhalt sowohl aus der Sicht des Leistungsgebers als auch aus der Sicht des Leistungsempfängers umsatzsteuerrechtlich unter Angabe der Paragrafen zu beurteilen ist. Die Darstellung erfolgt anschließend in einer freien Beantwortung der gestellten Frage.

Es erscheint zunächst eine irritierende Aufgabenstellung zu sein, da der Unternehmer, den es zu prüfen gilt, gar keinen Umsatz tätigt, sondern nur Leistungsempfänger ist. An dieser Stelle ist es aber besonders wichtig zu erkennen, dass man die Prüfungspunkte bis zur Bemessungsgrundlage aus der Sicht des Leistungsgebers prüft. Es ist nämlich der Leistungsgeber, der einen steuerbaren und steuerpflichtigen Umsatz ausführt. Der Leistungsempfänger kommt erst deshalb in den Fokus, weil er die Verpflichtung des Leistungsgebers übernimmt, die geschuldete Umsatzsteuer an den Fiskus abzuführen.

Die Steuerschuldnerschaft wird grundsätzlich in § 13a UStG geregelt.

Wenn der leistende Unternehmer einen steuerbaren und steuerpflichtigen Umsatz ausgeführt hat, schuldet er gem. § 13a Abs. 1 Nr. 1 UStG grundsätzlich die Umsatzsteuer, während der Leistungsempfänger bei bestehender Vorsteuerabzugsberechtigung die Vorsteuer gem. § 15 Abs. 1 Satz 1 Nr. 1 UStG geltend machen kann.

Abweichend von dieser Grundregel ist in § 13b UStG eine Umkehr der Umsatzsteuerschuld geregelt. Unter bestimmten Voraussetzungen wird die Steuerschuld auf den Leistungsempfänger verlagert. In diesem Fall werden die Steuerschuld einerseits und die Vorsteuerabzugsberechtigung andererseits auf den Leistungsempfänger vereint.

MERKE

Die Umkehr der Steuerschuld lässt sich für den prüfungsrelevanten Bereich wie folgt darstellen:

Umkehr der Steuerschuldnerschaft
§ 13b Abs. 5 Satz 1 UStG
in Verbindung mit

§ 13b Abs. 1 UStG

- Sonstige Leistung
- eines im **übrigen Gemeinschaftsgebiet** ansässigen Unternehmers,
- die nach **§ 3a Abs. 2 UStG** im Inland steuerbar und steuerpflichtig ist.
- Ein im **übrigen Gemeinschaftsgebiet ansässiger Unternehmer** ist gem. **§ 13b Abs. 7 Satz 2 UStG**
  - ein Unternehmer,
  - der in den Gebieten der übrigen Mitgliedstaaten der Europäischen Union, die nach dem Gemeinschaftsrecht als Inland dieser Mitgliedstaaten gelten,
  - einen Wohnsitz, seinen gewöhnlichen Aufenthalt, seinen Sitz, seine Geschäftsleitung oder eine Betriebsstätte hat.

§ 13b Abs. 2 Nr. 1 - 3 UStG

§ 13b Abs. 2 Nr. 1 UStG

- Werklieferungen gem. § 3 Abs. 4 UStG und
- nicht unter Absatz 1 fallende **sonstige Leistungen**
- eines **im Ausland ansässigen Unternehmers.**
- Ein im **Ausland ansässiger Unternehmer** i. S. d. Absatzes 2 Nummer 1 und 5 ist gem. **§ 13b Abs. 7 Satz 1 UStG** ein Unternehmer,
  - der im Inland, auf der Insel Helgoland und in einem der in § 1 Abs. 3 bezeichneten Gebiete,
  - weder einen Wohnsitz, seinen gewöhnlichen Aufenthalt, seinen Sitz, seine Geschäftsleitung noch eine Betriebsstätte hat.

§ 13b Abs. 2 Nr. 2 UStG

- Lieferungen sicherungsübereigneter Gegenstände durch den Sicherungsgeber an den Sicherungsnehmer außerhalb des Insolvenzverfahrens

§ 13b Abs. 2 Nr. 3 UStG

- Umsätze, die unter das Grunderwerbsteuergesetz fallen

ACHTUNG

§ 13b UStG ist aber nicht nur hinsichtlich der Steuerschuldnerschaft eine Spezialvorschrift, sondern auch bezüglich der Steuerentstehung.

Grundsätzlich ist die Steuerentstehung aus der Sicht des Leistungsgebers in § 13 Abs. 1 Nr. 1 UStG geregelt. Für den Fall der Umkehr der Steuerschuldnerschaft fertigt der Leistungsgeber aber eine Nettorechnung für den Leistungsempfänger an, der dann die Umsatzsteuer auf den Nettobetrag berechnet. Da der Leistungsempfänger die Umsatzsteuer an den Fiskus abführt, kann hinsichtlich der Steuerentstehung nicht auf die für den Leistungsgeber konzipierte Regelung des § 13 Abs. 1 Nr. 1 UStG zurückgegriffen werden, da diese Regelung zum einen von einer Leistungserbringung (§ 13 Abs. 1 Nr. 1a UStG) und zum anderen von dem Vereinnahmen des Entgeltes ausgeht (§ 13 Abs. 1 Nr. 1b UStG).

Die Entstehung der Steuer wird deshalb für das Reverse-Charge-Verfahren in § 13b UStG wie folgt geregelt:

Steuerentstehung bei Umkehr der Steuerschuldnerschaft im Falle des	
§ 13b Abs. 5 Satz 1 i. V. m. § 13b Abs. 1 Satz 1 UStG	**§ 13b Abs. 5 Satz 1 i. V. m. § 13b Abs. 2 UStG**
Im Falle eines B2B-Umsatzes mit einem im übrigen Gemeinschaftsgebiet ansässigen Leistungsgeber ► **entsteht die Steuer** - mit Ablauf des Voranmeldungszeitraums, - in dem die Leistungen ausgeführt worden sind.	Im Fall des **§ 13b Abs. 2 UStG** ► **entsteht die Steuer** - mit Ausstellung der Rechnung, - **spätestens** jedoch mit Ablauf des der Ausführung der Leistung folgenden Kalendermonats.

Aufgabe 25: Neue Fenster

Franz V. aus Baden-Baden ist Eigentümer eines Mehrfamilienhauses in Freiburg (Deutschland), das er zu Wohnzwecken an Privatpersonen vermietet.

Da das Haus schon vor 30 Jahren errichtet und die alten einfach verglasten Fenster noch nicht ausgetauscht wurden, möchte Franz V. die Wohnqualität seiner Mieter durch den Einbau von doppelt verglasten Kunststofffenstern verbessern.

Franz V. beauftragt die in Basel (Schweiz) ansässige Fensterbaufirma des Klaus B. mit dem Austausch der Fenster in seinem Mehrfamilienhaus in Freiburg. Die Beteiligten vereinbaren einen Gesamtpreis i. H. v. 20.000 € netto.

Die Fenster werden bis zum 21.06.2020 ausgetauscht. Da Klaus B. viele Aufträge hat, schafft er es erst, die Rechnung am 04.08.2020 zu übersenden. Franz V. überweist den Rechnungsbetrag am 07.08.2020.

Es ist die inländische Rechtslage zu prüfen.

Lösung s. Seite 263

Aufgabe 26: Reparatur einer Kaffeemaschine

Der vorsteuerabzugsberechtigte Gerry W. betreibt eine exklusive Modeboutique in Düsseldorf. Er gibt monatliche Umsatzsteuervoranmeldungen ab und versteuert seine Umsätze nach vereinbarten Entgelten.

Um seine Kundschaft bei Kauflaune zu halten, bietet er regelmäßig Kaffee an. Zu diesem Zweck hat sich Gerry W. einen Kaffeevollautomaten einer italienischen Marke angeschafft.

Aufgrund der starken Nutzung der Maschine stellten sich mit der Zeit Funktionsbeeinträchtigungen ein, die letztendlich einen zuverlässigen Einsatz im betrieblichen Alltag nicht mehr ermöglichten. Gerry W. schickte die Maschine deshalb am 22.04.2020 an den Hersteller Umberto in Turin (Italien), um sie dort überprüfen und ggf. reparieren zu lassen. Umberto untersuchte die Maschine, stellte einen Fehler in der Software fest und programmierte den Kaffeevollautomaten neu. Außerdem reinigte er die Brüheinheit des Gerätes. Anschließend erfolgte am 04.05.2020 der Rückversand an Gerry W.

Für die durchgeführten Arbeiten berechnete Umberto dem Gerry W. einen Nettobetrag i. H. v. 300 €.

Die Beteiligten verwendeten ihre jeweilige nationale Umsatzsteuer-Identifikationsnummer.

Prüfen Sie den Sachverhalt aus der Sicht des Gerry W.

Lösung s. Seite 264

2.4 Besteuerungsverfahren

Ein weiteres prüfungsrelevantes Thema ist das Besteuerungsverfahren.

Im Bereich des Besteuerungsverfahrens werden insbesondere die folgenden Themen geprüft:

- Steuerentstehung
- Mindest-Ist-Besteuerung
- Dauerfristverlängerung/Sondervorauszahlung
- Mindestbemessungsgrundlage.

2.5 Steuerentstehung

Die Steuerentstehung ist grundsätzlich in § 13 UStG geregelt.

Die wichtigsten Umsätze, deren Steuerentstehung für die Abschlussprüfung von Bedeutung sein können, lassen sich folgendermaßen darstellen:

Lieferung und sonstige Leistung § 13 Abs. 1 Nr. 1 UStG	► mit Ausführung der Leistung (Soll) ► mit Vereinnahmung des Entgelts (Ist)
unentgeltliche Wertabgaben § 13 Abs. 1 Nr. 2 UStG	► mit Ausführung der Leistung
unrichtiger Steuerausweis **§ 14c Abs. 1 UStG** § 13 Abs. 1 Nr. 3 UStG **unberechtigter Steuerausweis** **§ 14c Abs. 2 UStG** § 13 Abs. 1 Nr. 3 UStG	► Zeitpunkt der Ausgabe der Rechnung
innergemeinschaftlicher Erwerb § 13 Abs. 1 Nr. 6 UStG	► mit Ausstellung der Rechnung ► spätestens jedoch mit Ablauf des dem Erwerb folgenden Kalendermonats

ACHTUNG

Bei der Entstehung der Steuer im Fall einer Lieferung oder sonstigen Leistung sollte Folgendes beachtet werden:

entgeltliche Lieferungen und sonstige Leistungen	
Besteuerung nach **vereinbartem** Entgelt = **Sollbesteuerung** **§ 13 Abs. 1 Nr. 1 Buchst. a UStG**	Besteuerung nach **vereinnahmtem** Entgelt = **Istbesteuerung** **§ 13 Abs. 1 Nr. 1 Buchst. b UStG**
Die Steuer entsteht ► mit Ablauf des Voranmeldungszeitraums, ► in dem die **Leistung ausgeführt** worden ist. **Ausnahme: § 13 Abs. 1 Nr. 1 Buchst. a Satz 4 UStG** ► Wird das **Entgelt** oder ein Teil des Entgelts **vereinnahmt**, ► **bevor** die **Leistung** oder die Teilleistung **ausgeführt** worden ist, ► so **entsteht** insoweit die **Steuer** mit Ablauf des Voranmeldungszeitraums, in dem das Entgelt oder das Teilentgelt **vereinnahmt** worden ist. **Mindest-Istbesteuerung**	Die Steuer entsteht ► mit Ablauf des Voranmeldungszeitraums, ► in dem **das Entgelt vereinnahmt** worden ist.

ACHTUNG

Bei der Steuerentstehung im Fall der Sollbesteuerung wird immer wieder fehlerhaft auf den Zeitpunkt der Rechnungstellung abgestellt. Es ist aber nur auf den Zeitpunkt der Ausführung der Lieferung oder sonstigen Leistung abzustellen. Der Unternehmer tritt hinsichtlich der Zahlung der Umsatzsteuer häufig in Vorleistung.

Aufgabe 27: Spezialsoftware für die Pharmaindustrie

Leo S. ist als selbstständiger Softwareentwickler in Berlin tätig. Er versteuert seine Umsätze nach vereinbarten Entgelten und gibt monatliche Umsatzsteuervoranmeldungen ab. Eine Dauerfristverlängerung hat Leo S. nicht beantragt.

a) Die Chemics GmbH ist in der Pharmaindustrie tätig. Zur Auswertung der Versuchsergebnisse im Rahmen der Entwicklungsarbeit benötigt die Chemics GmbH eine aufwendige Software.

   Im Mai 2020 erhielt Leo S. von der Chemics GmbH den Auftrag, eine entsprechende Software zu programmieren. Da die Software nur für die Chemics GmbH verwendbar ist, vereinbaren die Beteiligten zur Absicherung des Leo S., dass er mit Beginn der Programmierung eine Zahlung i. H. v. 15.000 € erhalten soll. Die Chemics GmbH überwies am 11.06.2020 die vereinbarte Vorauszahlung i. H. v. 15.000 €, die Leo S. bereits am nächsten Tag auf dessen Konto gutgeschrieben wurde.

b) Nachdem Leo S. bereits Anfang August 2020 eine erste funktionstüchtige Betaversion vorlegen konnte, forderte er von der Chemics GmbH mit Rechnung vom 25.08.2020 eine Abschlagszahlung i. H. v. 30.000 € netto an. Die Rechnung erhielt die Chemics GmbH am 01.09.2020. Die Abschlagszahlung wurde von der Chemics GmbH am 06.09.2020 überwiesen.

c) Leo S. konnte die Software am 30.11.2020 zur Zufriedenheit der Chemics GmbH fertig stellen. Deshalb stellte er der Chemics GmbH noch am 03.12.2020 die Schlussrechnung über einen Gesamtbetrag i. H. v. 75.000 € netto. Die Chemics GmbH überwies allerdings erst am 04.01.2021 den noch offenen Rechnungsbetrag unter Abzug der gezahlten Abschlagszahlungen.

Verwenden Sie für die Lösung der Aufgabe das nachfolgende Schema:

Bemessungsgrundlage §	**Steuersatz %**	**Umsatzsteuer €**	**Entstehung der USt Voranmeldungszeitraum**

Lösung s. Seite 265

Aufgabe 28: Das große Rechnen

Die Unternehmerin Beate Fröhlich betreibt einen Textileinzelhandel in Dortmund. Sie versteuert ihre Umsätze nach den allgemeinen Vorschriften des Umsatzsteuergesetzes und gibt die Umsatzsteuervoranmeldungen monatlich ab. Sie hat für das Jahr 2019 einen Antrag auf Dauerfristverlängerung gestellt und eine Sondervorauszahlung i. H. v. 400 € geleistet.

Die Zahllast für die Monate Januar 2019 bis November 2019 beträgt 4.500 €.

Für den Monat Dezember 2019 hat Beate Fröhlich unter Beachtung ihrer Eingangs- und Ausgangsrechnungen eine vorläufige Zahllast von 450 € ermittelt. In der vorläufigen Zahllast für Dezember 2019 ist allerdings eine Rechnung über 500 € zzgl. 95 € Umsatzsteuer nicht enthalten. Dieser Rechnung liegt eine Warenlieferung zugrunde, die Beate Fröhlich am 23.12.2019 an einen Kunden verschickt hatte. Der Kunde überwies am 30.12.2019 einen Betrag i. H. v. 238 €; der Restbetrag ging am 21.01.2020 auf dem betrieblichen Bankkonto der Beate Fröhlich ein.

1. Berechnen Sie die endgültige Umsatzsteuerzahllast für den Monat Dezember 2019.
2. Prüfen und begründen Sie, bis zu welchem Datum die Umsatzsteuervoranmeldung für den Monat Dezember 2019 beim Finanzamt eingereicht sein muss.
3. Bestimmen Sie die — ggf. auf volle Euro abgerundete — Sondervorauszahlung für 2020, damit Beate Fröhlich die Dauerfristverlängerung erhält. Gehen Sie bei Ihrer Lösung davon aus, dass sich die Rechtslage für 2020 gegenüber 2019 nicht geändert hat.
4. Prüfen und begründen Sie, bis zu welchem Zeitpunkt die Sondervorauszahlung für 2020 zu entrichten ist (Angabe des Datums erforderlich!).

Lösung s. 267

Aufgabe 29: Das günstige Notebook

Peter Lux betreibt als Einzelunternehmer einen Computerhandel. Er verkauft dem Sohn eines Mitarbeiters am 10.08. ein Notebook für 250,00 € inklusive 19 % USt. Der Einkaufspreis am 06.05. betrug 220,00 € zuzüglich USt. Am 10.08. beläuft sich der Einkaufspreis auf 297,50 € brutto. Im Ladenlokal wird das Notebook zu einem Verkaufspreis von 450,00 € zuzüglich 19 % USt angeboten.

Wie hoch ist die Bemessungsgrundlage für diesen Umsatz?

Lösung s. Seite 267

Aufgabe 30: Das Umsatzsteuerhaus

Franz Huber ist Eigentümer einer Immobilie in München.
Das Haus mit einer Gesamtfläche von 450 m² wurde in 2020 wie folgt genutzt:

- **Erdgeschoss (EG) 180 m²:** vermietet an einen Versicherungsvertreter, der in diesen Räumlichkeiten seine Versicherungsagentur betreibt
  Mieteinnahmen: 28.500 €
- **1. Obergeschoss (OG) 200 m²:** vermietet an einen Steuerberater zur Nutzung als Steuerberaterkanzlei
  Mieteinnahmen: 42.000 €
- **Dachgeschoss (DG) 70 m²:** vermietet zu Wohnzwecken
  Mieteinnahmen: 14.500 €

Huber hat in 2020 folgende Instandsetzungsmaßnahmen durchgeführt:

- Anstrich der Außenfassade: 39.000 € zzgl. 19% USt
- Austausch der Fenster der Steuerberaterkanzlei im 1. OG: 1.800 € zzgl. 19 % USt
- Einbau einer Klimaanlage im EG: 2.900 € zzgl. 19 % USt
- Anstrich der Wände des kompletten Treppenhauses: 5.000 € zzgl. 19 % USt

Huber optiert gem. § 9 UStG, soweit dies möglich ist. Die Aufteilung der Vorsteuer erfolgt auf Basis der vermieteten Flächen.

1. Beurteilen Sie die Vermietungsumsätze des Franz Huber umsatzsteuerrechtlich und geben Sie die für die Beurteilung maßgeblichen Rechtsnormen an.
2. Berechnen Sie die Umsatzsteuer-Traglast.
3. Berechnen Sie die abziehbare Vorsteuer.
4. Berechnen Sie die Umsatzsteuerzahllast.

Lösung s. Seite 269

3. Körperschaftsteuer

INFO

Die Auswertung der letzten 17 Klausuren (den Klausurenverbund gibt es erst seit Sommer 2012) zeigt folgende **Punkteverteilung**:

Körperschaftsteuer	Verbund	NRW
Sommer 2012	10,0	16,0
Winter 2012	9,0	8,5
Sommer 2013	10,0	17,0
Winter 2013	9,5	19,0 (zusammen mit GewSt)
Sommer 2014	10,0	29,0 (zusammen mit GewSt)
Winter 2014	10,0	11,0
Sommer 2015	10,0	11,0
Winter 2015	16,0 (zusammen mit GewSt)	11,5
Sommer 2016	17,0 (zusammen mit GewSt)	12,0
Winter 2016	9,0	24,5 (zusammen mit GewSt)
Sommer 2017	9,0	12,0
Winter 2017	10,0	10,0
Sommer 2018	10,0	24,0 (zusammen mit ESt)
Winter 2018	11,5	30,0 (zusammen mit GewSt)
Sommer 2019	8,5	14,5
Winter 2019	19,5 (zusammen mit GewSt)	16,0
Sommer 2020	15,5	26,0 (zusammen mit GewSt)
Durchschnitt	**9,90 Punkte**	**12,69 Punkte**

Aus Vereinfachungsgründen wurde bei der Ermittlung des Durchschnitts für die Körperschaftsteuer bei den Klausuren, in denen es einen einheitlichen Sachverhalt für die Körperschaftsteuer und Gewerbesteuer gab, jeweils die Hälfte der Punkte angesetzt (im Winter 2015 also 8 Punkte und im Sommer 2016 also 8,5 Punkte usw.).

Bei einer Bearbeitungszeit von insgesamt 150 Minuten für die gesamte Steuerwesen-Klausur entfällt damit auf die Körperschaftsteuer ca. eine Viertelstunde (Im Verbund: 9,90 Punkte • 1,5 Minuten und in NRW 12,69 Punkte • 1,5 Minuten).

Diese Bearbeitungszeit mag erschreckend kurz erscheinen, führt aber aus Sicht des Prüfungsamtes dazu, dass in diesem Bereich (anders als in der ESt und der USt) nicht sonderlich in die Tiefe abgeprüft werden kann. Korrespondierend dazu ist der KSt-Sachverhalt meistens auch nur auf einer einzigen Seite (max. zwei Seiten) dargestellt.

Die Kürze des Sachverhalts und der eher geringe Schwierigkeitsgrad macht den KSt-Teil Ihrer Steuerwesen-Klausur sehr gut handhabbar. Wer den klassischen Prüfungsaufbau verinnerlicht hat und diesen schematisch abarbeitet, sollte 80 - 90 % (wenn nicht sogar alle!) der erreichbaren Punkte mitnehmen können.

Um die Ermittlung des zu versteuernden Einkommens (zvE) handhabbar zu machen, bietet sich folgendes Prüfungsschema an:

	Jahresüberschuss/Jahresfehlbetrag lt. Handelsbilanz
+/-	Korrekturen nach **EStG**
=	Gewinn/Verlust nach Steuerbilanz
+/-	Korrekturen nach **KStG:**
-	steuerfreie Einnahmen
+	nichtabziehbare Aufwendungen (§ 10 KStG)
+	verdeckte Gewinnausschüttungen (§ 8 Abs. 3 Satz 2 KStG)
+	Gesamtbetrag der Zuwendungen (§ 9 Abs. 2 Satz 1 KStG)
=	**Summe der Einkünfte**
-	abziehbare Spenden (§ 9 Abs. 1 Nr. 2 KStG)
=	**Gesamtbetrag der Einkünfte**
-	Verlustabzug (§ 10d EStG)
=	**Einkommen**
=	**zu versteuerndes Einkommen (zvE)**

3.1 Korrekturen nach EStG

INFO

Steuerberaterkammern	**Anzahl ausgewerteter Klausuren**	**Prüfungs-wahrscheinlichkeit**
Verbund	17	100 %
NRW	17	100 %

Ausgangspunkt und zwingende Sachverhaltsangabe in allen KSt-Klausuren ist der Jahresüberschuss/Jahresfehlbetrag laut Handelsbilanz.

Gemäß § 7 Abs. 1 KStG bemisst sich die KSt nach dem zu versteuernden Einkommen (zvE).

Dieses zvE ist nach § 7 Abs. 2 KStG das Einkommen (abzgl. Freibeträge) i. S. d. § 8 Abs. 1 KStG. Das Einkommen wiederum wird bestimmt nach den Vorschriften des **EStG** und des KStG; vgl. § 8 Abs. 1 Satz 1 KStG.

Das heißt, in einem ersten Prüfungsschritt muss ausgehend von dem handelsrechtlichen Jahresüberschuss/Jahresfehlbetrag der Gewinn/Verlust nach EStG (Steuerbilanz) ermittelt werden; vgl. insofern auch § 60 Abs. 2 Satz 1 EStDV (Anpassung an die steuerlichen Ansatz- und Bewertungsvorschriften).

Das Prüfungsamt kann an dieser Stelle nur solche Geschäftsvorfälle abprüfen, die in Handels- und Steuerbilanz unterschiedlich behandelt werden.

Das sind klassischerweise:

Geschäftsvorfall	**Rechtsgrundlage**
Geschenke	§ 4 Abs. 5 Satz 1 Nr. 1 EStG
Bewirtungskosten	§ 4 Abs. 5 Satz 1 Nr. 2 EStG
Bußgelder	§ 4 Abs. 5 Satz 1 Nr. 8 EStG
Gewerbesteuervorauszahlungen Gewerbesteuernachzahlungen Gewerbesteuerrückstellungen Nebenleistungen (z. B. Verspätungszuschläge, Säumniszuschläge, Zinsen)	§ 4 Abs. 5b EStG
Gewerbesteuererstattungen	Umkehrschluss[1] aus § 4 Abs. 5b EStG
Parteispenden	§ 4 Abs. 6 EStG
Drohverlustrückstellungen	§ 5 Abs. 4a EStG
Damnum/Disagio	§ 5 Abs. 5 Nr. 1 EStG
Geschäfts- oder Firmenwert	§ 7 Abs. 1 Satz 3 EStG

Aufgabe 1: Der steuerrechtliche Gewinn der Nippes GmbH

Die Nippes GmbH aus Köln ermittelte für das Geschäftsjahr 2020 einen vorläufigen handelsrechtlichen Jahresüberschuss i. H. v. 61.205,40 €.

Alle Geschäftsvorfälle sind **ordnungsgemäß** buchhalterisch erfasst worden.
Die folgenden Aufwendungen haben den Gewinn in 2020 gemindert:

Gewerbesteuervorauszahlungen 2020	20.000 €
Gewerbesteuernachzahlungen 2019	1.500 €
Säumniszuschlag zur Gewerbesteuernachzahlung 2019	30 €
Grundsteuer 2020	1.800 €
Geschenke < 35 €	150 €
Geschenke > 35 €	999,60 €
Aufwendungen für eine Drohverlustrückstellung	10.000 €
(angemessene) Bewirtungskosten	2.550 €

[1] Lateinisch *argumentum e contrario*.

Bußgelder	4.500 €
Gerichts- und Anwaltskosten im Zusammenhang mit den o. a. Bußgeldern	500 €
Säumniszuschlag zur Umsatzsteuervorauszahlung	50 €

Ermitteln Sie in einer übersichtlichen Darstellung den Gewinn nach EStG. Nichtansätze sind kurz zu begründen und mit 0,00 € kenntlich zu machen.

Lösung s. Seite 271

Aufgabe 2: Der steuerrechtliche Gewinn der Conrads GmbH

Die Conrads GmbH legt Ihnen folgende vorläufige handelsrechtliche Gewinn- und Verlustrechnung für das Geschäftsjahr 2020 vor:

S	GuV (2020)		H
Wareneinkauf	235.000 €	Umsatzerlöse	407.075 €
Löhne und Gehälter	110.000 €	Gewerbesteuererstattung 2019	14.000 €
Abschreibungen	7.500 €	andere aktivierte Eigenleistungen	20.000 €
Zinsaufwand	3.500 €	sonstige betriebliche Erträge	11.500 €
Parteispende	5.000 €		
Gewerbesteuer	25.000 €		
Jahresüberschuss	66.575 €		
	452.575 €		452.575 €

Erläuterungen zur Gewinn- und Verlustrechnung:

Die Conrads GmbH hat im August 2018 ein anderes Unternehmen erworben. Dabei wurde der derivative Geschäfts- oder Firmenwert i. H. v. 75.000 € aktiviert und entsprechend den handelsrechtlichen Vorschriften abgeschrieben.

Für den Kauf eines kleinen Grundstücks nahm die Conrads GmbH am 01.10.2020 ein Fälligkeitsdarlehen (Laufzeit 10 Jahre/Zinssatz: 2 % p. a.) i. H. v. 100.000 € auf. Dieses Darlehen wurde zu 97 % ausgezahlt. Das einbehaltene Damnum wurde als Zinsaufwand gebucht. Ebenfalls als Zinsaufwand wurden die Zinsen für das 4. Quartal 2020 gebucht.

In 2020 wurden Gewerbesteuervorauszahlungen von insgesamt 20.000 € geleistet. Außerdem wurde eine Gewerbesteuerrückstellung i. H. v. 5.000 € gebildet.

Ermitteln Sie in einer übersichtlichen Darstellung den Gewinn nach EStG.

Lösung s. Seite 272

3.2 Korrekturen nach KStG

Ausgangspunkt und zwingende Sachverhaltsangabe in allen KSt-Klausuren ist der Jahresüberschuss/Jahresfehlbetrag laut Handelsbilanz.

Gemäß § 7 Abs. 1 KStG bemisst sich die KSt nach dem zu versteuernden Einkommen (zvE).

Dieses zvE ist nach § 7 Abs. 2 KStG das Einkommen (abzgl. Freibeträge) i. S. d. § 8 Abs. 1 KStG. Das Einkommen wiederum wird bestimmt nach den Vorschriften des EStG und des **KStG**; vgl. § 8 Abs. 1 Satz 1 KStG.

3.2.1 Steuerfreie Einnahmen

INFO

Steuerberaterkammern	Anzahl ausgewerteter Klausuren	Prüfungswahrscheinlichkeit
Verbund	17	0 %
NRW	17	35,29 %

Der soeben ermittelte Gewinn/Verlust nach Steuerbilanz ist nun um steuerfreie Einnahmen zu kürzen. Zu diesen auf der Ebene der Kapitalgesellschaft nach den Normen des KStG zu kürzenden Einnahmen gehören u. a. die von anderen Kapitalgesellschaften erhaltenen Gewinnausschüttungen und die Gewinne aus der Veräußerung von Anteilen an Kapitalgesellschaften.

Nach § 8b Abs. 1 Satz 1 KStG bleiben bei der Ermittlung des Einkommens Bezüge i. S. d. § 20 Abs. 1 Nr. 1, 2, 9, 10a EStG außer Ansatz.

Hierbei geht es vor allem um Gewinnausschüttungen (Dividenden), die eine Kapitalgesellschaft von einer anderen Kapitalgesellschaft erhält. Durch diese Befreiung wird eine Doppelbesteuerung vermieden, da die Gewinne schon bei der ausschüttenden Kapitalgesellschaft mit der KSt besteuert wurden. Die erhaltenen Ausschüttungen sollen nicht noch einmal mit der KSt belastet werden.

Hierbei muss allerdings noch § 8b Abs. 5 Satz 1 KStG beachtet werden, wonach von den Bezügen i. S. d. § 8b Abs. 1 Satz 1 KStG, die bei der Ermittlung des Einkommens außer Ansatz bleiben, 5 % als nicht abzugsfähige BA gelten.

Aufgabe 3: Gewinnausschüttungen (Dividenden)

Die Eichhörnchen GmbH hat einen vorläufigen handelsrechtlichen Jahresüberschuss i. H. v. 950.000 € erzielt.

Zu der Gewinn- und Verlustrechnung (Wirtschaftsjahr = Kalenderjahr) liegen u. a. folgende Informationen vor:

Im März erhielt die GmbH eine Bruttodividende aus einer 15 %-igen Beteiligung an der Ducktales AG mit Sitz in Krefeld i. H. v. 50.000 €. Die GmbH buchte wie folgt:

Konto-Nr.	Kontobezeichnung	Soll in €	Haben in €
1800/1200	Bank	36.812,50	
7630/2213	Kapitalertragsteuer	12.500,00	
7608/2208	Solidaritätszuschlag	687,50	
7000/2600	Erträge aus Beteiligungen		50.000,00

Im April erhielt die GmbH eine Bruttodividende aus einer 8,5 %-igen Beteiligung an der Mainzelmännchen AG mit Sitz in Mainz i. H. v. 80.000 €. Die GmbH buchte wie folgt:

Konto-Nr.	Kontobezeichnung	Soll in €	Haben in €
1800/1200	Bank	58.900,00	
7630/2213	Kapitalertragsteuer	20.000,00	
7608/2208	Solidaritätszuschlag	1.100,00	
7000/2600	Erträge aus Beteiligungen		80.000,00

Ermitteln Sie das zu versteuernde Einkommen (zvE) der Eichhörnchen GmbH.

Lösung s. Seite 273

3.2.2 Nichtabziehbare Aufwendungen nach § 10 KStG

INFO

Steuerberaterkammern	Anzahl ausgewerteter Klausuren	Prüfungswahrscheinlichkeit
Verbund	17	100 %
NRW	17	100 %

§ 10 KStG enthält eine eigene Regelung für nichtabziehbare Aufwendungen.

Handelsrechtlich können alle Ausgaben der Körperschaft als Aufwand gebucht werden, d. h. der so ermittelte handelsrechtliche Jahresüberschuss enthält Ausgaben, die steuerrechtlich nicht abgezogen werden dürfen. Daraus resultierend muss der handelsrechtliche Jahresüberschuss in der Körperschaftsteuererklärung entsprechend erhöht werden, d. h. es finden (mal wieder) außerbilanzielle Hinzurechnungen statt.

Nichtabziehbare Aufwendungen nach § 10 KStG sind u. a.:

Geschäftsvorfall	Rechtsgrundlage
Körperschaftsteuer (Vorauszahlungen, Nachzahlungen und Rückstellungen) **Solidaritätszuschlag** (Vorauszahlungen, Nachzahlungen und Rückstellungen) **Kapitalertragsteuer** **Solidaritätszuschlag** auf Kapitalertragsteuer für die auf diese Steuern entfallenden **Nebenleistungen** (z. B. Verspätungszuschläge, Säumniszuschläge, Zinsen)	jeweils § 10 Nr. 2 KStG
Körperschaftsteuererstattungen Erstattungen Solidaritätszuschlag	Umkehrschluss[1] aus § 10 Nr. 2 KStG
Geldstrafen	§ 10 Nr. 3 KStG
50 % der Aufsichtsratsvergütungen	§ 10 Nr. 4 KStG

Aufgabe 4: Die nichtabziehbaren Aufwendungen der Nippes GmbH

Die Nippes GmbH aus Köln ermittelte für das Geschäftsjahr 2020 einen steuerrechtlichen Gewinn i. H. v. 99.000 € (vgl. auch Aufgabe 1).

Alle Geschäftsvorfälle sind ordnungsgemäß **buchhalterisch** erfasst worden.
Die folgenden Aufwendungen haben den Gewinn in 2020 gemindert:

Vorauszahlungen Körperschaftsteuer 2020	20.000 €
Vorauszahlungen Solidaritätszuschlag 2020	1.100 €
Nachzahlungen Körperschaftsteuer 2019	3.000 €
Nachzahlungen Solidaritätszuschlag 2019	165 €
Säumniszuschlag zur Körperschaftsteuernachzahlung 2019	60 €
Säumniszuschlag zur Nachzahlung Solidaritätszuschlag 2019	3 €
Aufsichtsratsvergütungen	10.000 €

Ermitteln Sie in einer übersichtlichen Darstellung das zvE.

Lösung s. Seite 273

[1] Lateinisch *argumentum e contrario.*

Aufgabe 5: Die nichtabziehbaren Aufwendungen der Conrads GmbH

Die Conrads GmbH legt Ihnen folgende vorläufige handelsrechtliche Gewinn- und Verlustrechnung für das Geschäftsjahr 2020 vor:

S	GuV		H
Wareneinkauf	120.000,00 €	Umsatzerlöse	500.000,00 €
Löhne und Gehälter	90.000,00 €	Erstattungen Körperschaftsteuer 2018	2.500,00 €
Abschreibungen	12.000,00 €	Erstattungen Soli 2018	137,50 €
Körperschaftsteuer VZ 2020	16.000,00 €	Erstattungszinsen	62,50 €
Soli VZ 2020	880,00 €	andere aktivierte Eigenleistungen	14.000,00 €
Verspätungszuschlag	100,00 €	Zinserträge	5.000,00 €
einbehaltene Kapitalertragsteuer	1.250,00 €	sonstige betriebliche Erträge	11.500,00 €
Soli zur Kapitalertragsteuer	68,75 €		
Geldstrafen	2.000,00 €		
Aufsichtsratsvergütungen	28.000,00 €		
Jahresüberschuss	262.901,25 €		
	533.200,00 €		533.200,00 €

Ermitteln Sie in einer übersichtlichen Darstellung das zvE

Lösung s. Seite 274

3.2.3 Verdeckte Gewinnausschüttungen – vGA

INFO

Steuerberaterkammern	Anzahl ausgewerteter Klausuren	Prüfungswahrscheinlichkeit
Verbund	17	82,35 %
NRW	17	82,35 %

Nach § 8 Abs. 3 Satz 2 KStG mindern verdeckte Gewinnausschüttungen (vGA) das Einkommen nicht und sind deshalb bei der Ermittlung des Einkommens (außerhalb der Steuerbilanz) wieder hinzuzurechnen (vgl. Prüfungsschema).

INFO

Was im Detail eine vGA ist, lässt sich leider nicht dem Gesetzestext entnehmen. Die Definition und viele Beispiele finden sich in den Richtlinien. Diese sind aber in vielen Bundesländern bei der Abschlussprüfung nicht zugelassen. Dies führt dazu, dass die Prüfungsämter in diesem Bereich nur die absoluten Klassiker abprüfen können, von denen erwartet werden darf, dass diese auch ohne Richtlinien gelöst werden.

Sollten hier Exoten abgefragt werden, wird ein Auszug der entsprechenden Richtlinien in den Sachverhalt integriert sein.

Nach R 8.5 Abs. 1 KStR 2015 ist eine vGA eine Vermögensminderung oder verhinderte Vermögensmehrung, die durch das Gesellschaftsverhältnis veranlasst ist, sich auf die Höhe des Unterschiedsbetrags i. S. d. § 4 Abs. 1 Satz 1 EStG (Betriebsvermögensvergleich) auswirkt und nicht auf einem den gesellschaftsrechtlichen Vorschriften entsprechenden Gewinnverteilungsbeschluss beruht.

Klassiker im Bereich der vGA sind u. a.:

- ein Gesellschafter erhält ein Darlehen von der Gesellschaft zinslos oder zu einem außergewöhnlich geringen Zinssatz
- ein Gesellschafter gibt der Gesellschaft ein Darlehen zu einem außergewöhnlich hohen Zinssatz
- unangemessen hohes Gehalt/Jahresvergütung und/oder unangemessen hohe Gewinntantiemen
- besondere Umsatzvergütungen, die auf keinem Gewinnverteilungsbeschluss beruhen
- rückwirkende Vereinbarungen zwischen der Gesellschaft und einem beherrschenden Gesellschafter.

Damit ist eine vGA grundsätzlich dann zu bejahen, wenn eine Gesellschaft ihren Gesellschaftern geldwerte Vorteile gewährt, die eine gesellschaftsfremde Person von der Gesellschaft nicht oder nicht in gleicher Höhe bekommen würde.

Prüfen Sie in den folgenden vier Aufgaben jeweils, ob eine vGA vorliegt und welche Auswirkungen sich ergeben.

Aufgabe 6: Gehaltserhöhung

Alina M. ist Angestellte bei einer GmbH (monatliches Bruttogehalt 3.900 €) und verfügt über 30 % der Anteile dieser GmbH.

Mit dem Geschäftsführer der GmbH vereinbart Alina M. eine Gehaltserhöhung i. H. v. 700 € monatlich. Die Höhe des neuen Bruttogehalts (4.600 €) ist angemessen.

Lösung s. Seite 274

Aufgabe 7: Sondervergütung

Kai B. verfügt über 75 % der Anteile an einer GmbH und ist alleiniger Geschäftsführer. Im Februar beschließt er, sich eine Sondervergütung i. H. v. 10.000 € für das erfolgreiche letzte Jahr zu zahlen. Ob dies angemessen war, lässt sich so ohne Weiteres nicht herausfinden.

Die GmbH verbuchte diese Sondervergütung als Aufwand.

Lösung s. Seite 275

Aufgabe 8: Darlehensgewährung an Gesellschaft

Christoph D., Gesellschafter einer GmbH, gewährt der GmbH ein Darlehen i. H. v. 800.000 €, für das Christoph D. Zinsen i. H. v. 14 % erhält. An eine Bank hätte die Gesellschaft 5,5 % Zinsen zahlen müssen. Die GmbH buchte Zinsaufwendungen i. H. v. 112.000 €.

Lösung s. Seite 275

Aufgabe 9: Darlehensgewährung an Gesellschafter

Christoph Wolf, Gesellschafter einer GmbH, erhält von der Gesellschaft ein Darlehen i. H. v. 500.000 €, für das er 0,5 % Zinsen zahlt. An eine Bank hätte er 4,9 % Zinsen zahlen müssen. Die GmbH buchte Zinserträge i. H. v. 2.500 €.

Lösung s. Seite 275

3.2.4 Gesamtbetrag der Zuwendungen (§ 9 Abs. 1 Nr. 2 KStG)

INFO

Steuerberaterkammern	Anzahl ausgewerteter Klausuren	Prüfungs-wahrscheinlichkeit
Verbund	17	58,82 %
NRW	17	23,53 %

Der Gesamtbetrag der Zuwendungen wird bei der Ermittlung des Einkommens zunächst hinzugerechnet; vgl. Prüfungsschema. Dies mag auf den ersten Blick verwirrend sein, da dieser kurz danach wieder abgezogen wird; vgl. Prüfungsschema.

Der Grund hierfür liegt in Folgendem: Die Höhe der Zuwendungen für steuerbegünstigte Zwecke ist begrenzt auf 20 % des Einkommens oder 4 ‰ der Summe aus Umsätzen, Löhnen und Gehältern; vgl. § 9 Abs. 1 Nr. 2 KStG.

Damit stellt sich die berechtigte Frage: 20 % von welchem Einkommen?

Die Frage beantwortet § 9 Abs. 2 Satz 1 KStG: Bemessungsgrundlage für die Prüfung der Höchstgrenze ist das Einkommen vor Abzug der Spenden und vor Verlustabzug, d. h. die Summe der Einkünfte.

Der einzige Grund für die einstweilige Hinzurechnung der Zuwendungen liegt also in der Prüfung der Höchstgrenze. Hätte z. B. eine GmbH vor einer Spende für wissenschaftliche Zwecke einen vorläufigen handelsrechtlichen Jahresüberschuss von 50.000 € und würde diese GmbH nun 50.000 € für wissenschaftliche Zwecke spenden, würde dies den vorläufigen handelsrechtlichen Jahresüberschuss (zulässigerweise) auf 0 € mindern.

Bei Prüfung der Höchstgrenze ohne vorherige Hinzurechnung wäre diese GmbH faktisch vom Spendenabzug ausgeschlossen (20 % von 0 € = 0 €).

Aufgabe 10: Zuwendungen (Spenden) ohne Höchstgrenzenproblematik

Die Jäger GmbH hat folgende Zuwendungen geleistet: Zuwendungen zur Förderung von Kunst und Kultur (33.000 €), Zuwendungen zur Förderung des Tierschutzes (22.000 €) und Zuwendungen an eine politische Partei (11.000 €).

Der handelsrechtliche Jahresüberschuss der Jäger GmbH nach Abzug dieser Zuwendungen i. H. v. insgesamt 66.000 € beträgt 260.000 €.

Ermitteln Sie das zu versteuernde Einkommen (zvE) der Jäger GmbH.

Lösung s. Seite 276

Aufgabe 11: Zuwendungen (Spenden) mit Höchstgrenzenproblematik

Die Kronen GmbH hat folgende Zuwendungen geleistet: Spende an eine politische Partei (5.000 €) und Spende für wissenschaftliche Zwecke (7.500 €).

Der handelsrechtliche Jahresüberschuss der Kronen GmbH nach Abzug dieser Zuwendungen beträgt 17.500 €.

Ermitteln Sie das zu versteuernde Einkommen (zvE) der Kronen GmbH.

Lösung s. Seite 277

3.3 Verlustabzug

INFO

Steuerberaterkammern	Anzahl ausgewerteter Klausuren	Prüfungs-wahrscheinlichkeit
Verbund	17	17,65 %
NRW	17	0 %

Gemäß § 8 Abs. 1 Satz 1 KStG findet die Regelung des § 10d EStG auch auf Körperschaften Anwendung. Anders als für die Gewerbesteuer (dort § 10a GewStG) gibt es also im KStG keine eigene, spezielle Regelung des Verlustabzugs.

§ 10d EStG sieht sowohl einen Verlustrücktrag (§ 10d Abs. 1 EStG), als auch einen Verlustvortrag (§ 10d Abs. 2 EStG) vor. Anders die Regelung für die Gewerbesteuer (§ 10a GewStG), die nur einen Verlustvortrag zulässt.

Verluste eines VZ können wahlweise bis zur Höhe von 1 Mio. € in den unmittelbar vorangegangenen VZ zurückgetragen werden oder in zukünftige VZ vorgetragen werden.

§ 10d EStG regelt – wie auch § 10a GewStG – eine Mindestbesteuerung: Nach § 10d Abs. 2 Satz 1 EStG sind nicht ausgeglichene negative Einkünfte, die nicht nach § 10d Abs. 1 EStG abgezogen worden sind, in den folgenden VZ bis zu einem Gesamtbetrag der Einkünfte von 1 Mio. € unbeschränkt, darüber hinaus bis zu 60 % des 1 Mio. € übersteigenden Gesamtbetrags der Einkünfte abziehbar.

Aufgabe 12: Verlustabzug ohne Mindestbesteuerung

Die Ludwig GmbH hat einen Gesamtbetrag der Einkünfte i. H. v. 70.500 € ermittelt. Aus der vorherigen Veranlagung hat die Ludwig GmbH noch einen vortragsfähigen Körperschaftsteuerverlust von 8.000 €.

Ermitteln Sie das zu versteuernde Einkommen (zvE) der Ludwig GmbH.

Lösung s. Seite 278

Aufgabe 13: Verlustabzug mit Mindestbesteuerung

Die Mayer GmbH hat einen Gesamtbetrag der Einkünfte i. H. v. 3,5 Mio. € ermittelt.

Aus der vorherigen Veranlagung hat die Mayer GmbH noch einen vortragsfähigen Körperschaftsteuerverlust i. H. v. 9,0 Mio. €.

Ermitteln Sie das zu versteuernde Einkommen (zvE) der Mayer GmbH.

Lösung s. Seite 278

3.4 Freibetrag gem. §§ 24 und 25 KStG

Bestimmte Körperschaften können zur endgültigen Ermittlung des zvE einen Freibetrag i. H. v. 5.000 € vom Einkommen abziehen, vgl. § 24 Satz 1 KStG.

Von diesem Freibetrag profitieren aber weder eine GmbH, noch eine AG, vgl. § 24 Satz 2 KStG. Denn deren Leistungen führen bei den Empfängern zu Einnahmen i. S. d. § 20 Abs. 1 Nr. 1 oder Nr. 2 EStG (Dividenden/Ausschüttungen).

Für land- und forstwirtschaftliche Erwerbs- und Wirtschaftsgenossenschaften beträgt der Freibetrag 15.000 €, vgl. § 25 KStG.

INFO

Da es sich in den Abschlussprüfungen im Körperschaftsteuerteil eigentlich immer um eine GmbH oder AG handelt, ist das o. a. Prüfungsschema schon um die Freibeträge (die eigentlich zwischen dem Einkommen und dem zvE zu prüfen sind) „entlastet"; d. h. bei einer GmbH oder AG gilt: Einkommen = zu versteuerndes Einkommen.

3.5 Tarif und Steuerbelastung

Ist man in der Prüfung beim zvE angelangt und hat dieses korrekt ermittelt, ist das Ausrechnen der zu zahlenden tariflichen KSt sehr einfach:

Auf die Bemessungsgrundlage (das zvE) wird der Körperschaftsteuersatz angewandt, d. h. also

zvE • Steuersatz = Körperschaftsteuerbelastung

Nach § 23 Abs. 1 KStG beträgt die Körperschaftsteuer 15 % des zvE, d. h. also

zvE • 15 % = Körperschaftsteuerbelastung

Zur KSt wird gem. §§ 4, 3 Abs. 1 Nr. 1 SolZG noch ein Solidaritätszuschlag von 5,5 % erhoben.

3.6 Die Aufgabenstellungen

Im Normalfall[1] ist davon auszugehen, dass Sie (unabhängig von der konkreten Aufgabenstellung) zunächst die **festzusetzende Körperschaftsteuer** und den **festzusetzenden Solidaritätszuschlag** zu ermitteln haben.

Die eigentliche Aufgabenstellung wird dann entweder

„Ermitteln Sie in einer übersichtlichen Darstellung die **Nachzahlungen** für die **Körperschaftsteuer** und den **Solidaritätszuschlag** bzw. die Höhe der **Rückstellungen** für die **Körperschaftsteuer** und den **Solidaritätszuschlag**."

oder

„Ermitteln Sie in einer übersichtlichen Darstellung den **Erstattungsanspruch** für die **Körperschaftsteuer** und den **Erstattungsanspruch** für den **Solidaritätszuschlag**."

sein.

Bei diesen Aufgabenstellungen müssen Sie zunächst die festzusetzende Körperschaftsteuer und den festzusetzenden Solidaritätszuschlag ermitteln. Danach können Sie von der festzusetzenden Körperschaftsteuer und dem festzusetzenden Solidaritätszuschlag die entsprechenden **Vorauszahlungen** abziehen.

Die sich ergebene Differenz ist entweder eine Nachzahlung (= Rückstellung) oder Erstattung!

Es bietet sich folgende Darstellung / Berechnung an:

Festzusetzende Körperschaftsteuer	Festzusetzender Solidaritätszuschlag
- Vorauszahlungen Körperschaftsteuer	- Vorauszahlungen Solidaritätszuschlag
= Nachzahlung/Rückstellung **oder** Erstattung	= Nachzahlung/Rückstellung **oder** Erstattung

Abschließende Aufgabenstellung kann vereinzelnd auch die Ermittlung des **endgültigen Jahresüberschusses** sein.

Das ist eigentlich ein schöner Abschluss des Körperschaftsteuerteils ihrer Steuerlehre Klausur.

Denn die Klausur endet nun, wie sie begonnen hat. Der Kreis schließt sich.

Ausgehend vom vorläufigen Jahresüberschuss kann nun (nachdem die Höhe der Nachzahlungen/Rückstellungen bzw. Erstattungen bekannt ist) der endgültige Jahresüberschuss berechnet werden.

1 Ausnahme: In einigen NRW Klausuren (z. B. Sommer 2017, Winter 2017 und Sommer 2019) war „nur" das zvE zu ermitteln.

Es bietet sich folgende Darstellung/Berechnung an:

Vorläufiger Jahresüberschuss	Vorläufiger Jahresüberschuss
- Nachzahlung/Rückstellung Körperschaftsteuer	+ Erstattung Körperschaftsteuer
- Nachzahlung/Rückstellung Solidaritätszuschlag	+ Erstattung Solidaritätszuschlag
= endgültiger Jahresüberschuss	= endgültiger Jahresüberschuss

Aufgabe 14: Nachzahlung oder Erstattung?

Unterstellen Sie bei einer GmbH ein zvE von 150.000 € und unterjährige Vorauszahlungen i. H. v. 20.000 € (Körperschaftsteuer) und i. H. v. 1.100 € (Solidaritätszuschlag).

Ermitteln Sie in einer übersichtlichen Darstellung die Nachzahlungen für die Körperschaftsteuer und den Solidaritätszuschlag bzw. die Höhe der Rückstellungen für die Körperschaftsteuer und den Solidaritätszuschlag oder die eventuellen jeweiligen Erstattungsansprüche.

Lösung s. Seite 278

Aufgabe 15: Erstattung oder Nachzahlung?

Unterstellen Sie bei einer GmbH ein zvE von 185.000 € und vierteljährliche Vorauszahlungen (am 10. März, 10. Juni, 10. September und 10. Dezember) i. H. v. jeweils 7.500 € (Körperschaftsteuer) und 412,50 € (Solidaritätszuschlag).

Ermitteln Sie in einer übersichtlichen Darstellung die Nachzahlungen für die Körperschaftsteuer und den Solidaritätszuschlag bzw. die Höhe der Rückstellungen für die Körperschaftsteuer und den Solidaritätszuschlag oder die eventuellen jeweiligen Erstattungsansprüche.

Lösung s. Seite 279

Aufgabe 16: Vom vorläufigen zum endgültigen Jahresüberschuss

Unterstellen Sie bei einer GmbH einen vorläufigen handelsrechtlichen Jahresüberschuss i. H. v. 100.000 €.

Ermitteln Sie nun – ausgehend von Ihren Ergebnissen aus den beiden vorherigen Aufgaben – den endgültigen Jahresüberschuss.

Lösung s. Seite 279

MEDIEN

Ergänzend zu dem vorliegenden Titel bieten wir Ihnen zur optimalen Prüfungsvorbereitung unsere digitalen Lernkarten an, die das gesamte Prüfungswissen für den Fachbereich Steuerlehre, in Form von Fragen und Lösungen, abdecken.

Sie finden das Produkt **Digitale Lernkarten Steuerlehre für Steuerfachangestellte** auf unserer Homepage www.kiehl.de.

4. Gewerbesteuer

INFO

Die Auswertung der letzten 17 Klausuren (den Klausurenverbund gibt es erst seit Sommer 2012) zeigt folgende **Punkteverteilung**:

Gewerbesteuer	Verbund	NRW
Sommer 2012	9,0	15,0
Winter 2012	11,0	13,0
Sommer 2013	9,0	13,0
Winter 2013	10,0	19,0 (zusammen mit KSt) + 22,0 (nur GewSt)
Sommer 2014	11,5	29,0 (zusammen mit KSt)
Winter 2014	11,0	14,0
Sommer 2015	10,0	21,0
Winter 2015	16,0 (zusammen mit KSt)	11,5
Sommer 2016	17,0 (zusammen mit KSt)	16,0
Winter 2016	11,0	24,5(zusammen mit KSt) + 10,0 (nur GewSt)
Sommer 2017	11,0	10,5
Winter 2017	9,0	15,0
Sommer 2018	11,5	22,5 (zusammen mit AO)
Winter 2018	9,5	30,0 (zusammen mit KSt)
Sommer 2019	11,5	13,5
Winter 2019	19,5 (zusammen mit KSt)	16,0
Sommer 2020	9,0	26,0 (zusammen mit KSt)
Durchschnitt	**10,01 Punkte**	**15,65 Punkte**

Aus Vereinfachungsgründen wurde bei der Ermittlung des Durchschnitts für die Gewerbesteuer bei den Klausuren, in denen es einen einheitlichen Sachverhalt für die Körperschaftsteuer und Gewerbesteuer gab, jeweils die Hälfte der Punkte angesetzt (im Winter 2015 also 8 Punkte und im Sommer 2016 also 8,5 Punkte usw.).

Bei einer Bearbeitungszeit von insgesamt 150 Minuten für die gesamte Steuerwesen-Klausur entfällt damit auf die Gewerbesteuer im Verbund ca. eine Viertelstunde (10,01 Punkte • 1,5 Minuten) und in NRW ca. 25 Minuten (15,65 Punkte • 1,5 Minuten).

Damit ist die Gewerbesteuer sowohl vom Umfang, von der erreichbaren Punktzahl und damit einhergehend mit der zur Verfügung stehenden Bearbeitungs zeit sehr gut vergleichbar mit der Körperschaftsteuer; siehe auch Info-Box zu Beginn des >> **Kapitels 3. Körperschaftsteuer**.

Die Kürze des Sachverhaltes und der eher geringe Schwierigkeitsgrad machen auch den GewSt-Teil Ihrer Steuerwesen-Klausur sehr gut handhabbar. Arbeiten Sie den klassischen Prüfungsaufbau (siehe nächste Seite) schematisch ab und Sie werden ohne großen Lernaufwand 80 - 90 % (wenn nicht sogar alle!) der erreichbaren Punkte mitnehmen können.

Um die Ermittlung der Gewerbesteuer handhabbar zu machen, bietet sich folgendes Prüfungsschema an:

	Jahresüberschuss/Jahresfehlbetrag lt. Handelsbilanz
+/-	Korrekturen nach **EStG/KStG**
=	Gewinn/Verlust nach Steuerbilanz
+	Hinzurechnungen (§ 8 GewStG)
-	Kürzungen (§ 9 GewStG)
=	**Maßgebender Gewerbeertrag**
-	Gewerbeverlust aus Vorjahren (§ 10a GewStG)
=	**Vorläufiger Gewerbeertrag**
-	Freibetrag (§ 11 Abs. 1 GewStG)
=	**Endgültiger Gewerbeertrag**
•	3,5 % Steuermesszahl (§ 11 Abs. 2 GewStG)
=	Steuermessbetrag
•	Hebesatz (§ 16 GewStG)
=	**Gewerbesteuer**

4.1 Korrekturen nach EStG/KStG

INFO

Steuerberaterkammern	Anzahl ausgewerteter Klausuren	Prüfungs-wahrscheinlichkeit
Verbund	17	76,47 %
NRW	17	70,59 %

Ausgangspunkt und zwingende Sachverhaltsangabe in allen GewSt-Klausuren ist der Jahresüberschuss/Jahresfehlbetrag laut Handelsbilanz.

Besteuerungsgrundlage für die Gewerbesteuer ist aber der Gewerbeertrag, vgl. § 6 GewStG.

Gewerbeertrag ist der nach den Vorschriften des EStG (für die natürlichen Personen und Personengesellschaften) oder des KStG (für die Kapitalgesellschaften) zu ermittelnde Gewinn aus dem Gewerbebetrieb, vgl. § 7 Satz 1 GewStG.

Dieser muss deshalb in einem ersten Prüfungsschritt (+/- Korrekturen nach EStG/KStG) von Ihnen ermittelt werden. Die vorstellbaren Korrekturen nach EStG sind hierbei identisch mit denen aus dem Körperschaftsteuerteil Ihrer Steuerwesen Klausur. Sollte eine **OHG oder KG** zu prüfen sein, ist erforderlichenfalls noch an die Einkünfte aus § 15 EStG zu denken. Sollte schließlich die Gewerbesteuer für eine **GmbH** ermittelt werden, so sind gegebenenfalls auch noch Korrekturen nach KStG durchzuführen. Hier müssen Sie insbesondere an die nichtabziehbaren Aufwendungen des § 10 KStG und an die vGA nach § 8 Abs. 3 Satz 2 KStG denken.

Geschäftsvorfall	Rechtsgrundlage	
Geschenke	§ 4 Abs. 5 Satz 1 Nr. 1 EStG	
Bewirtungskosten	§ 4 Abs. 5 Satz 1 Nr. 2 EStG	
Bußgelder	§ 4 Abs. 5 Satz 1 Nr. 8 EStG	
Gewerbesteuervorauszahlungen Gewerbesteuernachzahlungen Gewerbesteuerrückstellungen Nebenleistungen (z. B. Verspätungszuschläge, Säumniszuschläge, Zinsen)	§ 4 Abs. 5b EStG	**immer relevant**
Gewerbesteuererstattungen	Umkehrschluss[1] aus § 4 Abs. 5b EStG	
Parteispenden	§ 4 Abs. 6 EStG	
Drohverlustrückstellungen	§ 5 Abs. 4a EStG	
Damnum/Disagio	§ 5 Abs. 5 Nr. 1 EStG	
Geschäfts- oder Firmenwert	§ 7 Abs. 1 Satz 3 EStG	
Tätigkeitsvergütungen	§ 15 Abs. 1 Satz 1 Nr. 2 EStG	
Zinsen	§ 15 Abs. 1 Satz 1 Nr. 2 EStG	**nur relevant bei OHG/KG**
Miete/Pacht/Leasing	§ 15 Abs. 1 Satz 1 Nr. 2 EStG	
Nichtabziehbare Aufwendungen[2] (insbesondere Vorauszahlungen KSt und Solidaritätszuschlag)	§ 10 KStG	**nur relevant bei GmbH**
Verdeckte Gewinnausschüttungen[3]	§ 8 Abs. 3 Satz 2 KStG	

[1] Lateinisch *argumentum e contrario*.

[2] Details zu den nichtabziehbaren Aufwendungen nach § 10 KStG finden Sie bereits in dem Kapitel 3. Körperschaftsteuer.

[3] Details zu den vGA nach § 8 Abs. 3 Satz 2 KStG finden Sie bereits in dem Kapitel 3. Körperschaftsteuer.

Aufgabe 1: GewSt-VZ, Parteispende, Bußgeld und Tätigkeitsvergütung

Der vorläufige Jahresüberschuss der Wegelagerer OHG aus Bremen beläuft sich auf 27.350 €.

Aus den Büchern und Aufzeichnungen ergibt sich Folgendes:

a) Gewerbesteuervorauszahlungen i. H. v. insgesamt 4.400 €.

b) Spende an eine politische Partei i. H. v. 2.200 €.

c) Bußgeldzahlung i. H. v. 50 €.

d) Für ihre Tätigkeit als Geschäftsführerin der OHG erhielt Alexa Wegelagerer ein monatliches Gehalt von 5.500 €, welches in der Buchführung ordnungsgemäß als Aufwand erfasst wurde.

Ermitteln Sie den Gewinn nach Steuerbilanz.

Lösung s. Seite 280

Aufgabe 2: GewSt-Erstattung, vGA, KSt-VZ und Soli-VZ

Ihnen liegt folgende vorläufige Gewinn- und Verlustrechnung der Einfeld-GmbH vor:

S	GuV		H
Materialaufwand	150.000,00	Umsatzerlöse	800.000,00
Personalaufwand	175.000,00	andere aktivierte Eigenleistungen	10.000,00
Abschreibungen	20.000,00	sonstige betriebliche Erträge	30.000,00
sonstige betriebliche Aufwendungen	15.000,00	Gewerbesteuererstattung (Vorjahr)	1.000,00
Steuern vom Einkommen und Ertrag	10.550,00		
Jahresüberschuss	**470.450,00**		
	841.000,00		841.000,00

Die Steuern vom Einkommen und Ertrag setzen sich wie folgt zusammen: Körperschaftsteuervorauszahlungen (10.000 €) und Vorauszahlungen Solidaritätszuschlag (550 €).

In den Personalaufwendungen ist auch das Gehalt der alleinigen Gesellschafterin und Geschäftsführerin Nena Einfeld i. H. v. 120.000 € enthalten. Eine fremde Geschäftsführerin würde maximal 100.000 € Jahresgehalt erhalten.

Ermitteln Sie den Gewinn nach Steuerbilanz.

Lösung s. Seite 280

4.2 Hinzurechnungen gem. § 8 GewStG

INFO

Steuerberaterkammern	Anzahl ausgewerteter Klausuren	Prüfungswahrscheinlichkeit
Verbund	17	88,24 %
NRW	17	94,12 %

Der Gewinn aus dem Gewerbebetrieb ist um die in § 8 GewStG bezeichneten Beträge zu vermehren, vgl. § 7 Satz 1 GewStG, d. h. es sind bestimmte Hinzurechnungen vorzunehmen.

Nach § 8 GewStG werden Beträge dem Gewinn aus Gewerbetrieb wieder hinzugerechnet, soweit sie bei der Ermittlung des Gewinns abgesetzt worden sind.

Sinn und Zweck dieser Regelung ist es, dass Beträge, die nach dem EStG oder KStG steuerlich gewinnmindernd behandelt wurden, durch die Hinzurechnung Bestandteil des Gewerbeertrags werden und damit der Gewerbesteuer unterworfen werden.

Schließlich soll die Ertragskraft des Gewerbebetriebs als Ausdruck seiner wirtschaftlichen Leistungsfähigkeit besteuert werden. Der Gewinn aus Gewerbebetrieb spiegelt allerdings häufig (durch die steuerlich gewinnmindernden Beträge) gar nicht die Ertragskraft des Betriebs wieder und ist deshalb durch die Hinzurechnungen des § 8 GewStG zu vermehren.

Hinzurechnungen gem. § 8 Nr. 1 GewStG

§ 8 Nr. 1a GewStG	**100 % der Entgelte für Schulden**
§ 8 Nr. 1b GewStG	100 % aller Renten und dauernden Lasten
§ 8 Nr. 1c GewStG	100 % der Gewinnanteile des stillen Gesellschafters
§ 8 Nr. 1d GewStG	**20 % der Miet- und Pachtzinsen für bewegliche WG des AV**
§ 8 Nr. 1e GewStG	**50 % der Miet- und Pachtzinsen für unbewegliche WG des AV**
§ 8 Nr. 1f GewStG	25 % der Aufwendungen für die zeitlich befristete Überlassung von Rechten
Die Summe dieser Beträge (sog. Finanzierungsanteile) ist jetzt um den Freibetrag i. H. v. 100.000 €[1] zu kürzen und schließlich mit dem Faktor 25 % zu multiplizieren. (∑ - 100.000 €) • 0,25	

(Die Klassiker sind fettgedruckt.)

[1] Ab EZ 2020: 200.000 €.

Aufgabe 3: Zinszahlungen, Mietzahlungen, Damnum/Disagio

Bei der Wegelagerer OHG aus Aufgabe 1 sind weitere Geschäftsvorfälle zu berücksichtigen:

a) Zinszahlungen für ein langfristiges Darlehen i. H. v. insgesamt 58.500 €
b) Zinszahlungen für ein kurzfristiges Darlehen i. H. v. insgesamt 6.500 €
c) monatliche Mietzahlungen für ein angemietetes Betriebsgrundstück, 14.000 €.

Ermitteln Sie ausgehend von Ihrem Ergebnis aus Aufgabe 1 (Gewinn nach Steuerbilanz 100.000 €) den maßgebenden Gewerbeertrag für die Wegelagerer OHG.

Lösung s. Seite 281

Aufgabe 4: Mietzahlungen, Leasing, Instandhaltung/Versicherung

Die Brenner KG hat einen Gewinn nach Steuerbilanz i. H. v. 545.500 € errechnet.

Ermitteln Sie unter Berücksichtigung der folgenden Geschäftsvorfälle den maßgebenden Gewerbeertrag für die Brenner KG.

a) monatliche Mietzahlungen für angemietete Lagerhalle, 1.000 €
b) Leasingraten für Fuhrpark und BGA, insgesamt 70.000 €
c) monatliche Mietzahlungen für EDV-Anlage, 500 €
d) Laut Mietvertrag hat die Brenner KG die Kosten für die Instandhaltung und Versicherungen der EDV-Anlage i. H. v. jährlich 900 € zu übernehmen.

Lösung s. Seite 281

Aufgabe 5: Gewinnanteil eines Gesellschafters, Patent

Die Clausen KG hat einen Gewinn nach Steuerbilanz i. H. v. 890.000 € errechnet.

Ermitteln Sie unter Berücksichtigung der folgenden Geschäftsvorfälle den maßgebenden Gewerbeertrag für die Clausen KG.

a) Für die Produktion wird ein Patent genutzt, wofür insgesamt 390.000 € gezahlt wurden.
b) Gewinnanteil i. H. v. 4.000 € von einem echten stillen Gesellschafter.

Lösung s. Seite 282

Hinzurechnungen gem. § 8 Nr. 9 GewStG
Zweck dieser Norm ist die Gleichstellung von einkommensteuerpflichtigen und körperschaftsteuerpflichtigen Gewerbetreibenden durch eine einheitliche Regelung des Spendenabzugs für alle Gewerbetreibenden (nämlich § 9 Nr. 5 GewStG) unabhängig von ihrer Rechtsform. Die Ungleichbehandlung resultiert aus der unterschiedlichen Behandlung von Spenden im EStG und KStG.

Gemäß § 9 Abs. 1 Nr. 2 KStG sind Spenden abzugsfähige BA, die den Gewinn und damit gleichzeitig den Gewerbeertrag mindern.

Einkommensteuerrechtlich sind Spenden als Sonderausgaben gemäß § 10b EStG erst vom Gesamtbetrag der Einkünfte abzuziehen, sodass der Gewinn aus Gewerbetrieb nicht gemindert wird.

Aufgabe 6: Zuwendungen

Eine GmbH hat einen vorläufigen handelsrechtlichen Jahresüberschuss i. H. v. 67.500 € ermittelt.

Spenden i. H. v. insgesamt 8.000 € (davon 7.000 € für wissenschaftliche Zwecke, 1.000 € als Parteispende) haben den Jahresüberschuss in der angegebenen Höhe zulässigerweise gemindert.

Ermitteln Sie den maßgebenden Gewerbeertrag für die GmbH.

Abwandlung:
Wie wäre der Fall für eine OHG oder KG zu lösen?

Lösung s. Seite 282

4.3 Kürzungen gem. § 9 GewStG

INFO

Steuerberaterkammern	Anzahl ausgewerteter Klausuren	Prüfungswahrscheinlichkeit
Verbund	17	82,35 %
NRW	17	88,24 %

Die Summe des Gewinns und der Hinzurechnungen werden um bestimmte Beträge nach § 9 GewStG gekürzt.

Klassischerweise werden hier die folgenden Nummern des § 9 GewStG abgeprüft:

- § 9 Nr. 1 GewStG (Grundbesitz)
- § 9 Nr. 2 GewStG (Gewinnanteil OHG/KG)
- § 9 Nr. 5 GewStG (Zuwendungen).

Gemäß § 9 Nr. 1 GewStG wird die Summe des Gewinns und der Hinzurechnungen um 1,2 % des Einheitswerts des zum Betriebsvermögen des Unternehmens gehörenden und nicht von der Grundsteuer befreiten Grundbesitzes gekürzt.

Diese Kürzungsvorschrift verhindert eine Doppelbelastung mit Gewerbesteuer (auf die Grundstückserträge, falls zum BV gehöhrend) und Grundsteuer (Steuer auf das Eigentum an Grundstücken und deren Bebauung).

Aus diesem Grund ist nach § 9 Nr. 1 GewStG u. a. Voraussetzung, dass der Grundbesitz nicht von der Grundsteuer befreit sein darf (ansonsten keine Doppelbelastung und damit auch kein Grund zur Kürzung).

Als Bemessungsgrundlage sind bei Grundstücken (§ 70 BewG) sowie bei Betriebsgrundstücken (§ 99 Abs. 1 Nr. 1 BewG) 140 % des auf den Wertverhältnissen vom 01.01.1964 beruhenden Einheitswerts anzusetzen, vgl. § 121a BewG.

RECHTSGRUNDLAGEN

§ 121a BewG
Während der Geltungsdauer der auf den Wertverhältnissen am 01.01.1964 beruhenden Einheitswerte des Grundbesitzes sind Grundstücke (§ 70) und Betriebsgrundstücke i. S. d. § 99 Abs. 1 Nr. 1 für die Gewerbesteuer mit 140 vom Hundert des Einheitswerts anzusetzen.

Beträgt also z. B. der Einheitswert 150.000 €, so errechnet sich der Kürzungsbetrag wie folgt:

Einheitswert • 1,4 (140 %) • 0,012 (1,2 %) = Kürzungsbetrag

Im vorliegenden Beispiel beträgt der Kürzungsbetrag nach § 9 Nr. 1 GewStG demnach 2.520 €.

Gemäß § 9 Nr. 5 GewStG ist die Summe des Gewinns und der Hinzurechnungen um die aus den Mitteln des Gewerbebetriebs geleisteten Zuwendungen zu kürzen.

Nach den §§ 52 - 54 AO gibt es folgende steuerbegünstigte Zwecke: Gemeinnützige Zwecke (§ 52 AO), mildtätige Zwecke (§ 53 AO) und kirchliche Zwecke (§ 54 AO).

Spenden an Parteien und freie Wählervereinigungen sind in den §§ 52 - 54 AO nicht erwähnt und werden deshalb nicht berücksichtigt.

Die Höhe der Zuwendungen für steuerbegünstigte Zwecke ist begrenzt auf 20 % des (um die Hinzurechnungen nach § 8 Nr. 9 GewStG erhöhten) Gewinns aus Gewerbebetrieb oder 4 ‰ der Summe aus Umsätzen, Löhnen und Gehältern.

Aufgabe 7: Grundbesitz

Im Betriebsvermögen der Darius KG (Gewinn nach Steuerbilanz 234.400 €) befindet sich seit Jahren ein Betriebsgrundstück. Der Einheitswert ist auf 250.000 € festgestellt worden.

Ermitteln Sie den maßgebenden Gewerbeertrag für die Darius KG.

Lösung s. Seite 283

Aufgabe 8: Kauf und Verkauf von Grundbesitz

Im September erwarb die Erfurter KG (Gewinn nach Steuerbilanz 55.432 €) ein unbebautes Grundstück (Einheitswert 185.000 €). Zuvor (im August) wurde ein anderes unbebautes Grundstück verkauft (Einheitswert 90.000 €). Dieses verkaufte Grundstück befand sich seit Jahren im Betriebsvermögen der Erfurter KG.

Ermitteln Sie den maßgebenden Gewerbeertrag für die Erfurter KG.

Lösung s. Seite 283

Aufgabe 9: Grundbesitz, Zuwendungen

Griesion Strauß betreibt einen Elektronikeinzelhandel in einem eigenen Gebäude in Bremen. Der Einheitswert des Gebäudes, das zu 35 % eigenbetrieblich genutzt wird und mit diesem Anteil im Betriebsvermögen erfasst ist, beträgt 150.000 €.

Griesion Strauß leistete folgende Zuwendungen: 10.000 € an die SPD und 8.000 € an Greenpeace. Der vorläufige handelsrechtliche Jahresüberschuss beträgt 80.000 €.

Ermitteln Sie den maßgebenden Gewerbeertrag.

Lösung s. Seite 284

Aufgabe 10: Zusammenfassende Aufgabe zur Ermittlung des maßgebenden Gewerbeertrags mit Korrekturen nach EStG, Hinzurechnungen gem. § 8 GewStG und Kürzungen gem. § 9 GewStG

Ausweislich der folgenden Gewinn- und Verlustrechnung einer GmbH ist ein vorläufiger Jahresüberschuss i. H. v. 369.500 € ermittelt worden.

S	GuV		H
Zinsen	45.500,00	Umsatzerlöse	780.000,00
Miete (für Geschäftsräume)	24.000,00	Sonst. betriebliche Erträge	20.000,00
Spende wissenschaftliche Zwecke	3.000,00		
Gewerbesteuervorauszahlung	25.000,00		
Sonst. betriebliche Aufwendungen	18.000,00		
Konzessionen	310.000,00		
Parteispende	5.000,00		
Jahresüberschuss	**369.500,00**		
	800.000,00		800.000,00

Aus einer 47 %-igen Beteiligung an der Toblerona KG musste ein Verlust i. H. v. 18.000 € übernommen werden (= Sonst. betriebliche Aufwendungen).

Aus einer 11 %-igen Beteiligung an der KlimmBimm KG konnte ein Gewinn i. H. v. 20.000 € als Ertrag berücksichtigt werden (= Sonst. betriebliche Erträge).

Für ein Nutzungsrecht wurden Konzessionszahlungen i. H. v. 310.000 € geleistet.

Am 01.07. wurde ein Darlehen i. H. v. 700.000 € (Zinssatz 3 %) mit einer Laufzeit von 35 Jahren aufgenommen. Die Zinszahlungen wurden ordnungsgemäß erfasst. Das Damnum/Disagio (5 %) ist ebenfalls in den Zinszahlungen enthalten.

Ermitteln Sie den maßgebenden Gewerbeertrag.

Lösung s. Seite 284

4.4 Gewerbeverlust aus Vorjahren gem. § 10a GewStG

INFO

Steuerberaterkammern	Anzahl ausgewerteter Klausuren	Prüfungs-wahrscheinlichkeit
Verbund	17	11,76 %
NRW	17	23,53 %

Gemäß § 10a Satz 1 GewStG sind von dem maßgebenden Gewerbeertrag im Abzugsjahr bis zu einem Betrag von 1 Mio. € die Fehlbeträge (negative Gewerbeerträge) abzuziehen, die sich bei der Ermittlung des maßgebenden Gewerbeertrags für die vorangegangenen Erhebungszeiträume ergeben haben, soweit sie nicht bereits abgezogen wurden.

Gemäß § 10a Satz 2 GewStG darf der maßgebende Gewerbeertrag, soweit er im Abzugsjahr 1 Mio. € übersteigt, nur bis zu 60 % des verbleibenden maßgeblichen Gewerbeertrags abgezogen werden, d. h. in jedem Erhebungszeitraum sind mindestens 40 % des 1 Mio. € übersteigenden Gewerbeertrags zu versteuern (Mindestbesteuerungsregelung).

Die ggf. nicht verrechneten Beträge werden weiter vorgetragen.

Das GewStG kennt nur den Verlustvortrag. Ein Verlustrücktrag (wie bei der ESt (§ 10d EStG) oder KSt) ist nicht möglich.

Der Verlustvortrag erfolgt von Amts wegen, vgl. R 10a1 III 1 GewStR.

Ein entsprechender Antrag des Steuerpflichtigen ist also nicht erforderlich.

Nach R 10a1 III 2 GewStR ist der Gewerbeverlust vom maßgebenden Gewerbeertrag, also nach Berücksichtigung der Hinzurechnungen nach § 8 GewStG und der Kürzungen nach § 9 GewStG und vor dem Ansatz des Freibetrags nach § 11 Abs. 1 Satz 3 GewStG abzuziehen, vgl. auch Prüfungsschema.

Da der Verlust stets in maximaler Höhe abgezogen wird, kann dies durchaus zur Folge haben, dass der Freibetrag i. H. v. 24.500 € im Abzugsjahr ganz oder teilweise ins Leere läuft, vgl. dazu auch H 10a1 Stichwort Verlustausgleich und Freibetrag.

Aufgabe 11: Verlustabzug ohne Mindestbesteuerung

Die Faller KG hat aus vorherigen Erhebungszeiträumen einen Verlust i. H. v. 80.000 €, der in der in der Vergangenheit noch nicht ausgeglichen werden konnte.

Im aktuellen Erhebungszeitraum erzielte die Faller KG einen maßgeblichen Gewerbeertrag i. H. v. 500.000 €.

Ermitteln Sie den vorläufigen Gewerbeertrag der Faller KG.

Lösung s. Seite 285

Aufgabe 12: Verlustabzug mit Mindestbesteuerung

Für die Grün KG wurde zum 31.12.2017 ein vortragsfähiger Gewerbeverlust i. H. v. 5 Mio. € festgestellt. Der (maßgebende) Gewerbeertrag betrug im EZ 2018 2 Mio. €.

Ermitteln Sie den vorläufigen Gewerbeertrag der Grün KG für 2018.

Lösung s. Seite 285

4.5 Abrundung und Freibetrag gem. § 11 Abs. 1 Satz 3 GewStG

INFO

Steuerberaterkammern	Anzahl ausgewerteter Klausuren	Prüfungs-wahrscheinlichkeit
Verbund	17	100 %
NRW	17	94,12 %

Der vorläufige Gewerbeertrag ist um einen Freibetrag zu kürzen. Nach Kürzung steht der endgültige Gewerbeertrag fest, vgl. auch Prüfungsschema.

Vor Kürzung um den Freibetrag ist der (vorläufige) Gewerbeertrag gem. § 11 Abs. 1 Satz 3 GewStG auf volle 100 € nach unten abzurunden. Dies macht die weitere Rechnung einfacher und führt zu glatteren Beträgen.

Der Freibetrag beträgt bei natürlichen Personen sowie bei Personengesellschaften 24.500 €, vgl. § 11 Abs. 1 Satz 3 Nr. 1 GewStG und bei Unternehmen i. S. d. § 2 Abs. 3 GewStG (...) sowie bei Unternehmen von juristischen Personen des öffentlichen Rechts 5.000 €, vgl. § 11 Abs. 1 Satz 3 Nr. 2 GewStG.

Mehr als die Höhe des abgerundeten Gewerbeertrags kann jedoch nicht gekürzt werden, vgl. § 11 Abs. 1 Satz 3 GewStG ganz am Ende, d. h. ein negativer Gewerbeertrag kann durch den Abzug des Freibetrags nicht entstehen.

Allen anderen Gesellschaftsformen (Kapitalgesellschaften (z. B. AG, GmbH)) steht ein Freibetrag nicht zu.

4.6 Steuermesszahl und Steuermessbetrag gem. § 11 Abs. 2 GewStG

INFO

Steuerberaterkammern	Anzahl ausgewerteter Klausuren	Prüfungs-wahrscheinlichkeit
Verbund	17	100 %
NRW	17	88,24 %

Gemäß § 11 Abs. 1 Satz 1 GewStG ist bei der Berechnung der Gewerbesteuer von einem Steuermessbetrag auszugehen.

Gemäß § 11 Abs. 1 Satz 2 GewStG ist dieser Steuermessbetrag durch Anwendung eines Prozentsatzes (Steuermesszahl) auf den Gewerbeertrag zu ermitteln.

Nach § 11 Abs. 2 GewStG beträgt diese Steuermesszahl für den Gewerbeertrag 3,5 %.

Aufgabe 13: Freibetrag, Steuermessbetrag (1)

Die Steuerpflicht eines Gewerbetreibenden, dessen Wirtschaftsjahr mit dem Kalenderjahr übereinstimmt, begann am 02.04.2018. Der in der Zeit vom 02.04.2018 bis zum 31.12.2018 erzielte Gewerbeertrag beträgt 30.096,87 €.

Ermitteln Sie den Steuermessbetrag für den EZ 2018.

Lösung s. Seite 286

Aufgabe 14: Freibetrag, Steuermessbetrag (2)

Die Schwarz GmbH ermittelte für den EZ 2018 einen Gewerbeertrag i. H. v. 89.634,27 €.

Ermitteln Sie den Steuermessbetrag für den EZ 2018.

Lösung s. Seite 286

4.7 Hebesatz gem. § 16 GewStG

INFO

Steuerberaterkammern	Anzahl ausgewerteter Klausuren	Prüfungs-wahrscheinlichkeit
Verbund	17	94,12 %
NRW	17	64,71%

Besonderheiten: Der Hebesatz ist grundsätzlich eine zwingende Sachverhaltsangabe in allen Klausuren. In den NRW-Prüfungen Sommer 2012, Sommer 2013, Winter 2015, Sommer 2017 und Sommer 2019 und in der Verbund-Prüfung Winter 2017 war allerdings lediglich der Gewerbesteuermessbetrag zu ermitteln, sodass der Hebesatz nicht angegeben werden musste.

Die Gewerbesteuer wird aufgrund des (gerade ermittelten) Steuermessbetrags mit einem Hebesatz (weiterer Prozentsatz) festgesetzt, vgl. § 16 Abs. 1 GewStG.

Maßgebend für die Steuerfestsetzung ist der Hebesatz, der von der hebeberechtigten Gemeinde für den jeweiligen EZ festgesetzt ist, vgl. § 16 Abs. 1 GewStG.

Gemäß § 16 Abs. 4 Satz 2 GewStG beträgt der Hebesatz 200 %, wenn die Gemeinde nicht einen höheren Hebesatz bestimmt hat.

4.8 Die Aufgabenstellung

Die Aufgabenstellung ist nahezu identisch zu der Aufgabenstellung in dem Körperschaftsteuerteil Ihrer Steuerlehre Klausur.

Auch für die Gewerbesteuer ist im Normalfall[1] davon auszugehen, dass Sie (unabhängig von der konkreten Aufgabenstellung) zunächst die **festzusetzende Gewerbesteuer** zu ermitteln haben.

Die eigentliche Aufgabenstellung wird dann entweder

„Ermitteln Sie in einer übersichtlichen Darstellung die **Nachzahlungen** für die **Gewerbesteuer** bzw. die Höhe der **Rückstellungen** für die **Gewerbesteuer**."

oder

„Ermitteln Sie in einer übersichtlichen Darstellung den **Erstattungsanspruch** für die **Gewerbesteuer**."

sein.

1 Ausnahme: In einigen Klausuren war „nur" der Steuermessbetrag zu ermitteln. Mithin war der Hebesatz im Sachverhalt gar nicht angegeben, d. h. es war gar nicht möglich und laut Aufgabenstellung auch nicht erforderlich, die festzusetzende Gewerbesteuer zu ermitteln.

Bei diesen Aufgabenstellungen müssen Sie zunächst die festzusetzende Gewerbesteuer ermitteln.

Danach können Sie von der festzusetzenden Gewerbesteuer die entsprechenden **Vorauszahlungen** abziehen.

Die sich ergebene Differenz ist entweder eine Nachzahlung (= Rückstellung) oder Erstattung!

Es bietet sich folgende Darstellung/Berechnung an:

Festzusetzende Gewerbesteuer
- Vorauszahlungen Gewerbesteuer
= Nachzahlung/Rückstellung **oder** Erstattung

Abschließende Aufgabenstellung kann vereinzelnd auch die Ermittlung des **endgültigen Jahresüberschusses** sein.

Ausgehend vom vorläufigen Jahresüberschuss kann nun (nachdem die Höhe der Nachzahlungen/Rückstellungen bzw. Erstattungen bekannt ist) der endgültige Jahresüberschuss berechnet werden.

Es bietet sich folgende Darstellung/Berechnung an:

Vorläufiger Jahresüberschuss	Vorläufiger Jahresüberschuss
- Nachzahlung/Rückstellung Gewerbesteuer	+ Erstattung Gewerbesteuer
= endgültiger Jahresüberschuss	= endgültiger Jahresüberschuss

Aufgabe 15: Festzusetzende GewSt

Die Heimlich OHG hat im EZ einen (vorläufigen) Gewerbeertrag von 68.358,47 € erzielt.

Der Hebesatz der Gemeinde Bremen beträgt 440 %.

Berechnen Sie die festzusetzende Gewerbesteuer.

Lösung s. Seite 286

Aufgabe 16: Rückstellung für GewSt

Sie haben bei der Illig OHG einen (vorläufigen) Gewerbeertrag von 85.550 € ermittelt.

Es wurden gem. § 19 GewStG Vorauszahlungen von insgesamt 8.000 € geleistet.

Der Hebesatz der Gemeinde Bremen beträgt 440 %.

Ermitteln Sie die GewSt-Rückstellung oder den GewSt-Erstattungsbetrag.

Lösung s. Seite 287

Aufgabe 17: GewSt-Erstattungsbetrag, GewSt-Nachzahlung

Die Jonas OHG hat im EZ einen (vorläufigen) Gewerbeertrag i. H. v. 88.888,88 € erzielt.

Der Hebesatz der Gemeinde Bremen beträgt 440 %.

Es wurden folgende Vorauszahlungen geleistet:

11.02.:	2.500 €
14.05.:	2.500 €
15.08.:	2.500 €
08.11.:	2.500 €

Ermitteln Sie die Höhe der GewSt-Nachzahlung oder des GewSt-Erstattungsbetrags.

Lösung s. Seite 287

Aufgabe 18: Vom vorläufigen zum endgültigen handelsrechtlichen Jahresüberschuss

Berechnen Sie ausgehend von Ihrem Ergebnis zu Aufgabe 16 bei einem vorläufigen handelsrechtlichen Jahresüberschuss i. H. v. 272.200 € den endgültigen Jahresüberschuss.

Lösung s. Seite 287

4.9 Zerlegung gem. §§ 28 ff. GewStG

INFO

Steuerberaterkammern	Anzahl ausgewerteter Klausuren	Prüfungswahrscheinlichkeit
Verbund	17	29,41 %
NRW	17	23,53 %

Gemäß § 28 Abs. 1 Satz 1 GewStG ist der Steuermessbetrag (vgl. auch Prüfungsschema, also vor Anwendung des Hebesatzes der Gemeinde) in die auf die einzelnen Gemeinden entfallenden Anteile zu zerlegen (sog. Zerlegungsanteile), wenn im EZ Betriebsstätten zur Ausübung des Gewerbes in mehreren Gemeinden unterhalten worden sind.

Durch diese Aufteilung des Steuermessbetrags (Zerlegung) auf mehrere hebeberechtigte Gemeinden erhält jede Gemeinde den ihr zustehenden Anteil an der GewSt.

Zerlegungsmaßstab ist dabei das Verhältnis, in dem die Summe der Arbeitslöhne, die an die bei allen Betriebsstätten beschäftigten AN gezahlt worden sind, zu den Arbeitslöhnen steht, die an die bei den Betriebsstätten der einzelnen Gemeinden beschäftigten AN gezahlt worden sind, vgl. § 29 Abs. 1 Nr. 1 GewStG.

Die Arbeitslöhne i. S. d. § 29 Abs. 1 Nr. 1 GewStG werden nach § 31 GewStG ermittelt:

	Vergütungen nach § 19 Abs. 1 Nr. 1 EStG (§ 31 Abs. 1 Satz 1 GewStG)
+	Zuschläge für Mehrarbeit und für Sonntags-, Feiertags- und Nachtarbeit (§ 31 Abs. 1 Satz 2 GewStG)
-	Ausbildungsvergütungen (§ 31 Abs. 2 GewStG)
-	einmalige Vergütungen (Tantiemen, Gratifikationen) (§ 31 Abs. 4 Satz 1 GewStG)
+	fiktiver Unternehmerlohn bei nicht jur. Personen von 25.000 € (§ 31 Abs. 5 GewStG)
=	**Arbeitslohn i. S. d. § 29 Abs. 1 Nr. 1 GewStG (gem. § 29 Abs. 3 GewStG abzurunden auf volle 1.000 €)**

Aufgabe 19: Zerlegung

Felix Mauricius ist eingetragener Kaufmann und betreibt einen Reparaturservice für Feuerwehrfahrzeuge in der Rechtsform eines Einzelunternehmers mit Betriebsstätten in Bremen (Hebesatz: 440 %) und Hamburg (Hebesatz: 470 %). Felix Mauricius ist nur in Bremen tätig gewesen.

Der maßgebende Gewerbeertrag i. H. v. 444.444 € ist bereits fehlerfrei ermittelt worden.

Bezüglich der Arbeitslöhne liegen folgende Informationen vor:

- Betriebsstätte Bremen: 404.895 € (davon 12.550 € Ausbildungsvergütungen)
- Betriebsstätte Hamburg: 562.990 € (davon 24.000 € Tantieme an den Betriebsstättenleiter)
- Ermitteln Sie die Gewerbesteuer für Felix Mauricius.

Lösung s. Seite 288

5. Abgabenordnung

INFO

Die Auswertung der letzten 17 Klausuren (den Klausurenverbund gibt es erst seit Sommer 2012) zeigt folgende **Punkteverteilung**:

Abgabenordnung	Verbund	NRW
Sommer 2012	10,0	14,0
Winter 2012	11,5	11,0
Sommer 2013	10,0	10,0
Winter 2013	10,5	12,0
Sommer 2014	9,0	12,0
Winter 2014	10,0	13,0
Sommer 2015	10,0	13,0
Winter 2015	11,0	11,0
Sommer 2016	11,5	10,0
Winter 2016	10,0	12,0
Sommer 2017	9,5	13,0
Winter 2017	11,5	10,0
Sommer 2018	11,0	22,5 (mit GewSt)
Winter 2018	10,5	27,0 (mit ESt)
Sommer 2019	13,5	10,5
Winter 2019	11,0	10,0
Sommer 2020	11,0	12,0
Durchschnitt	**10,68 Punkte**	**11,66 Punkte**

Bei einer Bearbeitungszeit von insgesamt 150 Minuten für die gesamte Steuerwesen-Klausur entfällt damit auf die Abgabenordnung eine gute Viertelstunde.

Damit ist AO sowohl vom Umfang, von der erreichbaren Punktzahl und damit einhergehend mit der zur Verfügung stehenden Bearbeitungszeit sehr gut vergleichbar mit der KSt und der GewSt; siehe auch Infoboxen zu Beginn der Kapitel >> **3. Körperschaftsteuer** und >> **4. Gewerbesteuer**.

In der KSt und GewSt können Sie sich prima an dem klassischen Prüfungsaufbau „entlanghangeln" und diesen schematisch gut abarbeiten. Mit einem einzigen Prüfungsschema für die KSt und einem einzigen Prüfungsschema für die GewSt sind **alle** Klausuren sicher lösbar.

Dies ist leider in der AO so nicht möglich. Hier gibt es eine Vielzahl von ganz unterschiedlichen Themengebieten mit mittlerem bis gehobenem Schwierigkeitsgrad. Außerdem werden Sie des Öfteren auch nach der genauen Rechtsgrundlage gefragt. Bei über 400 Normen in der AO kann das relativ unübersichtlich (= großer

Zeitverlust beim Aufsuchen der Norm) sein. Deshalb dürfte es in der AO erfahrungsgemäß deutlich schwieriger werden 80 - 90 % der erreichbaren Punkte mitzunehmen.

5.1 Örtliche Zuständigkeit

INFO

Steuerberaterkammern	Anzahl ausgewerteter Klausuren	Prüfungswahrscheinlichkeit	Erreichbare Punktzahl
Verbund	17	23,53 %	3,0 - 5,0
NRW	17	29,41 %	2,0 - 3,0

Meistens stellen die Prüfungsämter für die jeweilige Lösung eine Tabelle zur Verfügung. Aus diesem Grund wird die örtliche Zuständigkeit der Finanzbehörden nach der Steuerart und nach der gesonderten Feststellung ebenfalls in tabellarischer Form dargestellt, um die Lösung der entsprechenden Prüfungsaufgaben zu erleichtern.

Örtliche Zuständigkeit der Finanzbehörden nach der Steuerart

Zuständiges Finanzamt	Norm	Steuerart
Wohnsitz-FA	§ 19 Abs. 1 AO	ESt **natürlicher** Personen
Geschäftsleitungs-FA	§ 20 Abs. 1 AO	KSt **juristischer** Personen
Betriebs-FA	§ 21 Abs. 1 AO	USt inländischer **Unternehmer**
Wohnsitz-FA	§ 21 Abs. 2 AO	USt **natürlicher** Personen, die **keine** Unternehmer sind
Lage-FA	§ 22 Abs. 1 AO	GrSt (**nur** Steuermessbeträge)
Betriebs-FA	§ 22 Abs. 1 AO	GewSt (**nur** Steuermessbeträge)

Örtliche Zuständigkeit der Finanzbehörden nach der gesonderten Feststellung

Zuständiges Finanzamt	Norm	Gesonderte Feststellung
Lage-FA	§ 18 Abs. 1 Nr. 1 AO	EW der Grundstücke § 180 Abs. 1 Nr. 1 AO
Geschäftsleitungs-FA/ Betriebs-FA	§ 18 Abs. 1 Nr. 2 AO	Gewinn aus Gewerbebetrieb § 180 Abs. 1 Nr. 2b AO
Tätigkeits-FA	§ 18 Abs. 1 Nr. 3 AO	Einkünfte aus selbstständiger Arbeit § 180 Abs. 1 Nr. 2b AO
Verwaltungs-FA	§ 18 Abs. 1 Nr. 4 AO	Einkünfte aus KAP und Einkünfte aus Vermietung und Verpachtung **mehrerer Personen** § 180 Abs. 1 Nr. 2a AO

Aufgabe 1: Örtliche Zuständigkeit (1)

Griesion Strauß wohnt mit seiner Ehefrau in Bremen (FA Bremen). Er ist hauptberuflich Abteilungsleiter in der Personalabteilung von Sennheiser in Hannover. Außerdem betreibt er in Verden an der Aller (FA Verden) nebenberuflich einen Einzelhandel mit Elektronikteilen.

Bei welchem örtlich zuständigen Finanzamt hat Griesion Strauß welche Steuererklärungen abzugeben? Verwenden Sie für Ihre Lösung ausschließlich die folgende Tabelle und geben Sie auch die einschlägigen Normen aus der AO und die einschlägigen Fachbegriffe hinsichtlich der FA an.

Steuererklärung	**Zuständiges FA mit §§**

Lösung s. Seite 289

Aufgabe 2: Örtliche Zuständigkeit (2)

Arndt Zunke wohnt in Krefeld (FA Krefeld) und beabsichtigt, sich mit einem Fahrradladen in Aachen (FA Aachen-Kreis) selbstständig zu machen. Er wird gebrauchte Fahrräder an- und verkaufen und einen Reparaturservice anbieten. Insbesondere für den Reparaturservice beabsichtigt er, vier Angestellte in Vollzeit einzustellen und rechnet mit einem Umsatz i. H. v. ca. 25.000 € pro Monat.

Bei welchem örtlich zuständigen Finanzamt hat Arndt Zunke welche jährlichen Steuererklärungen und welche monatlichen Anmeldungen abzugeben? Verwenden Sie für Ihre Lösung ausschließlich die folgende Tabelle und geben Sie auch die einschlägigen Normen aus der AO und die einschlägigen Fachbegriffe hinsichtlich der FA an.

(jährliche) **Steuererklärung**	**Zuständiges FA mit §§**

(monatliche) **Anmeldung**	**Zuständiges FA mit §§**

Lösung s. Seite 289

Aufgabe 3: Örtliche Zuständigkeit (3)

Jacob Grimm, wohnhaft in Hamburg (FA Hamburg-Altona), und Wilhelm Grimm, wohnhaft in Kiel (FA Kiel-Süd), sind Eigentümer eines zu Wohnzwecken vermieteten Einfamilienhauses auf Fehmarn (FA Ostholstein). Wilhelm Grimm kümmert sich seit Jahren um die Verwaltung des Hauses.

Bei welchem örtlich zuständigen Finanzamt haben die Brüder Grimm welche Steuererklärungen abzugeben? Verwenden Sie für Ihre Lösung ausschließlich die folgende Tabelle und geben Sie auch die einschlägigen Normen aus der AO und die einschlägigen Fachbegriffe hinsichtlich der FA an.

Steuererklärung	Zuständiges FA mit §§

Lösung s. Seite 289

5.2 Bekanntgabe und Einspruchsfrist

INFO

Steuerberaterkammern	Anzahl ausgewerteter Klausuren	Prüfungswahrscheinlichkeit	Erreichbare Punktzahl
Verbund	17	64,71 %	3,0 - 9,5
NRW	17	29,41 %	4,0 - 6,0

Gemäß § 347 Abs. 1 Satz 1 Nr. 1 AO ist gegen Verwaltungsakte (VA) in Abgabenangelegenheiten, auf die dieses Gesetz Anwendung findet, als Rechtsbehelf der Einspruch statthaft.

Gemäß § 355 Abs. 1 Satz 1 AO ist der Einspruch nach § 347 Abs. 1 Satz 1 innerhalb eines Monats nach Bekanntgabe des VA einzulegen.

Aus diesem Grund ist es von elementarer Bedeutung, dass Sie zunächst die Bekanntgabe eines VA (z. B. eines Steuerbescheids) sicher und fehlerfrei bestimmen können.

5.2.1 Bekanntgabe

Gemäß § 124 Abs. 1 Satz 1 AO wird ein VA gegenüber demjenigen, für den er bestimmt ist oder der von ihm betroffen wird, in dem Zeitpunkt wirksam, indem er ihm bekannt gegeben wird.

Bekanntgabe bedeutet, dass der VA derart in den Machtbereich des Adressaten gelangen muss, dass ihm die Kenntnisnahme vom Inhalt des VA möglich ist und unter gewöhnlichen Umständen auch erwartet werden kann. Bekanntgabe setzt also gerade nicht voraus, dass der Betroffene den VA auch tatsächlich zur Kenntnis nimmt. Die Möglichkeit der Kenntnisnahme ist für den Empfänger regelmäßig anzunehmen, wenn ihm die einen schriftlichen VA enthaltene Sendung mit der Post zugeht (Einwurf Briefkasten).

Gemäß § 119 Abs. 2 Satz 1 AO kann ein VA schriftlich, elektronisch, mündlich oder in anderer Weise erlassen werden.

In § 122 AO sind die Formen der Bekanntgabe geregelt:

Form	Gesetzliche Grundlage
Übermittlung durch die Post im Inland	**§ 122 Abs. 2 Nr. 1 AO**
Übermittlung durch die Post im Ausland	§ 122 Abs. 2 Nr. 2 AO
Elektronische Übermittlung	§ 122 Abs. 2 AO
Öffentliche Bekanntgabe	§ 122 Abs. 3 AO
Form der öffentliche Bekanntgabe	§ 122 Abs. 4 AO
Zustellung nach dem VwZG	§ 122 Abs. 5 AO

Die mit Abstand klausurrelevanteste Form der Bekanntgabe ist die Übermittlung durch die Post im Inland nach § 122 Abs. 2 Nr. 1 AO.

Bestimmen Sie in den folgenden Aufgaben jeweils den Tag der Bekanntgabe.

Verwenden Sie für Ihre Lösung auch den Auszug aus dem Kalender Dezember.

Mo.	Di.	Mi.	Do.	Fr.	Sa.	So.
1	2	3	4	5	**6**	**7**
8	9	10	11	12	**13**	**14**
15	16	17	18	19	**20**	**21**
22	23	24	**25**	**26**	**27**	**28**
29	30	31	**1**	2	**3**	**4**

Aufgabe 4: Bekanntgabe (1)

Eine Finanzbeamtin des FA Bremen gibt am Montag, den 01.12., einen ESt-Bescheid zur Post.

Lösung s. Seite 290

Aufgabe 5: Bekanntgabe (2)

Eine Finanzbeamtin des FA Bremen gibt am Montag, den 01.12., einen ESt-Bescheid zur Post.

Nachweislich erhalten hat der Steuerpflichtige den Bescheid am Mittwoch, den 03.12.

Lösung s. Seite 290

Aufgabe 6: Bekanntgabe (3)

Eine Finanzbeamtin des FA Bremen gibt am Montag, den 01.12., einen ESt-Bescheid zur Post.

Nachweislich erhalten hat der Steuerpflichtige den Bescheid am Freitag, den 05.12.

Lösung s. Seite 290

Aufgabe 7: Bekanntgabe (4)

Eine Finanzbeamtin des FA Bremen gibt am Mittwoch, den 03.12., einen ESt-Bescheid zur Post.

Lösung s. Seite 291

Aufgabe 8: Bekanntgabe (5)

Eine Finanzbeamtin des FA Bremen gibt am Montag, den 22.12., einen ESt-Bescheid zur Post.

Lösung s. Seite 291

Aufgabe 9: Bekanntgabe (6)

Hinsichtlich eines ESt-Bescheids des FA Bremen liegen folgende Informationen vor:

Bescheiddatum (Kopfzeile)	01.12.	(Mo.)
Poststempel (auf dem Briefumschlag)	03.12.	(Mi.)
Absendevermerk (auf dem bei den Akten verbleibenden Bescheid)	01.12.	(Mo.)

Wann der ESt-Bescheid tatsächlich zur Post aufgegeben wurde, lässt sich nicht zweifelsfrei feststellen.

Lösung s. Seite 291

5.2.2 Einspruchsfrist

Nachdem Sie nun die Bekanntgabe eines VA (z. B. eines Steuerbescheids) sicher und fehlerfrei bestimmen können, ist es jetzt auch möglich, die Einspruchsfrist des § 355 Abs. 1 Satz 1 AO zu berechnen, denn diese knüpft an die Bekanntgabe des VA an („innerhalb eines Monats nach Bekanntgabe").

In den meisten Aufgabenstellungen ist es erforderlich, eine Fristenberechnung durchzuführen.

Alternativ werden Sie nach dem Beginn, der Dauer und dem Ende der Einspruchsfrist gefragt.

Unabhängig von der jeweiligen Aufgabenstellung sollten Sie auf jeden Fall in der Lage sein, den Beginn der Einspruchsfrist (Datum und Uhrzeit) unter Nennung der einschlägigen Normen aus der AO und dem BGB, die Dauer der Einspruchsfrist (gem. § 355 Abs. 1 Satz 1 AO unproblematisch ein Monat) und das Ende der Einspruchsfrist (Datum und Uhrzeit) unter Nennung der einschlägigen Normen aus der AO und dem BGB zu bestimmen, denn dies gewährleistet in jedem Fall das Erreichen der vollen Punktzahl.

Gemäß § 108 Abs. 1 AO gelten für die Berechnung von Fristen und für die Bestimmung von Terminen die §§ 187 bis 193 des BGB entsprechend (soweit nicht durch die Absätze 2 bis 5 des § 108 AO etwas anderes bestimmt ist).

Beginn der Einspruchsfrist
Gemäß § 108 Abs. 1 AO i. V. m. § 187 Abs. 1 BGB wird bei der Berechnung der Frist der Tag nicht mitgerechnet, in den das Ereignis oder der Zeitpunkt fällt, wenn für den Anfang einer Frist ein Ereignis oder ein in den Lauf eines Tages fallender Zeitpunkt maßgebend ist (sog. Ereignisfrist).

Die Einspruchsfrist des § 355 Abs. 1 Satz 1 AO ist eine Ereignisfrist, da das Ereignis die Bekanntgabe des VA ist, d. h. die Einspruchsfrist beginnt mit Ablauf des Tages der Bekanntgabe.

Dauer der Einspruchsfrist
Gemäß § 355 Abs. 1 Satz 1 AO beträgt die Dauer der Einspruchsfrist einen Monat.

Ende der Einspruchsfrist
Gemäß § 108 Abs. 1 AO i. V. m. § 188 Abs. 2 BGB endet eine Monatsfrist im Fall des § 187 Abs. 1 BGB mit dem Ablauf desjenigen Tages des letzten Monats, der durch seine Zahl dem Tage entspricht, in den das Ereignis oder der Zeitpunkt fällt.

Aufgabe 10: Einspruchsfrist (1)

Jantjelinha Strauß erhielt am Montag, den 03.11., einen ESt-Bescheid.

Bis zu welchem Zeitpunkt kann Frau Strauß fristgerecht Einspruch einlegen (Fristenberechnung erforderlich)? Begründen Sie unter Angabe der entsprechenden Rechtsvorschriften.

Lösung s. Seite 292

Aufgabe 11: Einspruchsfrist (2)

Die zuständige Finanzbeamtin des FA Bremen gibt am Mittwoch, den 05.11., den ESt-Bescheid von Frau Strauß zur Post.

Frau Strauß findet den ESt-Bescheid am Freitag, den 07.11., in Ihrem Briefkasten. In der Hektik des Alltags (schreiende Kinder und hungriger Ehemann zuhause) gerät der Erhalt des Steuerbescheids in Vergessenheit.

Erst am 10.12. (Mittwoch) erinnert sich Frau Strauß an den Steuerbescheid und möchte von Ihnen wissen, ob ein fristgerechter Einspruch noch möglich ist (Fristberechnung und Angabe der einschlägigen Vorschriften erforderlich).

Lösung s. Seite 293

Aufgabe 12: Einspruchsfrist (3)

Die zuständige Finanzbeamtin des FA Bremen gibt am Dienstag, den 27.01.2015, den ESt-Bescheid von Frau Strauß zur Post.

Bis wann kann Frau Strauß gegen den Bescheid Einspruch einlegen (Fristberechnung und Angabe der einschlägigen Vorschriften erforderlich)?

Lösung s. Seite 293

5.3 Folgen einer Fristversäumnis/steuerliche Nebenleistungen

Folgen einer Fristversäumnis/ steuerliche Nebenleistungen mit §§	Beschreibung der Folgen
Verspätungszuschlag gem. § 152 AO	Steuererklärung nicht (also gar nicht) oder nicht fristgemäß abgegeben, obwohl dazu verpflichtet. Verspätungszuschlag kann/muss festgesetzt werden. Max. Höhe: 25.000 €.
Säumniszuschlag gem. § 240 AO	Steuer bei Fälligkeit nicht entrichtet. Säumniszuschlag i. H. v. 1 % für jeden angefangenen Monat auf den auf volle 50 € abgerundeten rückständigen Steuerbetrags.
Zinsen gem. §§ 233 ff. AO	Verzinsung von Steuernachforderungen und Steuererstattungen. Zinsen i. H. v. 0,5 % für volle Monate auf den auf volle 50 € abgerundeten zu verzinsenden Betrag. Beginn Zinslauf: 15 Monate nach Ablauf des Kalenderjahres, in dem die Steuer entstanden ist. Ende Zinslauf: Bekanntgabe des Steuerbescheids.
Zwangsgeld gem. § 329 AO	Das einzelne Zwangsgeld darf 25.000 € nicht übersteigen.

5.3.1 Verspätungszuschlag

INFO

Steuerberater-kammern	Anzahl ausgewerteter Klausuren	Prüfungswahrscheinlichkeit	Erreichbare Punktzahl
Verbund	17	35,29 %	2,0 - 4,5
NRW	17	17,65 %	2,0

Aufgabe 13: Verspätungszuschlag

Charles Wegelagerer wurde im August 2018 zur Abgabe seiner ESt-Erklärung 2017 vom FA Bremen zulässigerweise aufgefordert. Daraufhin hat er seine ESt-Erklärung 2017 am 30.01.2019 persönlich beim zuständigen FA abgegeben. Eine vorherige Fristverlängerung wurde nicht gewährt. Ausweislich des ordnungsgemäßen ESt-Bescheids wurde die ESt für das Jahr 2017 auf 43.232 € festgesetzt. Anzurechnen sind vier geleistete Vorauszahlungen i. H. v. jeweils 9.875 €.

Kann bzw. muss das FA einen Verspätungszuschlag festsetzen? Begründen Sie Ihre Antwort unter Nennung der einschlägigen Vorschriften aus der AO. Eventuelle Euro-Beträge sind zu berechnen.

Lösung s. Seite 294

5.3.2 Säumniszuschlag

INFO

Steuerberater-kammern	Anzahl ausgewer-teter Klausuren	Prüfungswahr-scheinlichkeit	Erreichbare Punktzahl
Verbund	17	52,94 %	2,0 - 6,0
NRW	17	17,65 %	0,5 - 5,0

Um Säumniszuschläge nach § 240 AO berechnen zu können, muss zunächst geklärt werden, wann die entsprechende Steuer fällig wird.

Gemäß § 220 Abs. 1 AO richtet sich die Fälligkeit von Ansprüchen aus dem Steuerschuldverhältnis nach den Vorschriften der Einzelsteuergesetze. Daher in der folgenden Übersicht die wichtigsten Fälligkeitsregelungen aus den Einzelsteuergesetzen:

Zahlung	Fälligkeit	§§
ESt-Vorauszahlung	10. März, 10. Juni, 10. Sep., 10. Dez.	§ 37 Abs. 1 EStG
KSt-Vorauszahlung	10. März, 10. Juni, 10. Sep., 10. Dez.	§ 31 KStG
ESt-Abschlusszahlung	ein Monat nach Bekanntgabe des Bescheids	§ 36 Abs. 4 EStG
KSt-Abschlusszahlung	ein Monat nach Bekanntgabe des Bescheids	§ 31 KStG
GewSt-Vorauszahlung	15. Feb., 15. Mai, 15. Aug., 15. Nov.	§ 19 Abs. 1 GewStG
GewSt-Abschlusszahlung	ein Monat nach Bekanntgabe des Bescheids	§ 20 Abs. 2 GewStG
USt-Vorauszahlung	10. Tag nach Ablauf des USt-Voranmeldungszeitraums	§ 18 Abs. 1 UStG
USt-Abschlusszahlung	ein Monat nach dem Eingang der Jahressteuererklärung	§ 18 Abs. 4 UStG
Lohnsteuer	10. Tag nach Ablauf des LSt-Anmeldungszeitraums	§ 41a Abs. 1 EStG

Aufgabe 14: Säumniszuschlag

Der ESt-Bescheid wurde Charles Wegelagerer am 30.03. bekanntgegeben.

Für das Jahr wurde die ESt auf 43.232 € festgesetzt. Anzurechnen sind vier geleistete Vorauszahlungen i. H. v. jeweils 9.875 €. Den rückständigen Steuerbetrag entrichtete Charles Wegelagerer am 15.05. (Eingang Finanzkasse).

Kann bzw. muss das Finanzamt einen Säumniszuschlag festsetzen? Begründen Sie Ihre Antwort unter Nennung der einschlägigen Vorschriften aus der AO. Eventuelle Euro-Beträge sind zu berechnen.

Lösung s. Seite 295

5.3.3 Zinsen

INFO

Steuerberater-kammern	Anzahl ausgewer-teter Klausuren	Prüfungswahr-scheinlichkeit	Erreichbare Punktzahl
Verbund	17	35,29 %	2,0 - 6,5
NRW	17	29,41 %	4,0 - 6,5

Um Zinsen gem. §§ 233 ff. AO berechnen zu können, muss zunächst geklärt werden, wann die entsprechende Steuer entsteht, denn der Zinslauf beginnt 15 Monate nach Ablauf des Kalenderjahres, in dem die Steuer entstanden ist.

Gemäß 38 AO entsteht eine Steuer, sobald der Tatbestand verwirklicht ist, an den das Gesetz die Leistungspflicht knüpft, d. h. auch die Entstehung (wie die Fälligkeit) richtet sich nach den Vorschriften der Einzelsteuergesetze.

Daher in der folgenden Übersicht die wichtigsten Entstehungszeitpunkte aus den Einzelsteuergesetzen:

Zahlung	Entstehungszeitpunkt	§§
ESt-Vorauszahlung	mit Beginn des Kalendervierteljahres, in dem die Vorauszahlung zu entrichten ist	§ 37 Abs. 1 Satz 2 EStG
KSt-Vorauszahlung	mit Beginn des Kalendervierteljahres, in dem die Vorauszahlung zu entrichten ist	§ 30 Nr. 2 KStG
ESt-Abschlusszahlung	mit Ablauf des VZ	§ 36 Abs. 1 EStG
KSt-Abschlusszahlung	mit Ablauf des VZ	§ 30 Nr. 3 KStG
GewSt-Vorauszahlung	mit Beginn des Kalendervierteljahres, in dem die Vorauszahlung zu entrichten ist	§ 21 GewStG
GewSt-Abschlusszahlung	mit Ablauf des EZ, für den die Festsetzung vorgenommen wird	§ 18 GewStG
Umsatzsteuer	mit Ablauf des Voranmeldungszeitraums, in dem der Umsatz ausgeführt wurde (vereinbarte Entgelte/Sollbesteuerung) bzw. das Entgelt vereinnahmt wurde (vereinnahmte Entgelte/Istbesteuerung)	§ 13 Abs. 1 Nr. 1a UStG § 13 Abs. 1 Nr. 1b UStG
Lohnsteuer	in dem Zeitpunkt, in dem der Arbeitslohn dem AN zufließt	§ 38 Abs. 2 Satz 2 EStG

Aufgabe 15: Zinsen

Der ESt-Bescheid 2016 wurde Charles Wegelagerer am 03.06.2018 bekanntgegeben.

Für das Jahr 2016 wurde die ESt auf 43.232 € festgesetzt. Anzurechnen sind vier geleistete Vorauszahlungen i. H. v. jeweils 9.875 €.

Kann bzw. muss das Finanzamt Zinsen festsetzen? Begründen Sie Ihre Antwort unter Nennung der einschlägigen Vorschriften aus der AO. Eventuelle Euro-Beträge sind zu berechnen.

Lösung s. Seite 295

Aufgabe 16: Stundungszinsen

Der ESt-Bescheid 2017 wurde dem Steuerpflichtigen Bernd Zahlungsschwach am 23.11.2018 bekanntgegeben. Darin wurde die Einkommensteuer mit 16.580 € festgesetzt. Bernd Zahlungsschwach hatte in 2017 insgesamt 10.000 € Vorauszahlungen geleistet.

Außerdem erhob das Finanzamt zulässigerweise einen Verspätungszuschlag zur Einkommensteuer 2017 i. H. v. 175 €, da Bernd Zahlungsschwach – wie schon in den Vorjahren – seiner Verpflichtung zur Abgabe der Steuererklärung nicht fristgemäß nachgekommen ist.

Im Zeitpunkt der Fälligkeit hatte Bernd Zahlungsschwach einen kurzfristigen Liquiditätsengpass. Aus diesem Grund stellte er gem. § 222 AO einen Antrag auf Stundung. Er konnte sich mit dem Finanzamt auf folgenden Ratenzahlungsplan ab Fälligkeit verständigen:

1. Rate zur ESt 2017 i. H. v. 2.000 € (Geldeingang beim FA: 24.01.2019)
2. Rate zur ESt 2017 i. H. v. 2.000 € (Geldeingang beim FA: 24.02.2019)
3. Rate zur ESt 2017 i. H. v. 2.580 € (Geldeingang beim FA: 24.03.2019), Verspätungszuschlag i. H. v. 175 € (Geldeingang beim FA: 24.03.2019).

Berechnen Sie in einer übersichtlichen Darstellung die Höhe der festzusetzenden Stundungszinsen unter Nennung der einschlägigen Rechtsvorschriften.

Aus Vereinfachungsgründen ist auf eventuelle Samstage, Sonntage oder Feiertage nicht einzugehen.

Lösung s. Seite 296

Aufgabe 17: Steuerliche Nebenleistungen (zusammenfassende Aufgabe)

Bernd Schussel hat seine Einkommensteuererklärung 2017 unter Missachtung des § 149 Abs. 2 AO erst zu Beginn des Jahres 2019 abgegeben. Eine Fristverlängerung zur Abgabe der Steuererklärung wurde ihm nicht gewährt.

Der Steuerbescheid wurde ihm am 19.05.2019, bekanntgegeben. Darin wurde die Einkommensteuer mit 16.580 € festgesetzt. Bernd Schussel hatte insgesamt 10.000 € Vorauszahlungen geleistet.

Den Unterschiedsbetrag i. H. v. 6.580 € zahlte er am 22.07.2019 (= Geldeingang beim Finanzamt) per Überweisung.

Welche steuerlichen Nebenleistungen kann bzw. muss das Finanzamt festsetzen?

Diese sind im Einzelnen kurz darzustellen. Eventuelle Euro-Beträge sind anzugeben.

Was ist Bernd Schussel zu raten, damit er in Zukunft diese steuerlichen Nebenleistungen vermeiden kann?

Lösung s. Seite 297

5.4 Erlöschen des Steueranspruchs

Gemäß § 47 AO erlöschen Ansprüche aus dem Steuerschuldverhältnis insbesondere durch Zahlung (§§ 224, 224a, 225 AO), Aufrechnung, Erlass, Verjährung sowie durch Eintritt der Bedingung bei auflösend bedingten Ansprüchen.

Der klausurrelevanteste Fall ist das Erlöschen des Steueranspruchs durch Zahlung.

Gemäß § 224 Abs. 1 Satz 1 AO sind Zahlungen an Finanzbehörden an die zuständige Kasse zu entrichten. Nur dann ist die Zahlung wirksam und kann den Steueranspruch erlöschen.

Gemäß § 224 Abs. 2 AO gilt eine wirksam geleistete Zahlung als entrichtet:

Nr. 1	**Scheck**	drei Tage nach Eingang des Schecks
Nr. 2	**Überweisung**	an dem Tag, an dem der Betrag der Finanzbehörde gutgeschrieben wird
Nr. 3	**Einzugsermächtigung**	am Fälligkeitstag

Wird eine Steuer nicht bis zum Ablauf des Fälligkeitstags entrichtet, so ist für jeden angefangenen Monat der Säumnis ein Säumniszuschlag von 1 % des abgerundeten rückständigen Steuerbetrags zu entrichten; abzurunden ist auf den nächsten durch 50 € teilbaren Betrag; vgl. § 240 Abs. 1 Satz 1 AO[1].

[1] Siehe >> **Kapitel 5.3.2 Säumniszuschlag** und insbesondere die dort aufgeführte Übersicht zur Fälligkeit.

Gemäß § 240 Abs. 3 Satz 1 AO wird ein Säumniszuschlag bei einer Säumnis bis zu drei Tagen nicht erhoben (sog. Schonfrist).

Gemäß § 240 Abs. 3 Satz 2 AO gilt dies nicht (d. h. keine Schonfrist) bei Zahlungen nach § 224 Abs. 2 Nr. 1 AO (= Scheckzahlungen).

Aufgabe 18: Erlöschen des Steueranspruchs

Prüfen Sie in den folgenden Fällen, ob das Finanzamt Säumniszuschläge festsetzen muss.

a) Der Gewerbetreibende Gustav Gans (G. G.) erhielt am 25.11.2018 (= Tag der Bekanntgabe) den Gewerbesteuerbescheid 2017. Ausweislich dieses Bescheids muss Gustav Gans eine Abschlusszahlung i. H. v. 9.990 € leisten.

   Am 24.12.2018 warf Gustav Gans auf der Fahrt zum großen Weihnachtsgansessen einen entsprechenden Scheck in den Briefkasten der zuständigen Finanzbehörde (= Eingang des Schecks).

b) Der selbstständige Rechtsanwalt Mickey Mouse ermittelt seinen Gewinn gem. § 4 Abs. 3 EStG. Seine Einkommensteuervorauszahlung für das 4. Quartal 2018 i. H. v. 55.660 € überwies Mickey Mouse am 11.12.2018 per Online-Banking.

c) Für die Donald Duck GmbH liegt seit Jahren eine Einzugsermächtigung für die Körperschaftsteuervorauszahlungen vor. Das Finanzamt buchte am 19.09. eine Vorauszahlung i. H. v. 600.000 € für das 3. Quartal 2018 von einem Konto der Donald Duck GmbH ab.

d) Dagobert Duck gibt die USt-Voranmeldung für November 2018 am 08.12.2018 persönlich beim zuständigen Finanzamt ab. Gleichzeitig gibt er einen Scheck für die entsprechende Vorauszahlung in richtiger Höhe ab. Eine Dauerfristverlängerung wurde ihm nicht gewährt.

Lösung s. Seite 298

5.5 Nicht endgültige Steuerfestsetzungen

INFO

Steuerberaterkammern	Anzahl ausgewerteter Klausuren	Prüfungswahrscheinlichkeit	Erreichbare Punktzahl
Verbund	17	29,41 %	1,0 - 3,0
NRW	17	52,94 %	1,5 - 5,0

Eine Steuer muss nicht zwangsläufig direkt endgültig festgesetzt werden. § 164 und § 165 AO eröffnen die Möglichkeit einer Steuerfestsetzung unter Vorbehalt der Nachprüfung und einer vorläufigen Steuerfestsetzung.

5.5.1 Steuerfestsetzung unter Vorbehalt der Nachprüfung

§ 164 Abs. 1 Satz 1 AO	Die Steuern können, solange der Steuerfall nicht abschließend geprüft ist, allgemein oder im Einzelfall unter dem Vorbehalt der Nachprüfung festgesetzt werden, ohne dass dies einer Begründung bedarf.
§ 164 Abs. 1 Satz 2 AO	Die Festsetzung einer Vorauszahlung ist stets eine Steuerfestsetzung unter dem Vorbehalt der Nachprüfung.
§ 164 Abs. 2 Satz 1 AO	Solange der Vorbehalt wirksam ist, kann die Steuerfestsetzung aufgehoben oder geändert werden.
§ 164 Abs. 2 Satz 2 AO	Der Steuerpflichtige kann die Aufhebung oder Änderung der Steuerfestsetzung jederzeit beantragen.
§ 164 Abs. 2 Satz 3 AO	Die Entscheidung hierüber kann jedoch bis zur abschließenden Prüfung des Steuerfalls, die innerhalb einer angemessenen Frist vorzunehmen ist, hinausgeschoben werden.
§ 164 Abs. 3 Satz 1 AO	Der Vorbehalt der Nachprüfung kann jederzeit aufgehoben werden.
§ 164 Abs. 3 Satz 2 AO	Die Aufhebung steht einer Steuerfestsetzung ohne Vorbehalt der Nachprüfung gleich; § 157 Abs. 1 Satz 1 und 3 gelten sinngemäß.
§ 164 Abs. 3 Satz 3 AO	Nach einer Außenprüfung ist der Vorbehalt aufzuheben, wenn sich Änderungen gegenüber der Steuerfestsetzung unter Vorbehalt der Nachprüfung nicht ergeben.
§ 164 Abs. 4 Satz 1 AO	Der Vorbehalt der Nachprüfung entfällt, wenn die Festsetzungsfrist abläuft.
§ 168 Satz 1 AO	Eine Steueranmeldung steht einer Steuerfestsetzung unter Vorbehalt der Nachprüfung gleich.

Aufgabe 19: Steuerfestsetzung unter Vorbehalt der Nachprüfung (1)

Rudi Rüssel erhielt am 24.12.2018 (= Tag der Bekanntgabe) seinen ESt-Bescheid 2017. Diesem Bescheid ist u. a. folgendes zu entnehmen: „Der Bescheid ergeht nach § 164 Abs. 1 Satz 1 AO unter Vorbehalt der Nachprüfung. Er ist nach § 165 Abs. 1 Satz 2 AO teilweise vorläufig."

Da Rudi Rüssel dem Finanzamt seit Jahren eine Einzugsermächtigung erteilt hatte, kümmerte er sich im Folgenden nicht mehr um den Einkommensteuerbescheid.

Zu Beginn des Jahres 2019 stellte Rudi Rüssel die Unterlagen für die Steuererklärung 2018 zusammen. Dabei entdeckte er mehrere Belege über Werbungskosten i. H. v. insgesamt 1.800 € für das Jahr 2017, die das Finanzamt in dem Bescheid für 2017 nicht berücksichtigt hat.

Hat Rudi Rüssel jetzt noch (Anfang 2019) die Möglichkeit, den Einkommensteuerbescheid 2017 ändern zu lassen? Begründen Sie Ihre Antwort unter Nennung der genauen gesetzlichen Grundlagen.

Wann entfällt der Vorbehalt der Nachprüfung spätestens (genaues Datum und Fristenberechnung erforderlich)?

Lösung s. Seite 299

Aufgabe 20: Steuerfestsetzung unter Vorbehalt der Nachprüfung (2)

Die selbstständige Rechtsanwältin Alexa Wegelagerer ermittelt seit Jahren zulässigerweise ihren Gewinn gem. § 4 Abs. 3 EStG.

Für das Jahr 2018 muss sie gem. § 37 Abs. 1 Satz 1 EStG vierteljährlich Vorauszahlungen i. H. v. jeweils 5.000 € zahlen. Ein entsprechender ordnungsgemäßer Vorauszahlungsbescheid liegt vor. Da Alexa Wegelagerer zu Beginn des Jahres 2018 erstmals Mutter geworden ist, hat sie für 2018 ein halbes Jahr Elterngeld beantragt. In der Bezugszeit des Elterngelds wird sie tatsächlich auch nicht arbeiten.

Aus diesem Grund rechnet sie mit einem deutlich geringeren Gewinn für 2018 als im Vorjahr.

Kann der Vorauszahlungsbescheid 2018 den geänderten Verhältnissen von Alexa Wegelagerer angepasst werden? Begründen Sie Ihre Antwort unter Nennung der genauen gesetzlichen Grundlagen.

Unterstellen Sie, Alexa Wegelagerer hat keine akuten Liquiditätsengpässe. Sie wäre also durchaus bereit, die (zu) hohen Vorauszahlungen zu leisten. Seit Jahren lässt sie die Steuererklärungen durch einen Steuerberater erstellen. Das zuständige Finanzamt Bremen ist personell enorm unterbesetzt und braucht daher zurzeit nachweislich ca. 1 Jahr nach Abgabe einer Steuererklärung bis zur Bekanntgabe des Bescheids.

Sollte Alexa Wegelagerer – falls möglich – den Vorauszahlungsbescheid 2018 auf jeden Fall ihren geänderten Verhältnissen anpassen lassen?

Lösung s. Seite 300

5.6 Festsetzungsverjährung

INFO

Steuerberaterkammern	Anzahl ausgewerteter Klausuren	Prüfungswahrscheinlichkeit	Erreichbare Punktzahl
Verbund	17	23,53%	2,0 - 4,0
NRW	17	58,82%	2,0 - 6,0

Beginn der Festsetzungsfrist

Gemäß § 170 Abs. 1 AO beginnt die Festsetzungsfrist mit Ablauf des Kalenderjahrs, in dem die Steuer entstanden ist oder eine bedingt entstandene Steuer unbedingt geworden ist.

§ 170 Abs. 1 AO gilt im Wesentlichen nur dann, wenn keine Pflicht zur Abgabe einer Steuererklärung besteht, z. B. bei der Antragsveranlagung nach § 46 Abs. 2 Nr. 8 EStG.

Gemäß § 170 Abs. 2 Satz 1 Nr. 1 AO beginnt die Festsetzungsfrist abweichend von Absatz 1, wenn eine Steuererklärung oder eine Steueranmeldung einzureichen oder eine Anzeige zu erstatten ist, mit Ablauf des Kalenderjahres, in dem die Steuererklärung, die Steueranmeldung oder die Anzeige eingereicht wird, spätestens jedoch mit Ablauf des dritten Kalenderjahres, das auf das Kalenderjahr folgt, in dem die Steuer entstanden ist, es sei denn, dass die Festsetzungsfrist nach Absatz 1 später beginnt.

Sinn und Zweck des § 170 Abs. 2 Satz 1 Nr. 1 AO ist es, zu verhindern, dass die Festsetzungsfrist schon zu laufen beginnt, bevor die Finanzbehörde Kenntnis vom Entstehen und der Höhe eines Steueranspruchs erlangt hat. Mithin soll der Steuerpflichtige keine Möglichkeit haben, durch eine verspätete Abgabe der Erklärung, die der Finanzbehörde zur Prüfung des Steuerfalles zur Verfügung stehende Zeit verkürzen zu können.

Irgendwann muss die Festsetzungsfrist aber einmal beginnen, auch wenn die Erklärungspflicht nicht erfüllt wird. Für einen solchen Fall legt § 170 Abs. 2 Satz 1 Nr. 1 AO einen äußersten Zeitpunkt fest, an dem die Frist beginnt: Spätestens mit Ablauf des dritten Kalenderjahres nach Entstehung der Steuer.

Dauer der Festsetzungsfrist
Gemäß § 169 Abs. 2 Satz 1 Nr. 1 AO beträgt die Festsetzungsfrist ein Jahr für Verbrauchsteuern (z. B. Stromsteuer, Tabaksteuer, Energiesteuer) und Verbrauchsteuervergütungen.

Gemäß § 169 Abs. 2 Satz 1 Nr. 2 AO beträgt die Festsetzungsfrist vier Jahre für Steuern und Steuervergütungen, die keine Steuern oder Steuervergütungen i. S. d. Nummer 1 (...) sind.

Bei der Dauer der Festsetzungsfrist dürfen Sie mit an Sicherheit grenzender Wahrscheinlichkeit von vier Jahren ausgehen, da die Prüfungsämter Sie in diesem Bereich mit exotischen Steuern (s. o. zu den Verbrauchsteuer) nicht irritieren werden.

Ende der Festsetzungsfrist
Das Ende der Festsetzungsfrist ergibt sich grundsätzlich aus deren Beginn und Dauer.

§ 170 AO bestimmt, welche Ereignisse die Festsetzungsfrist in Lauf setzen, und zwar jeweils mit Wirkung zum Jahresende. Da sich die Festsetzungsfrist nach Jahren bemisst (im Regelfall: Vier Jahre), endet die Festsetzungsfrist folglich immer an einem 31.12.!

Aufgabe 21: Die Arbeitnehmerin

Die ledige Steuerpflichtige Marie N. Käfer war im gesamten VZ 2017 als Arbeitnehmerin bei der Feinkost Käfer GmbH in München tätig. Sie erzielte im VZ 2017 nur Einkünfte i. S. d. § 19 EStG. Marie N. Käfer ist gem. § 46 EStG nicht zur Abgabe einer Einkommensteuererklärung verpflichtet, kann sich aber gem. § 46 Abs. 2 Nr. 8 EStG auf Antrag zur Einkommensteuer veranlagen lassen.

Bestimmen Sie unter Nennung der einschlägigen Rechtsvorschriften das Ende der Festsetzungsfrist (Fristberechnung erforderlich) für die Einkommensteuer der Marie N. Käfer für den VZ 2017.

Lösung s. Seite 301

Aufgabe 22: Der Rentner

Charles Dobben ist seit vielen Jahren Rentner und wurde Ende 2017 gem. § 149 Abs. 1 Satz 2 AO von der Finanzbehörde aufgefordert, seine Steuererklärungen für die Jahre 2015 und 2016 abzugeben. Charles Dobben hatte die Eigenart solche und ähnliche Schreiben zunächst einmal unter seinem Sofa verschwinden zu lassen. Eher per Zufall entdeckte er in 2018 die Aufforderung der Finanzbehörde und gab daraufhin seine Einkommensteuererklärung für 2015 am 08.08.2018 beim zuständigen Finanzamt ab.

Bis wann (genaues Datum mit Fristberechnung und Angabe der Rechtsgrundlagen erforderlich) muss der für die Verwirklichung des Steuerschuldverhältnisses maßgebliche Verwaltungsakt ergehen?

Lösung s. Seite 301

Aufgabe 23: Die Schnullerfee

Die Schnullerfee-GmbH aus Bremen weigert sich beharrlich, die Körperschaftsteuererklärung für das Jahr 2010 abzugeben. Das zuständige Finanzamt Bremen möchte nunmehr die Besteuerungsgrundlagen gem. § 162 AO schätzen.

Bis zu welchem Zeitpunkt kann das Finanzamt Bremen einen Körperschaftsteuerbescheid unter Schätzung der Besteuerungsgrundlagen erlassen (Fristberechnung unter Angabe der Rechtsvorschriften erforderlich)?

Lösung s. Seite 301

1. Einkommensteuer

INFO

In den Aufgaben zur Einkommensteuer wird im Regelfall eine stichwortartige Lösung in einer übersichtlichen Darstellung verlangt. Paragrafenangaben sind bisher eher die Ausnahme. Daher werden die folgenden Lösungen in einem jeweiligen passenden Aufbau dargestellt. Für das bessere Verständnis der Lösungen ist dennoch jeder Lösung eine kurze Begründung mit Paragrafen vorangestellt.

Außerdem kommt ja auch noch die mündliche Prüfung. Die Erfahrung zeigt, dass zwar in der mündlichen Prüfung regelmäßig die Paragrafen nicht gefragt werden, dass man aber dennoch mit der Nennung der Paragrafen „beeindrucken" kann (Dies gilt insbesondere wenn es einem Prüfling schwer fällt, sich mündlich auszudrücken.). Daher kann es nicht schaden wenn man bereits für die schriftliche Prüfung die Paragrafen mitlernt, da sich hierdurch auch das Gesamtverständnis verbessert.

Nur mit Auswendiglernen kommt man nicht weit. Versuchen Sie die verschiedenen Varianten und die Gründe dafür zu verstehen.

In einzelnen Aufgaben wird in der Prüfung eine Begründung mit Paragrafen verlangt. Die Erfahrung zeigt, dass in den Lösungen dann in der Regel die Voraussetzungen aus dem jeweiligen Paragrafen abgeschrieben werden und auf die Sachverhaltsangaben angepasst werden. Warum sollten Sie also die Welt neu erfinden. Machen Sie es genauso.

1.1 Summe der Einkünfte

1.1.1 Gewinneinkünfte

Lösung zu Aufgabe 1: Einkünfte aus Land- und Forstwirtschaft (1)

RECHTSGRUNDLAGEN

Hier ist § 4a EStG zu beachten. Gemäß § 4a Abs. 2 Nr. 1 EStG ist bei Land- und Forstwirtschaft der jeweilige anteilige Gewinn der beiden Wirtschaftsjahre, die in diesem Kalenderjahr enden und beginnen, zugrunde zu legen.

Einkünfte aus Land- und Forstwirtschaft		
Gewinn 2019/2020	+ 85.000 € : 2 =	+ 42.500 €
Gewinn 2020/2021	- 34.000 € : 2 =	- 17.000 €
Gewinn = Einkünfte		**25.500 €**

Lösung zu Aufgabe 2: Einkünfte aus Land- und Forstwirtschaft (2)

RECHTSGRUNDLAGEN

Hier ist § 4a EStG zu beachten. Gemäß § 4a Abs. 2 Nr. 1 EStG ist bei Land- und Forstwirtschaft der jeweilige anteilige Gewinn der beiden Wirtschaftsjahre, die in diesem Kalenderjahr enden und beginnen, zugrunde zu legen.

Einkünfte aus Land- und Forstwirtschaft		
Gewinn 2019/2020	+ 15.400 € : 2 =	+ 7.700 €
Gewinn 2020/2021	+ 34.000 € : 2 =	+ 17.000 €
Gewinn = Einkünfte		**24.700 €**

Lösung zu Aufgabe 3: Einkünfte aus Gewerbebetrieb (1)

RECHTSGRUNDLAGEN

Hier ist § 4a EStG zu beachten. Gemäß § 4a Abs. 2 Nr. 2 EStG ist bei Gewerbebetrieben der Gewinn des Wirtschaftsjahres, das in diesem Kalenderjahr endet, zugrunde zu legen.

Einkünfte aus Gewerbebetrieb	
Gewinn 2019/2020	+ 85.000 €
Gewinn = Einkünfte	**+ 85.000** €

Lösung zu Aufgabe 4: Einkünfte aus Gewerbebetrieb (2)

RECHTSGRUNDLAGEN

Hier ist § 4a EStG zu beachten. Gemäß § 4a Abs. 2 Nr. 2 EStG ist bei Gewerbebetrieben der Gewinn des Wirtschaftsjahres, das in diesem Kalenderjahr endet, zugrunde zu legen.

Einkünfte aus Gewerbebetrieb	
Gewinn 2019/2020	+ 15.400 €
Gewinn = Einkünfte	**+ 15.400 €**

Lösung zu Aufgabe 5: Einzelunternehmer

RECHTSGRUNDLAGEN

Es handelt sich hier um gewerbliche Einkünfte i. S. d. § 15 Abs. 1 Satz 1 Nr. 1 EStG.

Die Hotelkosten sind gem. § 4 Abs. 4 EStG als Betriebsausgaben abzugsfähig, da die Reise durch die Tätigkeit veranlasst ist.

Die Fahrtkosten, soweit sie Reisekosten sind, wurden bereits mit den allgemeinen Fahrzeugkosten berücksichtigt. Daher erfolgt keine zusätzliche Erfassung von Betriebsausgaben für die Geschäftsreise.

Die tatsächlichen Verpflegungskosten dürfen gem. § 4 Abs. 5 Satz 1 Nr. 5 Satz 1 EStG nicht geltend gemacht werden, aber gem. § 4 Abs. 5 Satz 1 Nr. 5 Satz 2 i. V. m. § 9 Abs. 4a EStG darf eine Verpflegungspauschale für den Verpflegungsmehraufwand geltend gemacht werden. Hierbei gilt seit 01.01.2020 grundsätzlich, dass am Anreise- und Rückreisetag (mit Übernachtung) 14 € und an jedem Tag mit 24 Stunden Abwesenheit von der Wohnung und der ersten Tätigkeitsstätte 28 € geltend gemacht werden dürfen.

Das Geschäftsessen ist zwar gem. § 4 Abs. 4 EStG eine Betriebsausgabe, aber gem. § 4 Abs. 5 Satz 1 Nr. 2 Satz 1 EStG grundsätzlich nicht abzugsfähig. Gemäß § 4 Abs. 5 Satz 1 Nr. 2 Satz 2 EStG können aber 70 % der angemessenen Aufwendungen geltend gemacht werden. Hierzu gehört auch das Trinkgeld. Allerdings kann hier keine Vorsteuer geltend gemacht werden, da der Kellner als Empfänger des Trinkgelds kein Unternehmer ist und daher keine Umsatzsteuer abführt. Für das Essen selbst kann gem. § 15 Abs. 1a Satz 2 UStG die Vorsteuer bei der Umsatzsteuer geltend gemacht werden.

Die private Pkw-Nutzung muss gem. § 6 Abs. 1 Nr. 4 Satz 2 Nr. 1 EStG berücksichtigt werden. Da es sich um ein Elektrofahrzeug handelt, ist der empfohlene Herstellerpreis um den Wert für die Batteriekapazität zu vermindern. Da das Fahrzeug vor dem 31.12.2013 angeschafft wurde, musste mit 500 € je Kilowattstunde gerechnet werden. Höchstens aber sind 10.000 € anzusetzen. Dies führt gem. § 3 Abs. 9a UStG zu einer entgeltlich gleichgestellten sonstigen Leistung die gem. § 1 Abs. 1 Nr. 1 UStG steuerbar ist. Gemäß § 10 Abs. 4 Nr. 2 UStG muss die Umsatzsteuer eigentlich auf der Grundlage der Kosten mit Vorsteuer berechnet werden. Ohne Fahrtenbuch rechnet die Finanzverwaltung aus Vereinfachungsgründen mit 80 % der Privatentnahme i. S. d. § 6 Abs. 1 Nr. 4 Satz 2 EStG. Bei der USt ist dabei der BLP nicht um die Batteriekapazität zu kürzen. Da in der Lösung vom Betriebsvermögensvergleich i. S. d. § 4 Abs. 1 EStG ausgegangen wird, führt die Umsatzsteuer zu einer Minderung des Eigenkapitals und damit zu einer Minderung des Gewinns. Gemäß § 4 Abs. 1 i. V. m. § 12 Nr. 3 EStG muss daher die gesamte Bruttoentnahme hinzugerechnet werden.

Die Fahrten Wohnung - Betriebsstätte dürfen gem. § 4 Abs. 5 Satz 1 Nr. 6 Satz 1 EStG grundsätzlich nicht geltend gemacht werden. Aber gem. § 4 Abs. 5 Satz 1 Nr. 6 Satz 2 i. V. m. § 9 Abs. 1 Satz 3 Nr. 4 EStG sind die Aufwendungen bis zur Höhe der Entfernungspauschale i. S. d. § 9 Abs. 1 Satz 3 Nr. 4 EStG abzugsfähig. Der darüber hinausgehende Teil ist nicht abzugsfähige Betriebsausgabe und muss daher hinzugerechnet werden. Da Michael J. am Anreisetag der Geschäftsreise noch zur Arbeit fährt, aber bei der Rückfahrt direkt nach Hause, war für diesen Tag nur die Hälfte der Entfernungspauschale anzusetzen.

Einkünfte aus Gewerbebetrieb

vorläufiger Gewinn		123.450,00 €
Geschäftsreise		
Hotelkosten sind Betriebsausgabe	150 € • 3 =	- 450,00 €
Verpflegungsmehraufwand ist Betriebsausgabe		
15.03.2020 Anreise	14 €	
16.03.2020 24 Stunden	28 €	
17.03.2020 24 Stunden	28 €	
18.03.2020 Abreise	14 €	
	84 €	- 84,00 €
Tatsächliche Verpflegungskosten sind eine nicht abzugsfähige Betriebsausgabe.		0,00 €
Geschäftsessen ist zu 70 % netto als Betriebsausgabe abzugsfähig.	238 € : 1,19 = 200 €	
	200 € • 70 % =	- 140,00 €
Trinkgeld ist zu 70 % als Betriebsausgabe abzugsfähig.	12 € • 70 % =	- 8,40 €

Pkw-Privatnutzung

Empfohlener Herstellerpreis	45.735 €
Batteriekapazität	
20 kWh • 500 € =	10.000 €
Höchstens	10.000 € - 10.000 €
	35.735 €
= Bruttolistenpreis auf volle 100 € abgerundet	35.700 €
	35.700 • 1 % • 12 Monate = 4.284 €

Umsatzsteuer	45.700 € • 1 % • 12 • 80 % • 19 % =	- 833,57 €
Privatentnahme	4.284 € + 833,57 € =	+ 5.117,57 €

Fahrten Wohnung - Betriebsstätte
Nicht abzugsfähige Betriebsausgaben soweit
sie die Entfernungspauschale übersteigen

	35.700 € • 0,03 % • 10 km • 12 Monate = 1.285,20 €	
	- 200 Tage • 0,30 € • 10 km = - 600,00 €	
	- 1 Tag • 0,15 € • 10 km = - 1,50 €	
	683,70 €	+ 683,70 €
Gewinn = Einkünfte		**127.735,30 €**

Lösung zu Aufgabe 6: Mitunternehmerschaft/atypisch stille Beteiligung (1)

RECHTSGRUNDLAGEN

Es handelt sich um gewerbliche Einkünfte i. S. d. § 15 Abs. 1 Satz 1 Nr. 2 EStG.

Hierbei ist gem. § 15 Abs. 1 Satz 1 Nr. 2 EStG der Gewinnanteil des Gesellschafters, aber auch jegliche Vergütung für die (vorübergehende) Überlassung von Gegenständen an die Gesellschaft durch einen Gesellschafter zu erfassen. Dafür können die Aufwendungen für die Überlassung als Sonderbetriebsausgaben gem. § 4 Abs. 4 EStG geltend gemacht werden.

Einkünfte aus Gewerbebetrieb als Mitunternehmer

Gewinnanteil Hans G.	150.000 € • 35 % =	52.500 €
Sondervergütung	1.000,- • 12 Monate = 12.000€	+ 12.000 €
Sonderbetriebsausgaben		
Grundsteuer		- 3.500 €
Zinsen		- 4.000 €
Gewinn = Einkünfte		**57.000 €**

Lösung zu Aufgabe 7: Mitunternehmerschaft/atypisch stille Beteiligung (2)

RECHTSGRUNDLAGEN

Es handelt sich um gewerbliche Einkünfte i. S. d. § 15 Abs. 1 Satz 1 Nr. 2 EStG.

Hierbei sind gem. § 15 Abs. 1 Satz 1 Nr. 2 EStG der Gewinnanteil des Gesellschafters, aber auch jegliche Vergütung für die (vorübergehende) Überlassung von Gegenständen an die Gesellschaft durch einen Gesellschafter zu erfassen. Bei der Aufgabe war zu beachten, dass der handelsrechtliche Jahresüberschuss nicht korrekt ermittelt war, da die Miete gem. § 252 Abs. 1 Nr. 5 HGB periodengerecht zu erfassen war. Auf der Seite des Gesellschafters sind die Einnahmen ebenfalls periodengerecht, und damit für zwölf Monate, zu erfassen.

Dafür können die Aufwendungen für die Überlassung als Sonderbetriebsausgaben gem. § 4 Abs. 4 EStG geltend gemacht werden.

Einkünfte aus Gewerbebetrieb als Mitunternehmer		
vorläufiger Jahresüberschuss	235.000 €	
Miete Dezember 2020 in 2020 zu erfassen, obwohl erst 2021 bezahlt, da die Erfassung periodengerecht zu erfolgen hat	- 2.000 €	
Jahresüberschuss	**233.000 €**	
Gewinnanteil Hans G.	233.000 € • 26 % =	60.580 €
Sondervergütung	2.000 € • 12 Monate =	+ 24.000 €
Sonderbetriebsausgaben		
Grundsteuer		- 4.800 €
Zinsen		- 6.000 €
Gewinn = Einkünfte		**73.780 €**

Lösung zu Aufgabe 8: Mitunternehmerschaft/atypisch stille Beteiligung (3)

RECHTSGRUNDLAGEN

Es handelt sich um gewerbliche Einkünfte i. S. d. § 15 Abs. 1 Satz 1 Nr. 2 EStG.

Hierbei ist gem. § 15 Abs. 1 Satz 1 Nr. 2 EStG der Gewinnanteil des Gesellschafters aber auch jegliche Vergütung für die Tätigkeit für die Gesellschaft als Gesellschafter zu erfassen.

Bei der Aufgabe war zu beachten, dass auch die Vorwegverzinsung für Dussel D. bei der Ermittlung des zu verteilenden Restgewinns zu berücksichtigen war.

Es können die Aufwendungen für das Laptop als geringwertiges Wirtschaftsgut gem. § 6 Abs. 2 EStG geltend gemacht werden, da es zu einer selbstständigen Nutzung fähig ist und netto weniger als 800 € kostet. Da insoweit Vorsteuerabzugsberechtigung vorliegt, kann Gustav G. die Nettoaufwendungen geltend machen.

Einkünfte aus Mitunternehmerschaft		
vorläufiger Gewinn	150.000 €	
Vorwegverzinsung Gustav G.	65.000 € • 4 % = - 2.600 €	+ 2.600 €
Vorwegverzinsung Dussel D.	35.000 € • 4 % = - 1.400 €	
Restgewinn	**146.000 €**	
Gewinnanteil Gustav G.	146.000 € • 65 % = 94.900 €	+ 94.900 €
Sondervergütung		
Bruttoarbeitslohn	2.500 € • 12 Monate = 30.000 €	+ 30.000 €
Sonderbetriebsausgaben		
Geringwertiges Wirtschaftsgut	476 € : 1,19 = 400 €	- 400 €
Gewinn = Einkünfte		**127.100 €**

Lösung zu Aufgabe 9: Einkünfte aus selbstständiger Arbeit (1)

RECHTSGRUNDLAGEN

Es handelt sich um Einkünfte aus selbstständiger Arbeit aus freiberuflicher Tätigkeit i. S. d. § 18 Abs. 1 Satz 1 Nr. 1 EStG.

Die Miete ist grundsätzlich gem. § 4 Abs. 4 EStG als Betriebsausgabe abziehbar. Allerdings ist gem. § 11 Abs. 2 Satz 1 EStG die Miete für Dezember nicht in 2020 berücksichtigungsfähig da zwar die Zahlung innerhalb der zehn Tage (Vergleiche H 11 „Allgemeines – kurze Zeit“ EStR) nach dem 31.12.2020, aber die Fälligkeit nicht innerhalb der zehn Tage vor bzw. nach dem 31.12.2020 liegt.

Der Computer wird netto gem. § 4 Abs. 3 Satz 3 i. V. m. § 7 Abs. 1 EStG mit der AfA berücksichtigt. Da die geltend gemachte Vorsteuer gem. § 9b EStG nicht zu Anschaffungskosten zählt, ist insoweit nicht § 7 Abs. 1 EStG sondern § 11 Abs. 2 Satz 1 EStG anzuwenden. Da die Zahlung erst in 2021 erfolgt ist insoweit keine Betriebsausgabe zu erfassen.

Bei der externen Festplatte handelt es sich um ein GWG i. S. d. § 4 Abs. 3 Satz 3 i. V. m. § 6 Abs. 2 EStG da diese zu einer selbstständigen Nutzung fähig ist (Die Funktion „erhalten von Daten“ erfolgt nach der Speicherung ohne Computer.) und der Nettopreis unter 800 € liegt. Daher war der gesamte Nettopreis als Betriebsausgabe abzugsfähig. Da der Kaufpreis in 2020 bezahlt wurde, war die gesamte Vorsteuer gem. § 11 Abs. 2 Satz 1 EStG als Betriebsausgabe zu erfassen.

Das Büromaterial war gem. § 11 Abs. 2 Satz 1 EStG inkl. der Vorsteuer insgesamt als Betriebsausgabe i. S. d. § 4 Abs. 4 EStG abzugsfähig.

Für die geplante Investition kann ein Investitionsabzugsbetrag (IAB) gem. § 7g Abs. 1 EStG geltend gemacht werden, da der Gewinn in 2020 ohne IAB < 100.000 € beträgt. Nach der Neufassung des § 7g EStG muss keine Verbindung zu einer bestimmten Investition bestehen. Daher wäre ein IAB bis 200.000 € möglich. Sofern aber im Sachverhalt voraussichtliche Anschaffungskosten genannt werden, ist davon auszugehen, dass der IAB bis zu max. 40 % der voraussichtlichen Anschaffungskosten geltend gemacht werden soll.

Einkünfte aus selbstständiger Arbeit		
vorläufiger Gewinn		67.300,00 €
Miete Januar bis November 2020 BA	1.400 € • 1,19 = 1.666 € • 11 =	- 18.326,00 €
Miete Dezember 2020 regelmäßig wiederkehrend aber nicht innerhalb der zehn Tage, da am 01.12.2020 fällig		- 0,00 €
Computer		
AfA	1.100 € : 3 Jahre • 9/12 =	- 275,00 €
Vorsteuer erst in 2021 bezahlt, keine BA in 2020		- 0,00 €
Externe Festplatte		
Geringwertiges Wirtschaftsgut, da netto < 800 €		- 222,00 €
Vorsteuer in 2020 bezahlt		- 42,18 €
Büromaterial BA in 2020		- 1.800,00 €
vorläufiger Gewinn		**46.634,82 €**
IAB	2.000 € • 40 % =	- 800,00 €
steuerlicher Gewinn = Einkünfte		**45.834,82 €**

Lösung zu Aufgabe 10: Einkünfte aus selbstständiger Arbeit (2)

RECHTSGRUNDLAGEN

Es handelt sich um Einkünfte aus selbstständiger Arbeit aus freiberuflicher Tätigkeit i. S. d. § 18 Abs. 1 Satz 1 Nr. 1 EStG.

Hier war zu beachten, dass gem. § 3 Nr. 26 EStG für die Einnahmen aus einer nebenberuflichen Tätigkeit als Übungsleiter oder ähnliche nebenberufliche Tätigkeiten ein Freibetrag i. H. v. 2.400 € gilt. Abweichend von § 3c EStG können allerdings Betriebsausgaben erst geltend gemacht werden, wenn sie die steuerfreien Einnahmen übersteigen. Daher konnten hier auch nicht anteilig Betriebsausgaben geltend gemacht werden.

Einkünfte aus selbstständiger Arbeit		
Betriebseinnahmen	2.450 €	
Freibetrag	- 2.400 €	
Steuerpflichtiger Gewinn	50 €	50 €
Betriebsausgaben		
2.000 € < 2.400 =>		- 0 €
steuerlicher Gewinn = Einkünfte		**50 €**

Lösung zu Aufgabe 11: Einkünfte aus selbstständiger Arbeit (3)

RECHTSGRUNDLAGEN

Es handelt sich um Einkünfte aus selbstständiger Arbeit aus freiberuflicher Tätigkeit i. S. d. § 18 Abs. 1 Satz 1 Nr. 1 EStG.

Hier war zu beachten, dass gem. § 3 Nr. 26 EStG für die Einnahmen aus einer nebenberuflichen Tätigkeit als Übungsleiter oder ähnliche nebenberufliche Tätigkeiten ein Freibetrag von 2.400 € gilt. Abweichend von § 3c EStG können allerdings Betriebsausgaben erst geltend gemacht werden, wenn sie die steuerfreien Einnahmen übersteigen. Daher konnten hier 25 € Betriebsausgaben geltend gemacht werden.

Einkünfte aus selbstständiger Arbeit		
Betriebseinnahmen	2.650 €	
Freibetrag	- 2.400 €	
steuerpflichtiger Gewinn	250 €	250 €
Betriebsausgaben	2.425 €	
	- 2.400 €	
	25 €	- 25 €
steuerlicher Gewinn = Einkünfte		**225 €**

Lösung zu Aufgabe 12: Zusammenfassender Fall zu Gewinneinkünften

INFO

Da eine ausführliche erneute Lösung dieses Gesamtfalles den Rahmen sprengen würde, sei hier auf die Lösungshinweise zu den vorangegangenen Aufgaben verwiesen.

Einkünfte aus Land- und Forstwirtschaft	**Aufgabe 1**
Einkünfte aus Gewerbebetrieb	**Aufgabe 5**
Einkünfte aus Mitunternehmerschaft	**Aufgabe 7**
Einkünfte aus selbstständiger Arbeit	**Aufgabe 10**

Einkünfte aus Land- und Forstwirtschaft			
Gewinn 2019/2020	- 20.000 € : 2 =	- 10.000,00 €	
Gewinn 2020/2021	+ 22.000 € : 2 =	+ 11.000,00 €	
Gewinn = Einkünfte		**1.000,00 €**	+ 1.000,00 €

Einkünfte aus Gewerbebetrieb			
vorläufiger Gewinn		224.830,00 €	
Geschäftsreise			
Hotelkosten sind Betriebsausgaben	210 €	- 210,00 €	
Verpflegungsmehraufwand ist			
Betriebsausgabe 16.04.2020 Anreise	14 €		
17.04.2020 Abreise	14 €		
	28 €	- 24,00 €	
Tatsächliche Verpflegungskosten sind eine nicht abzugsfähige Betriebsausgabe.		0,00 €	
Pkw-Privatnutzung:			
Bruttolistenpreis auf volle 100 € abgerundet	53.800 €		
53.800 • 1 % • 11 Monate =	5.918 €		
Umsatzsteuer 5.918 € • 80 % • 19 % =	899,54 €	- 899,54 €	
Privatentnahme	5.918 € + 899,54 € =	+ 6.817,54 €	
Fahrten Wohnung - Betriebsstätte			
Nicht abzugsfähige Betriebsausgaben soweit sie die Entfernungspauschale übersteigen			
53.800 € • 0,03 % • 34 km • 11 Monate =	6.036,36 €		
- 190 Tage • 0,30 € • 34 km =	- 1.938,00 €		
	4.098,36 €	+ 4.098,36 €	
Gewinn = Einkünfte		**234.608,36 €**	+ 234.608,36 €

Einkünfte aus Gewerbebetrieb als Mitunternehmer

vorläufiger Jahresüberschuss	179.000 €

Zinsen Dezember 2019 sind in 2019 zu erfassen, obwohl erst 2020 bezahlt, da die Erfassung periodengerecht zu erfolgen hat	+ 1.000 €		
Jahresüberschuss	**180.000 €**		
Gewinnanteil Gunther G.	180.000 € • 40 % =	72.000 €	
Sondervergütung	1.000 € • 12 Monate =	+ 12.000 €	
Gewinn = Einkünfte		**84.000 €**	+ 84.000,00 €
Einkünfte aus selbstständiger Arbeit			
Betriebseinnahmen	3.180 €		
Freibetrag	- 2.400 €		
steuerpflichtiger Gewinn	780 €	780 €	
Betriebsausgaben			
1.200 € < 2.400 =>		- 0 €	
steuerlicher Gewinn = Einkünfte		**780 €**	+ 780,00 €
Summe der Einkünfte			**320.388,36 €**

1.1.2 Überschusseinkünfte

Lösung zu Aufgabe 13: Einkünfte aus nichtselbstständiger Arbeit – Angestellte (1)

RECHTSGRUNDLAGEN

Es handelt sich um Einkünfte aus nichtselbstständiger Arbeit i. S. d. § 19 Abs. 1 Satz 1 Nr. 1 EStG.

Der Zufluss der Einnahmen i. S. d. § 8 Abs. 1 EStG erfolgt hier gem. § 11 Abs. 1 Satz 4 EStG i. V. m. § 38a Abs. 1 Satz 2 EStG. Da das Dezembergehalt noch innerhalb von drei Wochen nach dem 31.12.2020 zugeflossen ist, ist auch dieses gem. R 39b.2 Abs. 1 LStR in 2020 als Einnahme zu erfassen.

Das Weihnachtsgeld hingegen ist gem. § 11 Abs. 1 Satz 4 EStG i. V. m. § 38a Abs. 1 Satz 3 EStG als nicht laufender Arbeitslohn und damit als sonstiger Bezug gem. R 39b.2 Abs. 2 LStR mit dem Zufluss in 2021 und damit nicht in 2020 zu erfassen.

Das Laptop ist als geringwertiges Wirtschaftsgut i. S. d. § 6 Abs. 2 EStG gem. § 9 Abs. 1 Satz 3 Nr. 6 EStG i. V. m. § 9 Abs. 1 Satz 3 Nr. 7 EStG als Arbeitsmittel als Werbungskosten abzugsfähig. Der Nettokaufpreis liegt netto unter 800 €. Da aber ein Arbeitnehmer nicht vorsteuerabzugsberechtigt ist, ist der Bruttowert als Anschaffungskosten abzugsfähig.

Bei Arbeitnehmern ist grundsätzlich eine Kontoführungspauschale i. H. v. 16 € ansetzbar, da im Regelfall für die Überweisung des Arbeitslohns ein Konto vorgehalten werden muss. Natürlich gibt es noch weitere Pauschalen, die nicht im Gesetz stehen, z. B. 110 € für Arbeitsmittel. Solange aber im Sachverhalt keine Arbeitsmittel ohne konkreten Preis angegeben sind, können diese nicht angesetzt werden, da man, anders als beim Konto, nicht unterstellen darf dass sie vorhanden sind.

Da die Werbungskosten damit unter 1.000 € liegen, wird hier gem. § 9a Satz 1 Nr. 1 Buchst. a EStG der Arbeitnehmer-Pauschbetrag i. H. v. 1.000 € berücksichtigt.

Einkünfte aus nichtselbstständiger Arbeit		
Einnahmen		
Bruttoarbeitslohn Januar bis November 2020	2.600 € • 11 Monate = 28.600 €	
Bruttoarbeitslohn Dezember 2020 innerhalb drei Wochen	+ 2.600 €	
Weihnachtsgeld in 2021 zugeflossen	+ 0 €	
Einnahmen	31.200 €	+ 31.200 €
Werbungskosten		
Laptop geringwertiges Wirtschaftsgut da 300 € netto < 800 €	357 €	
Kontoführungspauschale	+ 16 €	
Werbungskosten	373 €	
Arbeitnehmer-Pauschbetrag, da 373 € < 1.000 €		- 1.000 €
Überschuss = Einkünfte		**30.200 €**

Lösung zu Aufgabe 14: Einkünfte aus nichtselbstständiger Arbeit – Angestellte (2)

RECHTSGRUNDLAGEN

Es handelt sich um Einkünfte aus nichtselbstständiger Arbeit i. S. d. § 19 Abs. 1 Satz 1 Nr. 1 EStG.

Für die Personalkäufe war zu prüfen, ob ein steuerpflichtiger geldwerter Vorteil i. S. d. § 8 Abs. 3 EStG vorliegt. Grundsätzlich besteht zwar nach aktueller Rechtsprechung ein Wahlrecht zwischen der Anwendung von § 8 Abs. 2 und Abs. 3 EStG, aber in diesem Sachverhalt fehlten für die Anwendung von § 8 Abs. 2 EStG bewusst die erforderlichen Angaben. Daher war hier zunächst von allen Einkäufen ein Abschlag von 4 % vorzunehmen. Anschließend musste der vom Arbeitnehmer tatsächlich bezahlte Preis abgezogen werden. Am Schluss muss, sofern noch nicht verbraucht, der Rabattfreibetrag bis höchstens 1.080 € abgezogen werden.

Bei Arbeitnehmern ist grundsätzlich eine Kontoführungspauschale i. H. v. 16 € ansetzbar, da im Regelfall für die Überweisung des Arbeitslohns ein Konto vorgehalten werden muss.

Da die Werbungskosten damit unter 1.000 € liegen, wird hier gem. § 9a Satz 1 Nr. 1 Buchst. a EStG der Arbeitnehmer-Pauschbetrag i. H. v. 1.000 € berücksichtigt.

Einkünfte aus nichtselbstständiger Arbeit

Einnahmen			
Bruttoarbeitslohn Januar bis Dezember 2020	2.300 € • 12 Monate =		27.600 €
Einkäufe 2020	400 € + 19 % USt =	476,00 €	
	550 € + 19 % USt =	654,50 €	
	800 € + 19 % USt =	952,00 €	
	1.400 € + 19 % USt =	1.666,00 €	
		3.748,50 €	
4 % Abschlag =		- 149,94 €	
		3.598,56 €	
bezahlt 3.748,50 € • 80 % =		- 2.998,80 €	
= geldwerter Vorteil		599,76 €	
Rabattfreibetrag höchstens 1.080 €		- 599,76 €	
steuerpflichtiger geldwerter Vorteil		0 €	+ 0 €
Einnahmen			**27.600 €**

Werbungskosten		
Kontoführungspauschale	16 €	
Arbeitnehmer-Pauschbetrag, da 16 € < 1.000 €		- 1.000 €
Überschuss = Einkünfte		**26.600 €**

Lösung zu Aufgabe 15: Einkünfte aus nichtselbstständiger Arbeit – Angestellte (3)

RECHTSGRUNDLAGEN

Es handelt sich um Einkünfte aus nichtselbstständiger Arbeit i. S. d. § 19 Abs. 1 Satz 1 Nr. 1 EStG.

Für den Personalkauf war zu prüfen, ob ein steuerpflichtiger geldwerter Vorteil i. S. d. § 8 Abs. 2 EStG oder § 8 Abs. 3 EStG vorliegt. Grundsätzlich besteht nach aktueller Rechtsprechung ein Wahlrecht zwischen der Anwendung von § 8 Abs. 2 EStG und § 8 Abs. 3 EStG. Da in diesem Sachverhalt die für die Anwendung von § 8 Abs. 2 EStG erforderlichen Angaben gegeben waren, mussten beide Varianten durchgerechnet werden.

Daher war gem. § 8 Abs. 2 Satz 1 EStG vom Marktpreis der von Claas K. bezahlte Preis abzuziehen.

Danach war hier alternativ gem. § 8 Abs. 3 EStG vom regulären Kaufpreis ein Abschlag von 4 % vorzunehmen. Anschließend musste der vom Arbeitnehmer tatsächlich bezahlte Preis abgezogen werden. Am Schluss muss, sofern noch nicht verbraucht der Rabattfreibetrag bis höchstens 1.080 € abgezogen werden. In diesem Fall macht es keinen Unterschied, da sich in beiden Fällen kein geldwerter Vorteil ergibt.

Bei Arbeitnehmern ist grundsätzlich eine Kontoführungspauschale i. H. v. 16 € ansetzbar, da im Regelfall für die Überweisung des Arbeitslohns ein Konto vorgehalten werden muss.

Da die Werbungskosten damit unter 1.000 € liegen, wird hier gem. § 9a Satz 1 Nr. 1 Buchst. a EStG der Arbeitnehmer-Pauschbetrag i. H. v. 1.000 € berücksichtigt.

Einkünfte aus nichtselbstständiger Arbeit

Einnahmen		
Bruttoarbeitslohn Januar bis		
Dezember 2020	2.800 € • 12 Monate = 33.600 €	33.600 €
Sachbezüge durch Einkäufe 2020		
a) § 8 Abs. 2 EStG		
Preis am Markt	23.800 €	
bezahlt 35.700 € • 85 % = 30.345 € höchstens	- 23.800 €	
steuerpflichtiger geldwerter Vorteil	- 0 €	
b) § 8 Abs. 3 EStG		
Preis Arbeitgeber	35.700,00 €	
Rabatt 10 %	- 3.570,00 €	
	32.130,00 €	
4 % Abschlag =	- 1.285,20 €	
geminderter Endpreis	30.844,80 €	
bezahlt 35.700 € • 85 % =	- 30.345,00 €	
= geldwerter Vorteil	499,80 €	
Rabattfreibetrag höchstens 1.080 €	- 499,80 €	
steuerpflichtiger geldwerter Vorteil	0 €	+ 0 €
Einnahmen		**33.600 €**
Werbungskosten		
Kontoführungspauschale	16 €	
Arbeitnehmer-Pauschbetrag, da 16 € < 1.000 €		- 1.000 €
Überschuss = Einkünfte		**32.600 €**

Lösung zu Aufgabe 16: Einkünfte aus nichtselbstständiger Arbeit – Angestellte (4)

RECHTSGRUNDLAGEN

Es handelt sich um Einkünfte aus nichtselbstständiger Arbeit i. S. d. § 19 Abs. 1 Satz 1 Nr. 1 EStG.

Das Arbeitszimmer kann gem. § 9 Abs. 5 Satz 1 i. V. m. § 4 Abs. 5 Satz 1 Nr. 6b Satz 1 EStG nicht geltend gemacht werden, da beim Arbeitgeber ein Arbeitszimmer zur Verfügung steht und daher die Ausnahme gem. § 4 Abs. 5 Satz 1 Nr. 6b Satz 2 EStG nicht infrage kommt.

Der Schreibtisch ist als Arbeitsmittel gem. § 9 Abs. 1 Satz 3 Nr. 6 i. V. m. § 9 Abs. 1 Satz 3 Nr. 7 EStG über die AfA gem. § 7 Abs. 1 EStG geltend zu machen. Da ein Arbeitnehmer nicht vorsteuerabzugsberechtigt ist, ist der Bruttowert als Anschaffungskosten (vergleiche § 9b EStG) anzusetzen und über die Nutzungsdauer zu verteilen. Im Jahr der Anschaffung muss hier gem. § 7 Abs. 1 Satz 4 EStG zeitanteilig gerechnet werden.

Sowohl das Laptop als auch der Bürostuhl sind als geringwertiges Wirtschaftsgut i. S. d. § 6 Abs. 2 EStG gem. § 9 Abs. 1 Satz 3 Nr. 6 EStG i. V. m. § 9 Abs. 1 Satz 3 Nr. 7 EStG als Arbeitsmittel als Werbungskosten abzugsfähig. Der Nettokaufpreis liegt netto unter 800 €. Da aber ein Arbeitnehmer nicht vorsteuerabzugsberechtigt ist, ist der Bruttowert als Anschaffungskosten (vergleiche § 9b EStG) abzugsfähig.

Die Kostüme sind gem. § 12 Nr. 1 EStG nicht abzugsfähig, da eine Aufteilung in private und berufliche Nutzung nicht möglich ist. Ein Abzug als Arbeitsmittel gem. § 9 Abs. 1 Satz 3 Nr. 6 EStG i. V. m. § 9 Abs. 1 Satz 3 Nr. 7 EStG kommt daher nicht infrage.

Bei Arbeitnehmern ist grundsätzlich eine Kontoführungspauschale i. H. v. 16 € ansetzbar, da im Regelfall für die Überweisung des Arbeitslohns ein Konto vorgehalten werden muss.

Da die Werbungskosten damit über 1.000 € liegen, wird hier nicht gem. § 9a Satz 1 Nr. 1 Buchst. a EStG der Arbeitnehmer-Pauschbetrag i. H. v. 1.000 € berücksichtigt, sondern die tatsächlichen Werbungskosten.

Einkünfte aus nichtselbstständiger Arbeit			
Einnahmen			
Bruttoarbeitslohn Januar bis Dezember 2020	3.400 € • 12 Monate =	40.800 €	
Einnahmen		40.800 €	+ 40.800,00 €
Werbungskosten			
Arbeitszimmer kann nicht angesetzt werden, da ein Arbeitszimmer beim Arbeitgeber zur Verfügung steht.		0 €	
Arbeitsmittel			
Schreibtisch			
AfA	(1.000 € + 19 % USt) : 5 Jahre • $\frac{9}{12}$ =	178,50 €	
Bürostuhl			
Geringwertiges Wirtschaftsgut, da 400 € netto < 800 €	400 € + 19 % USt =	476,00 €	
Laptop ist ein geringwertiges Wirtschaftsgut, da 487,90 € : 1,19 = 410 € netto ≤ 800 €		487,90 €	
Kostüme sind keine Arbeitskleidung		0,00 €	
Kontoführungspauschale		16,00 €	
Werbungskosten		1.158,40 €	
kein Arbeitnehmer-Pauschbetrag, da 1.158,40 € > 1.000 €			- 1.158,40 €
Überschuss = Einkünfte			**39.641,60 €**

Lösung zu Aufgabe 17: Einkünfte aus nichtselbstständiger Arbeit – Angestellte (5)

RECHTSGRUNDLAGEN

Es handelt sich um Einkünfte aus nichtselbstständiger Arbeit i. S. d. § 19 Abs. 1 Satz 1 Nr. 1 EStG.

Der pauschal versteuerte Zuschuss ist nicht bei der Einkünfteermittlung zu berücksichtigen, da dieser durch die Pauschalierung bereits als abgegolten gilt. Diese Abgeltung tritt aber nur ein, soweit pauschaliert werden kann. Dies ist hier nur i. H. v. 0,30 € möglich. Die 0,10 € über 0,30 € sind daher als Einnahme i. S. d. § 8 Abs. 1 EStG zu erfassen.

Die Pauschalierung erfolgt auf der Grundlage von § 40 Abs. 2 Satz 2 EStG. Gemäß § 40 Abs. 3 Satz 3 EStG bleiben diese Einnahmen bei der Veranlagung außer Ansatz.

Die erstatteten Reisekosten sind gem. § 3 Nr. 16 EStG steuerfrei und daher nicht als steuerpflichtige Einnahmen zu erfassen.

Die tatsächlichen Reisekosten können gem. § 9 Abs. 1 Satz 3 Nr. 4 Buchst. a EStG geltend gemacht werden, müssen aber um die erstatteten Beträge gekürzt werden.

Die Entfernungspauschale kann gem. § 9 Abs. 1 Satz 3 Nr. 4 EStG geltend gemacht werden. Dabei ist allerdings nur von vollen Kilometern auszugehen. Dieser Betrag muss um den pauschal versteuerten Betrag gekürzt werden gem. § 40 Abs. 2 Satz 3 EStG.

Bei Arbeitnehmern ist grundsätzlich eine Kontoführungspauschale i. H. v. 16 € ansetzbar, da im Regelfall für die Überweisung des Arbeitslohns ein Konto vorgehalten werden muss.

Da die Werbungskosten damit unter 1.000 € liegen, wird hier gem. § 9a Satz 1 Nr. 1 Buchst. a EStG der Arbeitnehmer-Pauschbetrag i. H. v. 1.000 € berücksichtigt.

Einkünfte aus nichtselbstständiger Arbeit

Einnahmen				
Bruttoarbeitslohn	2.000 € • 12 Monate =		24.000 €	
Einnahmen			24.000 €	
Der pauschal versteuerte Zuschuss ist nicht bei der Einkünfteermittlung zu berücksichtigen.			0 €	
Der darüber hinaus gehende Betrag ist zu erfassen.	(0,40 € - 0,30 €) • 220 Tage • 20 km =		440 €	
Die steuerfrei erstatteten Reisekosten i. H. v. 300 € sind nicht zu berücksichtigen.			0 €	
steuerpflichtige Einnahmen			24.440 €	24.440 €
Werbungskosten (§ 9 EStG)				
Reisekosten	500 € - 300 € Erstattung =		200 €	
Entfernungspauschale				
Entfernungspauschale	0,30 € • 220 • 20 km =	1.320 €		
Erstattung pauschal versteuert		- 1.320 €		
		0 €	0 €	
Kontoführungspauschale			16 €	
Werbungskosten			216 €	
Arbeitnehmer-Pauschbetrag, da 216 € < 1.000 €				- 1.000 €
Überschuss = Einkünfte				**23.440 €**

Lösung zu Aufgabe 18: Einkünfte aus nichtselbstständiger Arbeit – Angestellte (6)

RECHTSGRUNDLAGEN

Es handelt sich um Einkünfte aus nichtselbstständiger Arbeit i. S. d. § 19 Abs. 1 Satz 1 Nr. 1 EStG.

Das Arbeitszimmer kann gem. § 9 Abs. 5 Satz 1 i. V. m. § 4 Abs. 5 Satz 1 Nr. 6b Satz 2 EStG geltend gemacht werden, da beim Arbeitgeber kein Arbeitszimmer zur Verfügung steht. Da die Tätigkeit aber nicht überwiegend zuhause ausgeübt wird, kommt nur eine begrenzte Abziehbarkeit infrage, da die Ausnahme gem. § 4 Abs. 5 Satz 1 Nr. 6b Satz 3 EStG nicht gilt.

Sowohl der Schreibtisch als auch der Bürostuhl sind als geringwertiges Wirtschaftsgut i. S. d. § 6 Abs. 2 EStG gem. § 9 Abs. 1 Satz 3 Nr. 6 i. V. m. § 9 Abs. 1 Satz 3 Nr. 7 EStG als Arbeitsmittel als Werbungskosten abzugsfähig. Der Nettokaufpreis liegt netto unter 800 €. Da aber ein Arbeitnehmer nicht vorsteuerabzugsberechtigt ist, ist der Bruttowert als Anschaffungskosten (vergleiche § 9b EStG) abzugsfähig. Abzug erfolgte bei Kauf in 2019, daher in 2020 nicht mehr zu berücksichtigen.

Das Laptop ist als Arbeitsmittel gem. § 9 Abs. 1 Satz 3 Nr. 6 i. V. m. § 9 Abs. 1 Satz 3 Nr. 7 EStG über die AfA gem. § 7 Abs. 1 EStG geltend zu machen. Da ein Arbeitnehmer nicht vorsteuerabzugsberechtigt ist, ist der Bruttowert als Anschaffungskosten (vergleiche § 9b EStG) anzusetzen und über die Nutzungsdauer zu verteilen. Im Jahr der Anschaffung muss hier gem. § 7 Abs. 1 Satz 4 EStG zeitanteilig gerechnet werden.

Die Kursgebühren können gem. § 9 Abs. 1 Satz 1 EStG als Werbungskosten geltend gemacht werden.

Die Hotelkosten sind gem. § 9 Abs. 1 Satz 1 EStG ebenfalls als Werbungskosten abzugsfähig, da die Reise durch die Tätigkeit veranlasst ist.

Auch die Fahrtkosten zählen zu den Werbungskosten und können gem. § 9 Abs. 1 Satz 3 Nr. 4 Buchst. a Satz 2 EStG mit pauschal 0,30 € je gefahrener Kilometer angesetzt werden. Bitte verwechseln Sie diese 0,30 € nicht mit der anzusetzenden Entfernungspauschale gem. § 9 Abs. 1 Satz 3 Nr. 4 EStG.

Die tatsächlichen Verpflegungskosten dürfen gem. § 9 Abs. 4a Satz 1 EStG nicht geltend gemacht werden. Aber gem. § 9 Abs. 4a Sätze 1 bis 3 EStG darf eine Verpflegungspauschale für den Verpflegungsmehraufwand geltend gemacht werden. Hierbei gilt seit 01.01.2020 grundsätzlich, dass am Anreise- und Rückreisetag (mit Übernachtung) 14 € und an jedem Tag mit 24 Stunden Abwesenheit von der Wohnung und der ersten Tätigkeitsstätte 28 € geltend gemacht werden dürfen.

Bei Arbeitnehmern ist grundsätzlich eine Kontoführungspauschale i. H. v. 16 € ansetzbar, da im Regelfall für die Überweisung des Arbeitslohns ein Konto vorgehalten werden muss.

Da die Werbungskosten damit über 1.000 € liegen, wird hier nicht gem. § 9a Satz 1 Nr. 1 Buchst. a EStG der Arbeitnehmer-Pauschbetrag i. H. v. 1.000 € berücksichtigt, sondern die tatsächlichen Werbungskosten.

Einkünfte aus nichtselbstständiger Arbeit

Einnahmen			
Bruttoarbeitslohn	3.000 € • 12 Monate = 36.000,00 €		
Einnahmen	36.000,00 €		+ 36.000,00 €

Werbungskosten

Arbeitszimmer kann begrenzt angesetzt werden, da kein Arbeitszimmer beim Arbeitgeber zur Verfügung steht, aber der Mittelpunkt der Tätigkeit auch nicht zuhause ist.

Miete	1.250 € • $\frac{1}{5}$ • 12 Monate = 3.000,00 €		
Nebenkosten	220 € • $\frac{1}{5}$ • 12 Monate = 528,00 €		
Summe	3.528,00 €		
höchstens		1.250,00 €	
Arbeitsmittel			
Schreibtisch			
Geringwertiges Wirtschaftsgut in 2019		0,00 €	
Bürostuhl			
Geringwertiges Wirtschaftsgut in 2019		0,00 €	
Laptop			
AfA	1071 € : 3 Jahre • $\frac{3}{12}$ =	89,25 €	
Kurs			
Kursgebühren		238,00 €	
Fahrtkosten	540 km • 2 • 0,30 € =	324,00 €	
Übernachtungskosten	150 € + 7 % USt • 2 =	321,00 €	
Verpflegungsmehraufwand	17.08.2020 Anreise 14 €		
	18.08.2020 24 Stunden 28 €		
	19.08.2020 Rückreise 14 €		
	56 €	56,00 €	
Die tatsächliche Verpflegung ist nicht abzugsfähig.		0,00 €	
Kontoführungspauschale		16,00 €	
Werbungskosten		2.294,25 €	
kein Arbeitnehmer-Pauschbetrag, da 2.294,25 € > 1.000 €			- 2.294,25 €
Überschuss = Einkünfte			**33.705,75 €**

Lösung zu Aufgabe 19: Einkünfte aus nichtselbstständiger Arbeit – Beamte (1)

RECHTSGRUNDLAGEN

Es handelt sich um Einkünfte aus nichtselbstständiger Arbeit i. S. d. § 19 Abs. 1 Satz 1 Nr. 2 EStG.

Bei der Berechnung der Einnahmen sind gem. § 8 Abs. 1 EStG zunächst die tatsächlichen Zahlungen in voller Höhe zu erfassen. Gemäß § 19 Abs. 2 EStG sind die Versorgungsbezüge in Höhe des Versorgungsfreibetrags und dem Zuschlag zum Versorgungsfreibetrag steuerfrei. Hierbei ist gem. § 19 Abs. 2 Satz 4 Buchst. b EStG zunächst der erste volle Monat des Versorgungsbezuges auf ein Jahr hochzurechnen und dann mit dem Prozentsatz für das Jahr des Versorgungsbeginns, hier also 2018, gem. § 19 Abs. 2 Satz 3 EStG zu multiplizieren. Allerdings ist der Versorgungsfreibetrag gem. § 19 Abs. 2 Satz 3 EStG der Höhe nach begrenzt. Zusätzlich ist der entsprechende Zuschlag zum Versorgungsfreibetrag für das Jahr 2018 zu berücksichtigen. Gemäß § 19 Abs. 2 Satz 8 EStG ist sowohl der Betrag des Versorgungsfreibetrags als auch der Zuschlag zum Versorgungsfreibetrag für die gesamte Laufzeit des Versorgungsbezuges festgeschrieben. Die regelmäßigen Anpassungen führen gem. § 19 Abs. 2 Satz 9 EStG nicht zu einer Neuberechnung. Daher sind die für 2018 ermittelten Beträge auch in 2020 zu berücksichtigen.

Da keine Werbungskosten nachgewiesen wurden, gilt gem. § 9a Satz 1 Nr. 1 Buchst. b EStG ein Pauschbetrag i. H. v. 102 €.

Einkünfte aus nichtselbstständiger Arbeit (§ 19 Abs. 1 Satz 1 Nr. 2 EStG)

Einnahmen		
Versorgungsbezüge 2020		
Januar bis Juni 2020	6 • 2.450 € = 14.700 €	
Juli bis Dezember 2020	6 • 2.500 € = 15.000 €	
Summe Einnahmen	29.700 €	29.700 €
Versorgungsfreibetrag aus 2018		
erster voller Monat April 2018 2.400 € • 12 Monate =	28.800 €	
• 19,2 % =	5.529,60 €	
höchstens	1.140 €	- 1.440 €
Zuschlag zum Versorgungsfreibetrag aus 2018		- 432 €
steuerpflichtige Einnahmen 2020		27.828 €
Werbungskosten		
Werbungskosten-Pauschbetrag		- 102 €
Überschuss = Einkünfte		**27.726 €**

Lösung zu Aufgabe 20: Einkünfte aus nichtselbstständiger Arbeit – Beamte (2)

RECHTSGRUNDLAGEN

Für den Zeitraum Januar bis Mitte März 2020 handelt es sich um Einkünfte aus nichtselbstständiger Arbeit i. S. d. § 19 Abs. 1 Satz 1 Nr. 1 EStG.

Da keine Werbungskosten nachgewiesen wurden, gilt gem. § 9a Satz 1 Nr. 1 Buchst. a EStG der Arbeitnehmer-Pauschbetrag i. H. v. 1.000 €.

Für den Zeitraum Mitte März bis Dezember 2020 handelt es sich um Einkünfte aus nichtselbstständiger Arbeit i. S. d. § 19 Abs. 1 Satz 1 Nr. 2 EStG.

Bei der Berechnung der Einnahmen sind gem. § 8 Abs. 1 EStG zunächst die tatsächlichen Zahlungen 2020 in voller Höhe zu erfassen. Gemäß § 19 Abs. 2 EStG sind die Versorgungsbezüge in Höhe des Versorgungsfreibetrags und dem Zuschlag zum Versorgungsfreibetrag steuerfrei. Hierbei ist gem. § 19 Abs. 2 Satz 4 Buchst. b EStG zunächst der erste volle Monat, hier der April, des Versorgungsbezuges auf ein Jahr hochzurechnen und dann mit dem Prozentsatz für das Jahr des Versorgungsbeginns, hier also 2020, gem. § 19 Abs. 2 Satz 3 EStG zu multiplizieren. Allerdings ist der Versorgungsfreibetrag gem. § 19 Abs. 2 Satz 3 EStG der Höhe nach begrenzt. Zusätzlich ist der entsprechende Zuschlag zum Versorgungsfreibetrag für das Jahr 2020 zu berücksichtigen. Gemäß § 19 Abs. 2 Satz 12 EStG ist sowohl der Betrag des Versorgungsfreibetrags als auch der Zuschlag zum Versorgungsfreibetrag für jeden vollen Monat, in dem keine Versorgungsbezüge gezahlt werden, um $\frac{1}{12}$ zu kürzen. Daher erfolgt hier eine Kürzung um zwei Monate bzw. auf zehn Monate. Die regelmäßigen Anpassungen führen gem. § 19 Abs. 2 Satz 9 EStG nicht zu einer Neuberechnung.

Da keine Werbungskosten nachgewiesen wurden, gilt gem. § 9a Satz 1 Nr. 1 Buchst. b EStG ein Pauschbetrag i. H. v. 102 €.

Einkünfte aus nichtselbstständiger Arbeit (§ 19 Abs. 1 Satz 1 Nr. 1 EStG)		
Einnahmen		
Gehalt 2020		
Januar und Februar 2020	2 • 3.400 € = 6.800 €	
März 2020	3.400 € • 50 % = 1.700 €	
Summe Einnahmen	8.500 €	8.500 €
Werbungskosten		
Arbeitnehmer-Pauschbetrag	1.000 €	- 1.000 €
Überschuss = Einkünfte		**7.500 €**

Einkünfte aus nichtselbstständiger Arbeit (§ 19 Abs. 1 Satz 1 Nr. 2 EStG)

Einnahmen		
Versorgungsbezüge 2020		
März 2020	2.450 € • 50 % = 1.225 €	
April bis Juni 2020	3 • 2.450 € = 7.350 €	
Juli bis Dezember 2020	6 • 2.500 € = 15.000 €	
Summe	23.575 €	23.575 €
Versorgungsfreibetrag 2020		
erster voller Monat April 2020	2.450 € • 12 Monate = 29.400,00 €	
• 16 % =	4.704,00 €	
höchstens	1.200,00 €	
Anteilig für 2020	1.200 € • $^{10}/_{12}$ =	- 1.000 €
Zuschlag zum Versorgungsfreibetrag 2020 anteilig	360 € • $^{10}/_{12}$ =	- 300 €
steuerpflichtige Einnahmen 2020		22.275 €
Werbungskosten		
Werbungskosten-Pauschbetrag		- 102 €
Überschuss = Einkünfte		**22.173 €**

Lösung zu Aufgabe 21: Einkünfte aus Kapitalvermögen

RECHTSGRUNDLAGEN

Es handelt sich um Einkünfte aus Kapitalvermögen i. S. d. § 20 Abs. 1 Nr. 1 EStG.

Da im Sachverhalt der Ausschüttungsbetrag angegeben war, musste zunächst die Bruttodividende berechnet werden. Da in maximaler Höhe ein Freistellungsauftrag bestand, wurde auf 801 € Sparer-Pauschbetrag (vergleiche § 20 Abs. 9 Satz 1 EStG) keine Kapitalertragsteuer berechnet. Um korrekt hochrechnen zu können muss daher zunächst dieser Betrag vom Ausschüttungsbetrag abgezogen werden. Der Rest entspricht 73,625 % (100 % - 25 % KapESt - (25 • 5,5 % SolZ auf die KapESt = 73,625 %). Mithilfe dieser Prozentzahl kann dann auf 100 % hochgerechnet werden. Da allerdings 801 € als Sparer-Pauschbetrag abgezogen wurden, muss dieser Betrag nun wieder hinzugerechnet werden. Die sich daraus ergebenden Einnahmen sind gem. § 20 Abs. 9 Satz 1 EStG um den Sparer-Pauschbetrag als Werbungskosten zu reduzieren. Tatsächliche Werbungskosten sind dadurch normalerweise ausgeschlossen (aber § 32d Abs. 2 EStG ist zu beachten!)

a) Gemäß § 43 Abs. 5 Satz 1 EStG ist die Einkommensteuer durch den Abzug der Kapitalertragsteuer grundsätzlich abgegolten. Gemäß § 2 Abs. 5b EStG sind die Einkünfte daher nicht in die Summe der Einkünfte aufzunehmen und mit 0 € anzusetzen.

b) Wird die kleine Option gem. § 32d Abs. 4 EStG gewählt, so werden die Einkünfte wie bei a) gem. § 2 Abs. 5b EStG nicht bei der Summe der Einkünfte berücksichtigt. Es wird lediglich geprüft, ob sich eine andere ESt auf die Kapitaleinkünfte ergibt, wenn man gem. § 32d Abs. 1 EStG unter Berücksichtigung des Sparer-Pauschbetrages die KapESt berechnet. Da hier der Sparerpauschbetrag im maximal möglichen Umfang berücksichtigt wurde, ergäbe sich keine andere Lösung.

c) Wird die große Option gem. § 32d Abs. 6 EStG gewählt, werden die Einkünfte mit in die Summe der Einkünfte aufgenommen. Allerdings gilt immer noch § 20 Abs. 9 Satz 1 2. Halbsatz EStG, womit der Abzug von tatsächlichen Werbungskosten noch immer nicht berücksichtigt werden kann.

Berechnung zu a)
Einkünfte aus Kapitalvermögen

Einnahmen		
Auszahlungsbetrag	15.526,00 €	
Sparer-Pauschbetrag	- 801,00 €	
=	14.725,00 €	
	14.725 € : 73.625 • 100 = 20.000,00 €	
	+ 801,00 €	
= Einnahmen	20.801,00 €	
Werbungskosten		
Sparer-Pauschbetrag	- 801,00 €	
= Überschuss	20.000,00 €	
Einkünfte aus Kapitalvermögen	20.000,00 €	
Aber keine Veranlagung gem § 2 Abs. 5b i. V. m. § 43 Abs. 5 EStG		0,00 €
Summe der Einkünfte		0,00 €

Berechnung zu b)
Einkünfte aus Kapitalvermögen

Einnahmen		
Auszahlungsbetrag	15.526,00 €	
Sparer-Pauschbetrag	- 801,00 €	
=	14.725,00 €	
	14.725 € : 73.625 • 100 = 20.000,00 €	
	+ 801,00 €	
= Einnahmen	20.801,00 €	
Werbungskosten		
Sparer-Pauschbetrag	- 801,00 €	
= Überschuss	20.000,00 €	
Einkünfte aus Kapitalvermögen	20.000,00 €	
Aber keine Veranlagung gem § 2 Abs. 5b i. V. m. § 32d Abs. 4 EStG		0,00 €
Summe der Einkünfte		0,00 €

Berechnung zu c)
Einkünfte aus Kapitalvermögen

Einnahmen		
Auszahlungsbetrag	15.526,00 €	
Sparer-Pauschbetrag	- 801,00 €	
=	14.725,00 €	
	14.725 € : 73.625 • 100 = 20.000,00 €	
	+ 801,00 €	
= Einnahmen	20.801,00 €	
Werbungskosten		
Sparer-Pauschbetrag	- 801,00 €	
= Überschuss	20.000,00 €	
Einkünfte aus Kapitalvermögen	20.000,00 €	20.000,00 €
Summe der Einkünfte		20.000,00 €

Lösung zu Aufgabe 22: Einkünfte aus Vermietung und Verpachtung – Werbungskosten/AfA

RECHTSGRUNDLAGEN

Es handelt sich um Einkünfte aus Vermietung und Verpachtung i. S. d. § 21 Abs. 1 Satz 1 Nr. 1 EStG.

Bei den Einnahmen i. S. d. § 8 Abs. 1 EStG sind auch die auf den Mieter umgelegte Nebenkosten anzusetzen.

Als Werbungskosten kommen gem. § 9 Abs. 1 Satz 1 bzw. § 9 Abs. 1 Satz 3 EStG üblicherweise die in diesem Sachverhalt aufgeführten Aufwendungen infrage.

Einkünfte aus Vermietung und Verpachtung		
Einnahmen		
Miete inkl. Nebenkosten Erdgeschoss	720 € • 12 Monate = 8.640 €	
Miete inkl. Nebenkosten erster Stock	920 € • 12 Monate = 11.040 €	
Miete inkl. Nebenkosten zweiter Stock	820 € • 10 Monate = 8.200 €	
Einnahmen	27.880 €	+ 27.880 €
Werbungskosten		
Finanzierungszinsen	1.500 €	
Grundsteuer	2.000 €	
Abwasser	1.500 €	
Strom	2.300 €	
Haus und Grundbesitzverein	200 €	
Heizöl	4.500 €	
AfA	210.000 € • 2 % = 4.200 €	
Werbungskosten	16.200 €	- 16.200 €
Überschuss = Einkünfte		**11.680 €**

Lösung zu Aufgabe 23: Einkünfte aus Vermietung und Verpachtung – anschaffungsnahe Herstellungskosten (1)

RECHTSGRUNDLAGEN

Es handelt sich um Einkünfte aus Vermietung und Verpachtung i. S. d. § 21 Abs. 1 Satz 1 Nr. 1 EStG.

Bei den Einnahmen i. S. d. § 8 Abs. 1 EStG sind auch die auf den Mieter umgelegte Nebenkosten anzusetzen.

Bei der Berechnung der AfA gem. § 9 Abs. 1 Satz 3 Nr. 7 EStG i. V. m. § 7 Abs. 4 Satz 1 Nr. 2 Buchst. a EStG waren gem. § 9 Abs. 5 Satz 2 EStG i. V. m. § 6 Abs. 1 Nr. 1a EStG die anschaffungsnahen Herstellungskosten zu berücksichtigen, da die Aufwendungen netto über 15 % der Anschaffungskosten des Gebäudes lagen und innerhalb von drei Jahren seit der Anschaffung angefallen waren. Die anschaffungsnahen Herstellungskosten sind brutto hinzuzurechnen, da keine Vorsteuerabzugsberechtigung besteht gem. § 15 Abs. 2 Nr. 1 UStG i. V. m. § 4 Nr. 12 Buchst. a UStG.

Einkünfte aus Vermietung und Verpachtung			
Einnahmen			
Miete inkl. Nebenkosten	1.400 € • 12 Monate =	16.800 €	
Einnahmen		16.800 €	16.800 €
Werbungskosten			
Berechnung Anschaffungskosten Gebäude			
Anschaffungskosten Gebäude	200.000 €		
Anschaffungsnahe Herstellungskosten innerhalb drei Jahren 47.600 € : 1,19 = 40.000 € 40.000 € : 200.000 € • 100 = 20 % 20 % > 15 % der Anschaffungskosten.	+ 47.600 €		
AK Gebäude	247.600 €		
AfA Gebäude	247.600 € • 2 % =	4.952 €	
laufende Aufwendungen		8.533 €	
Werbungskosten		13.485 €	- 13.485 €
Überschuss = Einkünfte			**3.315 €**

Lösung zu Aufgabe 24: Einkünfte aus Vermietung und Verpachtung – anschaffungsnahe Herstellungskosten (2)

RECHTSGRUNDLAGEN

Es handelt sich um Einkünfte aus Vermietung und Verpachtung i. S. d. § 21 Abs. 1 Satz 1 Nr. 1 EStG.

Bei den Einnahmen i. S. d. § 8 Abs. 1 EStG sind auch die auf den Mieter umgelegte Nebenkosten anzusetzen.

Bei der Berechnung der AfA gem. § 9 Abs. 1 Satz 3 Nr. 7 EStG i. V. m. § 7 Abs. 4 Satz 1 Nr. 2 Buchst. a EStG waren gem. § 9 Abs. 5 Satz 2 i. V. m. § 6 Abs. 1 Nr. 1a EStG die anschaffungsnahen Herstellungskosten zu prüfen. Da die Aufwendungen netto aber nicht über 15 % der Anschaffungskosten des Gebäudes lagen, waren die Renovierungskosten nicht als anschaffungsnahe Herstellungskosten zu berücksichtigen, sondern neben den laufenden Aufwendungen als Werbungskosten gem. § 9 Abs. 1 Satz 1 EStG in voller Höhe brutto abzugsfähig.

Einkünfte aus Vermietung und Verpachtung			
Einnahmen			
Miete inkl. Nebenkosten		2.105 € • 12 Monate = 25.260 €	
Einnahmen		25.260 €	25.260 €
Werbungskosten			
Anschaffungskosten Gebäude			
	450.000 € • 80 % = 360.000 €		
keine anschaffungsnahen Herstellungskosten			
innerhalb von drei Jahren			
10.000 € : 360.000 € • 100 = 2,78 %			
2,78 % < 15 % der Anschaffungskosten.	+ 0 €		
	360.000 €		
AfA Gebäude	360.000 € • 2 % =	7.200 €	
Renovierungskosten		11.900 €	
laufende Aufwendungen		12.000 €	
Werbungskosten		31.100 €	- 31.100 €
Überschuss = Einkünfte			**- 5.840 €**

Lösung zu Aufgabe 25: Einkünfte aus Vermietung und Verpachtung – vergünstigte Vermietung

RECHTSGRUNDLAGEN

Es handelt sich um Einkünfte aus Vermietung und Verpachtung i. S. d. § 21 Abs. 1 Satz 1 Nr. 1 EStG.

Bei den Einnahmen i. S. d. § 8 Abs. 1 EStG sind auch die auf den Mieter umgelegte Nebenkosten anzusetzen.

Da im Sachverhalt die ortsübliche Miete angegeben war, musste hier für die Berechnung der Werbungskosten § 21 Abs. 2 EStG geprüft werden. Sofern die Warmmiete unter 66 % der ortsüblichen Warmmiete liegt, müssen insoweit die Werbungskosten entsprechend gekürzt werden. Entweder müssen dafür die Aufwendungen auf die einzelnen Stockwerke verteilt werden und dann gekürzt werden, oder, wie in dieser Lösung, muss zunächst berechnet werden, welche Aufwendungen in welcher Höhe zu kürzen sind. Dabei sind Aufwendungen für einzelne Teile des Mietobjekts abzugrenzen von den Aufwendungen für das gesamte Mietobjekt.

Einkünfte aus Vermietung und Verpachtung

Einnahmen		
Miete inkl. Nebenkosten Erdgeschoss	750 € • 12 Monate = 9.000 €	
Miete inkl. Nebenkosten erster Stock	500 € • 12 Monate = 6.000 €	
Einnahmen	15.000 €	15.000,00 €

Werbungskosten

Kürzung der Werbungskosten § 21 Abs. 2 EStG

Aufwendungen Erdgeschoss

750 € Warmmiete : 1.000 € ortsüblich • 100 = 75 %

75 % > 66 % => Keine Kürzung

Aufwendungen erster Stock

500 € Warmmiete : 1.000 € ortsüblich • 100 = 50 %

50 % < 66 % => Kürzung auf 50 %

Aufwendungen Gesamtgebäude

Erdgeschoss 50 %

\+ erster Stock 50 % von 50 % = 25 %

=> Kürzung auf 75 %

Anschaffungskosten Gebäude 200.000 €			
AfA	200.000 € • 2 % = 4.000 €		
Grundsteuer, Gebäudeversicherung u. a.	2.000 €		
Malerarbeiten Hausfassade inkl. USt	3.570 €		
Aufwendungen Gebäude gesamt	9.570 €		
	9.570 € • 75 % =	7.177,50 €	
Malerarbeiten Erdgeschoss inkl. USt		2.975,00 €	
Malerarbeiten erster Stock	1.428 € • 50 % =	714,00 €	
Werbungskosten		10.866,50 €	- 10.866,50 €
Überschuss = Einkünfte			**4.133,50 €**

Lösung zu Aufgabe 26: Sonstige Einkünfte – Rente (1)

RECHTSGRUNDLAGEN

Es handelt sich um sonstige Einkünfte i. S. d. § 22 Nr. 1 Satz 3 Buchst. a, aa EStG.

Bei der Berechnung der Einnahmen sind gem. § 8 Abs. 1 EStG zunächst die tatsächlichen Zahlungen in voller Höhe zu erfassen.

Gemäß § 22 Nr. 1 Satz 3 Buchst. a, aa Satz 2 EStG ist der Jahresbetrag der Rente Bemessungsgrundlage für den steuerpflichtigen Teil. Der steuerpflichtige Teil ergibt sich aus der Tabelle aus § 22 Nr. 1 Satz 3 Buchst. a, aa Satz 3 EStG. Gemäß § 22 Nr. 1 Satz 3 Buchst. a, aa Satz 4 EStG ist die Differenz aus dem Jahresrentenbetrag und dem steuerpflichtigen Teil der Rentenfreibetrag. Dieser Betrag wird gem. § 22 Nr. 1 Satz 3 Buchst. a, aa Satz 5 EStG **nach** dem Jahr des Rentenbeginns für die gesamte Zeit des Rentenbezuges festgeschrieben. Da in diesem Fall das Jahr nach dem Renteneintritt zu prüfen war, bedeutet dies, dass sich der Rentenfreibetrag aus dem Rentenjahresbetrag aus 2020 und dem Prozentsatz aus dem Jahr des Renteneintritts 2019 berechnet. Die regelmäßigen Anpassungen führen gem. § 22 Nr. 1 Satz 3 Buchst. a, aa Satz 7 EStG nicht zu einer Neuberechnung.

Da hier Werbungskosten von mehr als 102 € nachgewiesen wurden, gilt nicht gem. § 9a Satz 1 Nr. 3 EStG der Pauschbetrag sondern die tatsächlichen Werbungskosten.

Sonstige Einkünfte

Einnahmen Januar bis Juni 2020	2.000 € • 6 Monate = 12.000 €	
Einnahmen Juli bis Dezember 2020	2.050 € • 6 Monate = 12.300 €	
Einnahmen	24.300 €	24.300 €
Rentenfreibetrag 2020		
Jahresbetrag der Rente	24.300 €	
Besteuerungsanteil der Rente	24.300 € • 78 % = - 18.954 €	
Rentenfreibetrag	5.346 €	- 5.346 €
steuerpflichtige Einnahmen		**18.954 €**
Werbungskosten		
Rentenberater	119 €	
	119 € > 102 € Pauschbetrag	- 119 €
Überschuss = Einkünfte		**18.835 €**

Lösung zu Aufgabe 27: Sonstige Einkünfte – Rente (2)

RECHTSGRUNDLAGEN

Es handelt sich um sonstige Einkünfte i. S. d. § 22 Nr. 1 Satz 3 Buchst. a, aa EStG.

Bei der Berechnung der Einnahmen sind gem. § 8 Abs. 1 EStG zunächst die tatsächlichen Zahlungen in voller Höhe zu erfassen.

Gemäß § 22 Nr. 1 Satz 3 Buchst. a, aa Satz 2 EStG ist der Jahresbetrag der Rente Bemessungsgrundlage für den steuerpflichtigen Teil. Der steuerpflichtige Teil ergibt sich aus der Tabelle aus § 22 Nr. 1 Satz 3 Buchst. a, aa Satz 3 EStG. Da in diesem Fall der Rentenbeginn vor das Jahr 2005 fällt, gilt grundsätzlich ein Besteuerungsanteil von 50 %. Gemäß § 22 Nr. 1 Satz 3 Buchst. a, aa Satz 4 EStG ist die Differenz aus dem Jahresrentenbetrag und dem steuerpflichtigen Teil der Rentenfreibetrag. Dieser Betrag wird gem. § 22 Nr. 1 Satz 3 Buchst. a, aa Satz 5 EStG nach dem Jahr des Rentenbeginns für die gesamte Zeit des Rentenbezuges festgeschrieben. Die regelmäßigen Anpassungen führen gem. § 22 Nr. 1 Satz 3 Buchst. a, aa Satz 7 EStG nicht zu einer Neuberechnung.

Da hier keine Werbungskosten von mehr als 102 € nachgewiesen wurden, gilt gem. § 9a Satz 1 Nr. 3 EStG der Pauschbetrag i. H. v. 102 €.

Sonstige Einkünfte

Einnahmen Januar bis Juni 2020	1.650 € • 6 Monate = 9.900 €	
Einnahmen Juli bis Dezember 2020	1.700 € • 6 Monate = 10.200 €	
Einnahmen	20.100 €	20.100 €
Rentenfreibetrag 2005		
Rente Januar bis Juni 2005	1.600 € • 6 Monate = 9.600 €	
Rente Juli bis Dezember 2005	1.625 € • 6 Monate = 9.750 €	
Jahresbetrag der Rente 2005	19.350 €	
Besteuerungsanteil der Rente 2005	19.350 € • 50 % = - 9.675 €	
Festgeschriebener Rentenfreibetrag 2005	9.675 €	- 9.675 €
steuerpflichtige Einnahmen		10.425 €
Werbungskosten		
Pauschbetrag		- 102 €
Überschuss = Einkünfte		**10.323 €**

Lösung zu Aufgabe 28: Sonstige Einkünfte – Rente (3)

RECHTSGRUNDLAGEN

Es handelt sich um sonstige Einkünfte i. S. d. § 22 Nr. 1 Satz 3 Buchst. a, aa EStG.

Bei der Berechnung der Einnahmen sind gem. § 8 Abs. 1 EStG zunächst die tatsächlichen Zahlungen in voller Höhe zu erfassen.

Gemäß § 22 Nr. 1 Satz 3 Buchst. a, aa Satz 2 EStG ist der Jahresbetrag der Rente Bemessungsgrundlage für den steuerpflichtigen Teil. Der steuerpflichtige Teil ergibt sich aus der Tabelle aus § 22 Nr. 1 Satz 3 Buchst. a, aa Satz 3 EStG. Gemäß § 22 Nr. 1 Satz 3 Buchst. a, aa Satz 4 EStG ist die Differenz aus dem Jahresrentenbetrag und dem steuerpflichtigen Teil der Rentenfreibetrag. Dieser Betrag wird gem. § 22 Nr. 1 Satz 3 Buchst. a, aa Satz 5 EStG nach dem Jahr des Rentenbeginns für die gesamte Zeit des Rentenbezuges festgeschrieben. Dies bedeutet, dass sich der Rentenfreibetrag aus der Rente nach dem Jahr des Renteneintritts, hier 2014, und dem Prozentsatz aus dem Jahr des Renteneintritts, hier 2013, berechnet. Die regelmäßigen Anpassungen führen gem. § 22 Nr. 1 Satz 3 Buchst. a, aa Satz 7 EStG nicht zu einer Neuberechnung.

Da hier keine Werbungskosten von mehr als 102 € nachgewiesen wurden, gilt gem. § 9a Satz 1 Nr. 3 EStG der Pauschbetrag i. H. v. 102 €.

Sonstige Einkünfte

Einnahmen Januar bis Juni 2020	1.450 € • 6 Monate 8.700 €	
Einnahmen Juli bis Dezember 2020	1.500 € • 6 Monate = 9.000 €	
Einnahmen	17.700 €	17.700 €
Rentenfreibetrag 2014		
Rente Januar bis Dezember 2014	1.300 € • 12 Monate = 15.600 €	
Jahresbetrag der Rente 2014	15.600 €	
Besteuerungsanteil der Rente 2014	15.600 € • 66 % = - 10.296 €	
Festgeschriebener Rentenfreibetrag 2014	5.304 €	- 5.304 €
steuerpflichtige Einnahmen		12.396 €
Werbungskosten		
Pauschbetrag		- 102 €
Überschuss = Einkünfte		**12.294 €**

Lösung zu Aufgabe 29: Sonstige Einkünfte – privates Veräußerungsgeschäft (1)

Keine Einkünfte aus privatem Veräußerungsgeschäft, da gem. § 22 Nr. 2 EStG i. V. m. § 23 Abs. 1 Satz 1 Nr. 2 Satz 2 EStG ein Gegenstand des täglichen Gebrauchs verkauft wurde. Damit liegen durch den Verkauf keine Einkünfte vor.

Lösung zu Aufgabe 30: Sonstige Einkünfte – privates Veräußerungsgeschäft (2)

RECHTSGRUNDLAGEN

Es handelt sich um sonstige Einkünfte i. S. d. § 22 Nr. 2 i. V. m. § 23 Abs. 1 Satz 1 Nr. 2 EStG.

Die Veräußerung erfolgt hier innerhalb der Frist von einem Jahr für andere Wirtschaftsgüter, daher ist der Veräußerungsgewinn als Einkünfte zu erfassen.

Abweichend von § 2 Abs. 2 Satz 1 Nr. 2 EStG ermitteln sich hier die Einkünfte nach dem Gewinn gem. § 23 Abs. 3 EStG. Hierzu sind zunächst die Anschaffungskosten vom Veräußerungspreis abzuziehen und danach sind eventuelle Werbungskosten abzuziehen. Eine Pauschale gem. § 9a EStG gibt es im Fall des § 22 Nr. 2 EStG nicht.

Sonstige Einkünfte aus privatem Veräußerungsgeschäft		
Veräußerungspreis	586.000 €	
Anschaffungskosten	- 5 €	
Werbungskosten	- 0 €	
Gewinn = Einkünfte	**585.995 €**	**585.995 €**

Lösung zu Aufgabe 31: Sonstige Einkünfte – privates Veräußerungsgeschäft (3)

RECHTSGRUNDLAGEN

Es handelt sich um sonstige Einkünfte i. S. d. § 22 Nr. 2 i. V. m. § 23 Abs. 1 Satz 1 Nr. 1 EStG.

Die Veräußerung erfolgt hier innerhalb der Frist von zehn Jahren für Grundstücke, daher ist der Veräußerungsgewinn als Einkünfte zu erfassen.

Abweichend von § 2 Abs. 2 Nr. 2 EStG ermitteln sich hier die Einkünfte nach dem Gewinn gem. § 23 Abs. 3 EStG. Hierzu sind zunächst die Anschaffungskosten vom Veräußerungspreis abzuziehen und danach sind eventuelle Werbungskosten abzuziehen. Da hier der Gewinn unter 600 € lag, ist dieser gem. § 23 Abs. 3 Satz 5 EStG steuerfrei.

Sonstige Einkünfte aus privatem Veräußerungsgeschäft		
Veräußerungspreis	235.000 €	
Anschaffungskosten	- 234.000 €	
Werbungskosten Anzeige	- 952 €	
Gewinn	48 €	
48 € < 600 € => steuerfrei	0 €	
Einkünfte	**0 €**	**0 €**

Lösung zu Aufgabe 32: Sonstige Einkünfte – privates Veräußerungsgeschäft (4)

RECHTSGRUNDLAGEN

Es handelt sich einerseits um Einkünfte aus Vermietung und Verpachtung i. S. d. § 21 Abs. 1 Satz 1 Nr. 1 EStG.

Bei den Einnahmen i. S. d. § 8 Abs. 1 EStG sind auch die auf den Mieter umgelegte Nebenkosten anzusetzen. Bei der Berechnung der AfA ist § 9 Abs. 1 Satz 3 Nr. 7 i. V. m. § 7 Abs. 4 Satz 1 Nr. 2 Buchst. a EStG zu beachten.

Andererseits handelt es sich um sonstige Einkünfte i. S. d. § 22 Nr. 2 i. V. m. § 23 Abs. 1 Satz 1 Nr. 1 EStG.

Die Veräußerung erfolgt hier innerhalb der Frist von zehn Jahren für Grundstücke, daher ist der Veräußerungsgewinn als Einkünfte zu erfassen.

Abweichend von § 2 Abs. 2 Satz 1 Nr. 2 EStG ermitteln sich hier die Einkünfte nach dem Gewinn gem. § 23 Abs. 3 EStG. Hierzu sind zunächst die Anschaffungskosten vom Veräußerungspreis abzuziehen. Die Anschaffungskosten sind dabei gem. § 23 Abs. 3 Satz 4 EStG um die AfA zu kürzen, die bei den Einkünften aus Vermietung und Verpachtung abgesetzt wurden.

Danach sind eventuelle Werbungskosten abzuziehen. Eine Pauschale gem. § 9a EStG gibt es im Fall des § 22 Nr. 2 EStG nicht. Da hier der Gewinn über 599,99 € lag, ist dieser gem. § 23 Abs. 3 Satz 5 EStG nicht steuerfrei.

Da die Einkünfte aus Vermietung und Verpachtung negativ sind, und nicht die Einkünfte aus dem privaten Veräußerungsgeschäft, gilt hier nicht das Verrechnungsverbot gem. § 23 Abs. 3 Satz 7 EStG. Der Verlust ist daher verrechenbar innerhalb der Summe der Einkünfte.

Einkünfte aus Vermietung und Verpachtung		
Einnahmen		
Miete Januar 2020 inkl. Nebenkosten	1.200 € • 1 Monat = 1.200 €	
Einnahmen	1.200 €	+ 1.200 €
Werbungskosten		
Anschaffungskosten Gebäude	300.000 € - 120.000 € = 180.000 €	
AfA Gebäude Januar 2020	180.000 € • 2 % • 1/12 = 300 €	
laufende Aufwendungen	5.630 €	
Werbungskosten	5.930 €	- 5.930 €
Überschuss = Einkünfte		**- 4.730 €**

Sonstige Einkünfte aus privatem Veräußerungsgeschäft			
Veräußerungspreis Grundstück		85.000 €	
Veräußerungspreis Gebäude		350.000 €	
Anschaffungskosten Grundstück		- 120.000 €	
Anschaffungskosten Gebäude - AfA			
	300.000 € - 120.000 € = 180.000 €		
	- AfA 2013: 180.000 • 2 % • $^8/_{12}$ = 2.400 €		
	- AfA bis 2019: 180.000 € • 2 % • 6 Jahre = 21.600 €		
	- AfA 2020: 180.000 € • 2 % • $^1/_{12}$ = 300 €		
	= 155.700 €	- 155.700 €	
Werbungskosten		- 0 €	
Gewinn = Einkünfte		**159.300 €**	**159.300 €**
Summe der Einkünfte			**154.570 €**

Lösung zu Aufgabe 33: Sonstige Einkünfte – privates Veräußerungsgeschäft (5)

RECHTSGRUNDLAGEN

Es handelt sich um sonstige Einkünfte i. S. d. § 22 Nr. 2 i. V. m. § 23 Abs. 1 Satz 1 Nr. 1 EStG.

Die Veräußerung erfolgt hier nur für das zweite Grundstück innerhalb der Frist von zehn Jahren für Grundstücke, daher ist nur dieser Veräußerungsgewinn als Einkünfte zu erfassen.

Abweichend von § 2 Abs. 2 Satz 1 Nr. 2 EStG ermitteln sich hier die Einkünfte nach dem Gewinn gem. § 23 Abs. 3 EStG. Hierzu sind zunächst die Anschaffungskosten vom Veräußerungspreis abzuziehen.

Danach sind eventuelle Werbungskosten abzuziehen. Eine Pauschale gem. § 9a EStG gibt es im Fall des § 22 Nr. 2 EStG nicht. Da hier der Gewinn unter 600 € lag, ist dieser gem. § 23 Abs. 3 Satz 5 EStG steuerfrei.

Für das erste Grundstück liegen keine Einkünfte vor, da die Veräußerung außerhalb von zehn Jahren seit Anschaffung erfolgt.		0 €
Sonstige Einkünfte aus privatem Veräußerungsgeschäft		
Veräußerungspreis zweites Grundstück	10.500 €	
Anschaffungskosten zweites Grundstück	- 10.000 €	
Werbungskosten	- 0 €	
Gewinn	**500 €**	
500 € < 600 €		**0 €**
Summe der Einkünfte		**0 €**

Lösung zu Aufgabe 34: Sonstige Einkünfte – privates Veräußerungsgeschäft (6)

Keine Einkünfte aus privatem Veräußerungsgeschäft, da gem. § 22 Nr. 2 EStG i. V. m. § 23 Abs. 1 Satz 1 Nr. 2 Satz 3 EStG zwar innerhalb von zehn Jahren veräußert wurde, aber das Haus wird im Jahr der Veräußerung und in den zwei vorangehenden Jahren für eigene Wohnzwecke genutzt.

Damit liegen durch den Verkauf keine Einkünfte vor.

Lösung zu Aufgabe 35: Zusammenfassender Fall zu Überschusseinkünften

RECHTSGRUNDLAGEN

Da eine ausführliche erneute Lösung dieses Gesamtfalles den Rahmen sprengen würde, sei hier auf die Lösungshinweise zu den vorangegangenen Aufgaben verwiesen.

Einkünfte Ehemann

Einkünfte aus nichtselbstständiger Arbeit **Aufgabe 18**

Das Laptop ist geringwertiges Wirtschaftsgut da 2018 800 € Nettogrenze. Daher in 2020 nicht zu berücksichtigen.

Einkünfte aus Kapitalvermögen **Aufgabe 21**

Da bereits die Bruttodividende angegeben war, musste nicht zurückgerechnet werden. Hier war allerdings zu beachten, dass bei dem Ehepaar, wenn einer der Ehepartner den Sparer-Pauschbetrag nicht aufbraucht, dieser beim anderen Ehepartner gem. § 20 Abs. 9 Satz 3 EStG geltend gemacht werden kann. Dieser könnte hier aber nur im Rahmen einer Prüfung des § 32 EStG berücksichtigt werden, was nach den Sachverhaltsangaben ausgeschlossen war. Es bleibt daher bei der Abgeltungswirkung gem. § 43 Abs. 5 EStG.

Einkünfte aus Vermietung und Verpachtung **Aufgabe 23**

Einkünfte Ehefrau

Einkünfte aus nichtselbstständiger Arbeit **Aufgabe 20**

Einkünfte aus Vermietung und Verpachtung **Aufgabe 25**

Einkünfte Ehemann

Einkünfte aus nichtselbstständiger Arbeit

Einnahmen			
Bruttoarbeitslohn	2.750 € • 12 Monate = 33.000 €		
Einnahmen	33.000 €	**+ 33.000 €**	
Werbungskosten			
Arbeitszimmer kann begrenzt angesetzt werden, da kein Arbeitszimmer beim Arbeitgeber zur Verfügung steht, aber der Mittelpunkt der Tätigkeit auch nicht zuhause ist.			
Miete	820 € • 40 % • 12 Monate = 3.936 €		
Nebenkosten	180 € • 40 % • 12 Monate = 864 €		
Summe	4.800 €		
höchstens absetzbar	1.250 €		
Arbeitsmittel			
Schreibtisch			
Geringwertiges Wirtschaftsgut,			
da 250 € netto < 800 €	250 € + 19 % USt = 297,50 €		
Bürostuhl			
Geringwertiges Wirtschaftsgut,			
da 50 € netto < 800 €	50 € + 19 % USt = 59,50 €		
Laptop	0,00 €		
Kontoführungspauschale	16,00 €		
Werbungskosten	1.623,00 €		
kein Arbeitnehmer-Pauschbetrag, da	1.623 € > 1.000 €	- 1.623,00 €	
Überschuss = Einkünfte		**31.377,00 €**	**+ 31.377,00 €**

Einkünfte aus Kapitalvermögen

Einnahmen			
Bruttodividende = Einnahmen	2.500 €	2.500 €	
Werbungskosten			
Sparer-Pauschbetrag	801 € • 2 = 1.602 €	- 1.602 €	
Überschuss		898 €	
aber abgegolten durch Steuerabzug daher			**+ 0 €**

Einkünfte aus Vermietung und Verpachtung

Einnahmen			
Miete inkl. Nebenkosten	2.200 € • 12 Monate = 26.400 €		
Einnahmen	26.400 €	+ 26.400 €	

Werbungskosten				
Berechnung Anschaffungskosten Gebäude				
Anschaffungskosten Gebäude		600.000 €		
Anschaffungsnahe Herstellungskosten				
innerhalb von drei Jahren				
119.238 € : 1,19 = 100.200 €				
100.200 € : 600.000 € • 100 = 16,7 %				
16,7 % > 15 % der				
Anschaffungskosten	+ 119.238 €			
AK Gebäude	**719.238 €**			
AfA Gebäude	719.238 € • 2 % =	14.384,76 €		
laufende Aufwendungen		17.360,00 €		
Werbungskosten		31.744,76 €	- 31.744,76 €	
Überschuss = Einkünfte			**- 5.344,76 €**	**- 5.344,76 €**
Summe der Einkünfte Ehemann				**26.032,24 €**

Einkünfte Ehefrau

Einkünfte aus nichtselbstständiger Arbeit (§ 19 Abs. 1 Satz 1 Nr. 1 EStG)

Einnahmen				
Gehalt für Januar				
bis Oktober 2020	10 • 2.750 € =	27.500 €		
Einnahmen		27.500 €	+ 27.500 €	
Werbungskosten				
Arbeitnehmer-Pauschbetrag, da 957 € < 1.000 €			- 1.000 €	
Überschuss = Einkünfte			**26.500 €**	**+ 26.500,00 €**

Einkünfte aus nichtselbstständiger Arbeit (§ 19 Abs. 1 Satz 1 Nr. 2 EStG)

Einnahmen				
Versorgungsbezüge 2020				
November bis Dezember 2020				
	2 • 1.980 € = 3.960 €			
Einnahmen			3.960,00 €	
Versorgungsfreibetrag 2020				
Erster voller Monat				
November 2020	1.980,00 €			
• 12 Monate =	23.760,00 €			
• 16 % =	3.801,60 €			
höchstens	1.200,00 €			
anteilig für 2020	1.200,00 € • $\frac{2}{12}$ =	200,00 €	- 200,00 €	
Zuschlag zum				
Versorgungsfreibetrag 2020				
anteilig	360,00 € • $\frac{2}{12}$ =	60,00 €	- 60,00 €	
steuerpflichtige Einnahmen 2020			3.700,00 €	

Werbungskosten				
Werbungskosten-Pauschbetrag			- 102,00 €	
Überschuss = Einkünfte			**3.598,00 €**	**+ 3.598,00 €**
Einkünfte aus Vermietung und Verpachtung				
Einnahmen				
Miete inkl. Nebenkosten Erdgeschoss				
	495 € • 12 Monate = 5.940 €			
Miete inkl. Nebenkosten 1. Stock				
	627 € • 12 Monate = 7.524 €			
Einnahmen		13.464 €	+ 13.464,00 €	
Werbungskosten				
Kürzung der Werbungskosten § 21 Abs. 2 EStG				
Aufwendungen Erdgeschoss				
	495 € Warmmiete : 900 € ortsübliche • 100 = 55 %			
	55 % < 66 % => Kürzung auf 55 %			
Aufwendungen erster Stock				
	627 € Warmmiete : 950 € ortsüblich • 100 = 66 %			
	66 % = 66 % => Keine Kürzung			
Aufwendungen Gesamtgebäude				
	Erdgeschoss 55 % von 50 % = 27,50 %			
	+ erster Stock 50 %			
	=> Kürzung auf 77,50 %			
Anschaffungskosten Gebäude	310.000 €			
AfA	310.000 € • 2 % = 6.200 €			
Grundsteuer, Gebäudeversicherung u. a.	1.300 €			
Malerarbeiten Hausfassade inkl. USt.	3.332 €			
Aufwendungen Gebäude gesamt	10.832 €			
	10.832 € • 77,50 % =	8.394,80 €		
Malerarbeiten Erdgeschoss	1.511,30 € • 55 % =	831,22 €		
Werbungskosten		9.226,98 €	- 9.226,98 €	
Überschuss = Einkünfte			**4.237,02 €**	**+ 4.237,02 €**
Summe der Einkünfte Ehefrau				**34.335,02 €**
Summe der Einkünfte Ehemann				26.032,24 €
Summe der Einkünfte Ehefrau				34.335,02 €
Summe der Einkünfte Ehepaar				**60.367,26 €**

Lösung zu Aufgabe 36: Zusammenfassender Fall zur Summe der Einkünfte

INFO

Da eine ausführliche erneute Lösung dieses Gesamtfalles den Rahmen sprengen würde, sei hier auf die Lösungshinweise zu den vorangegangenen Aufgaben verwiesen.

Einkünfte aus Gewerbebetrieb	**Aufgabe 4**
Einkünfte aus Mitunternehmerschaft	**Aufgabe 8**
Einkünfte aus selbstständiger Arbeit	**Aufgabe 11**
Sonstige Einkünfte Rente	**Aufgabe 28**
Sonstige Einkünfte aus privatem Veräußerungsgeschäft	**Aufgabe 33**

In diesem zusammenfassenden Fall war allerdings zu beachten, dass bei negativen Einkünften gem. § 23 Abs. 3 Satz 7 EStG die Verrechnung nur mit positiven Einkünften aus anderen privaten Veräußerungsgeschäften möglich ist. Dies ist daher in 2020 nicht möglich. Für die Berechnung der Summe der Einkünfte war daher 0 € anzusetzen.

Einkünfte aus Gewerbebetrieb				
Gewinn 2019/2020			11.007 €	
Gewinn = Einkünfte			**11.007 €**	**+ 11.007 €**
Einkünfte aus Mitunternehmerschaft				
vorläufiger Gewinn		200.700 €		
Vorwegverzinsung James B.	50.000 € • 4 % =	- 2.000 €	2.000 €	
Vorwegverzinsung Sean C.	65.000 € • 4 % =	- 2.600 €		
Restgewinn		196.100 €		
Gewinnanteil James B.	196.100 € • 50 % =	98.050 €	98.050 €	
Gewinn = Einkünfte			**100.050 €**	**+ 100.050 €**
Einkünfte aus selbstständiger Arbeit				
Betriebseinnahmen		2.700 €		
Freibetrag		- 2.400 €		
steuerpflichtiger Gewinn		300 €	300 €	
Betriebsausgaben		2.693 €		
		- 2.400 €		
		293 €	- 293 €	
steuerlicher Gewinn = Einkünfte			**7 €**	**+ 7 €**

Sonstige Einkünfte			
Einnahmen Januar bis Juni 2020		2.275 € • 6 Monate = 13.650 €	
Einnahmen Juli bis Dezember 2020		2.300 € • 6 Monate = 13.800 €	
Einnahmen		27.450 €	
Rentenfreibetrag 2019			
Rente Januar bis Dezember 2019			
	2.200 € • 6 Monate = 13.200 €		
	2.275 € • 6 Monate = 13.650 €		
Jahresbetrag der Rente 2019	26.850 €		
- Besteuerungsanteil der Rente 2019			
	26.850 € • 76 % = - 20.406 €		
festgeschriebener Rentenfreibetrag 2019	6.444 €	- 6.444 €	
steuerpflichtige Einnahmen		**21.006 €**	
Werbungskosten			
Pauschbetrag		- 102 €	
Überschuss = Einkünfte		**20.904 €**	**+ 20.904 €**
Für das erste Grundstück liegen keine Einkünfte vor, da die Veräußerung außerhalb von zehn Jahren seit der Anschaffung erfolgt.			**+ 0 €**
Sonstige Einkünfte aus privatem Veräußerungsgeschäft			
Veräußerungspreis zweites Grundstück		6.000 €	
Anschaffungskosten zweites Grundstück		- 7.000 €	
Werbungskosten		- 0 €	
Gewinn		- 1.000 €	
Der Verlust kann nur mit Gewinnen aus anderen privaten Veräußerungsgeschäften verrechnet werden.			**- 0 €**
Summe der Einkünfte			**131.968 €**

1.2 Gesamtbetrag der Einkünfte

Lösung zu Aufgabe 37: Altersentlastungsbetrag (1)

RECHTSGRUNDLAGEN

Bei der Arbeit als Nachtportier in 2020 handelt es sich um Einkünfte aus nichtselbstständiger Arbeit i. S. d. § 19 Abs. 1 Satz 1 Nr. 1 EStG.

Da keine höheren Werbungskosten nachgewiesen wurden, gilt gem. § 9a Satz 1 Nr. 1 Buchst. a EStG der Arbeitnehmer-Pauschbetrag i. H. v. 1.000 €.

Bei der Pension seit 2019 handelt es sich um Einkünfte aus nichtselbstständiger Arbeit i. S. d. § 19 Abs. 1 Satz 1 Nr. 2 EStG.

Bei der Berechnung der Einnahmen sind gem. § 8 Abs. 1 EStG zunächst die tatsächlichen Zahlungen 2020 in voller Höhe zu erfassen. Gemäß § 19 Abs. 2 EStG sind die Versorgungsbezüge in Höhe des Versorgungsfreibetrag und dem Zuschlag zum Versorgungsfreibetrag steuerfrei. Hierbei ist gem. § 19 Abs. 2 Satz 4 Buchst. b EStG zunächst der erste volle Monat, hier der Dezember 2019, des Versorgungsbezuges auf ein Jahr hochzurechnen und dann mit dem Prozentsatz für das Jahr des Versorgungsbeginns, hier also 2019, gem. § 19 Abs. 2 Satz 3 EStG zu multiplizieren. Allerdings ist der Versorgungsfreibetrag gem. § 19 Abs. 2 Satz 3 EStG der Höhe nach begrenzt. Zusätzlich ist der entsprechende Zuschlag zum Versorgungsfreibetrag für das Jahr 2019 zu berücksichtigen.

Da keine Werbungskosten nachgewiesen wurden, gilt gem. § 9a Satz 1 Nr. 1 Buchst. b EStG ein Pauschbetrag i. H. v. 102 €.

Die negativen Einkünfte aus Vermietung und Verpachtung können mit den anderen Einkünften verrechnet werden, da hier kein Verrechnungsverbot greift.

Nach der Summe der Einkünfte ist hier gem. § 24a Satz 3 EStG der Altersentlastungsbetrag zu prüfen, da Donald D. mit Ablauf des 31.12.2019 24:00 Uhr (Der Tag vor seinem 64. Geburtstag am 01.01.2020 ist entscheidend.) sein 64. Lebensjahr vollendet hat.

Hierbei sind gem. § 24a Satz 1 EStG zunächst der Arbeitslohn (Nicht die Einkünfte!) und die positive Summe der weiteren Einkünfte ohne die Versorgungsbezüge gem. § 24a Satz 2 Nr. 1 EStG zu addieren. Da die Einkünfte aus Vermietung und Verpachtung negativ sind, und daher auch die Summe negativ ist, werden diese nicht berücksichtigt.

Das Ergebnis ist gem. § 24a Satz 5 EStG mit dem Prozentsatz für das Jahr, das dem Jahr folgt, in dem das 64. Lebensjahr vollendet wurde, hier 2020, zu multiplizieren. Für den Altersentlastungsbetrag gilt allerdings jeweils ein Höchstbetrag gem. § 24a Satz 5 EStG.

Einkünfte aus nichtselbstständiger Arbeit – Nachtportier			
Bruttoarbeitslohn		10.500 €	
Werbungskosten			
Kontoführungspauschale	16 €		
Werbungskosten	16 €		
Arbeitnehmer-Pauschbetrag, da 16 € < 1.000 €		- 1.000 €	
Überschuss = Einkünfte		**9.500 €**	**9.500 €**
Einkünfte aus nichtselbstständiger Arbeit – Versorgungsbezüge			
Einnahmen			
Versorgungsbezüge Januar bis Dezember 2020		950 € • 12 = 11.400 €	
Versorgungsfreibetrag aus 2019			
erster voller Monat Dezember 2019	950,00 €		
• 12 =	11.400,00 €		
• 17,6 % =	2.006,40 €		
höchstens	1.320,00 €	- 1.320 €	
Zuschlag zum Versorgungsfreibetrag aus 2019	396 €	- 396 €	
steuerpflichtige Einnahmen 2020		9.684 €	
Werbungskosten			
Werbungskosten-Pauschbetrag		- 102 €	
Überschuss = Einkünfte		**9.582 €**	**9.582 €**
Einkünfte aus Vermietung und Verpachtung			**- 8.320 €**
Summe der Einkünfte			**10.762 €**
Altersentlastungsbetrag im Jahr nach Vollendung des 64. Lebensjahres mit Ablauf 31.12.2019			
Arbeitslohn		10.500 €	
positive Summe der Einkünfte ohne Versorgungsbezüge		0 €	
BMG		10.500 €	
Altersentlastungsbetrag		10.500 € • 16 % = 1.680 €	
höchstens		760 €	**- 760 €**
Gesamtbetrag der Einkünfte			**10.002 €**

Lösung zu Aufgabe 38: Altersentlastungsbetrag (2)

RECHTSGRUNDLAGEN

Bei der Tätigkeit als selbstständiger Anwalt handelt es sich um Einkünfte aus selbstständiger Arbeit i. S. d. § 18 Abs. 1 Satz 1 Nr. 1 EStG.

Bei der Rente handelt es sich um sonstige Einkünfte i. S. d. § 22 Nr. 1 Satz 3 Buchst. a, aa EStG.

Bei der Berechnung der Einnahmen sind gem. § 8 Abs. 1 EStG zunächst die tatsächlichen Zahlungen in voller Höhe zu erfassen.

Gemäß § 22 Nr. 1 Satz 3 Buchst. a, aa Satz 2 EStG ist der Jahresbetrag der Rente Bemessungsgrundlage für den steuerpflichtigen Teil. Der steuerpflichtige Teil ergibt sich aus der Tabelle aus § 22 Nr. 1 Satz 3 Buchst. a, aa Satz 3 EStG. Gemäß § 22 Nr. 1 Satz 3 Buchst. a, aa Satz 4 EStG ist die Differenz aus dem Jahresrentenbetrag und dem steuerpflichtigen Teil der Rentenfreibetrag. Dieser Betrag wird gem. § 22 Nr. 1 Satz 3 Buchst. a, aa Satz 5 EStG nach dem Jahr des Rentenbeginns für die gesamte Zeit des Rentenbezuges festgeschrieben. Dies bedeutet, dass sich der Rentenfreibetrag aus der Rente nach dem Jahr des Renteneintritts, hier 2020, und dem Prozentsatz aus dem Jahr des Renteneintritts, hier 2019, berechnet. Die regelmäßigen Anpassungen führen gem. § 22 Nr. 1 Satz 3 Buchst. a, aa Satz 7 EStG nicht zu einer Neuberechnung.

Da hier keine Werbungskosten von mehr als 102 € nachgewiesen wurden, gilt gem. § 9a Satz 1 Nr. 3 EStG der Pauschbetrag i. H. v. 102 €.

Die negativen Einkünfte aus Vermietung und Verpachtung können mit den anderen Einkünften verrechnet werden, da hier kein Verrechnungsverbot greift.

Nach der Summe der Einkünfte ist hier gem. § 24a Satz 3 EStG der Altersentlastungsbetrag zu prüfen, da Donald D. mit Ablauf des 30.12.2019 24:00 Uhr (Der Tag vor seinem 64. Geburtstag am 31.12.2019 ist entscheidend.) sein 64. Lebensjahr vollendet hat.

Hierbei sind gem. § 24a Satz 1 EStG zunächst der Arbeitslohn (Nicht die Einkünfte!) und die positive Summe der weiteren Einkünfte ohne die Rente gem. § 24a Satz 2 Nr. 2 EStG zu addieren. Da kein Arbeitslohn vorliegt, ist die positive Summe aus den Einkünften aus der selbstständigen Arbeit und den Einkünfte aus Vermietung und Verpachtung zugrunde zu legen.

Das Ergebnis ist gem. § 24a Satz 5 EStG mit dem Prozentsatz für das Jahr, das dem Jahr folgt in dem das 64. Lebensjahr vollendet wurde, hier 2020, zu multiplizieren. Für den Altersentlastungsbetrag gilt allerdings jeweils ein Höchstbetrag gem. § 24a Satz 5 EStG.

Einkünfte aus selbstständiger Arbeit			**7.000,00 €**
Sonstige Einkünfte			
Einnahmen Januar bis Juni 2020	800 € • 6 Monate = 4.800 €		
Einnahmen Juli bis Dezember 2020	820 € • 6 Monate = 4.920 €		
Einnahmen	9.720 €	9.720,00 €	
Rentenfreibetrag 2020			
Jahresbetrag der Rente 2020	9.720,00 €		
Besteuerungsanteil der Rente 2020	9.720 € • 78 % = - 7.581,60 €		
festgeschriebener Rentenfreibetrag 2020	2.138,40 €	- 2.138,40 €	
steuerpflichtige Einnahmen		7.581,60 €	
Werbungskosten Pauschbetrag		- 102,00 €	
Überschuss = Einkünfte		**7.479,60 €**	**7.479,60 €**
Einkünfte aus Vermietung und Verpachtung			**- 2.000,00 €**
Summe der Einkünfte			**12.479,60 €**
Altersentlastungsbetrag im Jahr nach Vollendung des 64. Lebensjahres mit Ablauf 30.12.2019			
Arbeitslohn		0 €	
positive Summe der Einkünfte ohne Rente			
Kanzlei	7.000 €		
VuV	- 2.000 €		
Einkünfte ohne Rente	5000 €	5.000 €	
BMG		5.000 €	
Altersentlastungsbetrag		5.000 € • 16 % = 800 €	
höchstens		760 €	**- 760,00 €**
Gesamtbetrag der Einkünfte			**11.719,60 €**

Lösung zu Aufgabe 39: Entlastungsbetrag für Alleinerziehende (1)

RECHTSGRUNDLAGEN

Bei der Tätigkeit als Angestellte in 2020 handelt es sich um Einkünfte aus nichtselbstständiger Arbeit i. S. d. § 19 Abs. 1 Satz 1 Nr. 1 EStG.

Da keine höheren Werbungskosten nachgewiesen wurden, gilt gem. § 9a Satz 1 Nr. 1 Buchst. a EStG der Arbeitnehmer-Pauschbetrag i. H. v. 1.000 €.

Bei dem Ehegattenunterhalt handelt es sich um sonstige Einkünfte i. S. d. § 22 Nr. 1a EStG. Eine Zustimmung zum Sonderausgabenabzug gem. § 10 Abs. 1a Nr. 1 EStG ist bis zur Höhe von 13.805 € zzgl. Basisbeiträge zur Krankenversicherung und Pflegeversicherung i. S. d. § 10 Abs. 1 Nr. 3 EStG möglich. Daher liegen hier höchstens Einnahmen bis zur Höhe der abzugsfähigen Sonderausgaben vor. Hier somit 14.400 €. Da keine Werbungskosten nachgewiesen wurden, gilt hier ein Pauschbetrag i. H. v. 102 € gem. § 9a Satz 1 Nr. 3 EStG. Der Kindesunterhalt stellt keine Einkünfte dar.

Nach der Summe der Einkünfte war hier der Entlastungsbetrag für Alleinerziehende zu prüfen, da § 24b Abs. 3 EStG erfüllt war. Im Jahr 2020 und 2021 erhöht sich gem. § 24b Abs. 2 Satz 3 EStG der Betrag gem. § 24b Abs. 2 Satz 1 um 2.100 €.

Einkünfte aus nichtselbstständiger Arbeit			
Einnahmen		65.000 €	
Werbungskosten			
Kontoführungspauschale	16 €		
Werbungskosten	16 €		
Arbeitnehmer-Pauschbetrag, da 16 € < 1.000 €		- 1.000 €	
Überschuss = Einkünfte		**64.000 €**	**64.000 €**
Sonstige Einkünfte – Unterhalt			
Einnahmen Ehegattenunterhalt	1.200 € • 12 = 14.400 €		
Einnahmen Kindesunterhalt	0 €		
höchstens	13.805 € + 4.875 € = 18.680 €	14.400 €	
Werbungskosten			
Pauschbetrag		- 102 €	
Überschuss = Einkünfte		**14.298 €**	**14.298 €**
Summe der Einkünfte			**78.298 €**
Entlastungsbetrag für Alleinerziehende 1.908 € - 2.100 € = 4.008 €			**- 4.008 €**
Gesamtbetrag der Einkünfte			**74.290 €**

Lösung zu Aufgabe 40: Entlastungsbetrag für Alleinerziehende (2)

RECHTSGRUNDLAGEN

Bei der Tätigkeit als Angestellte in 2020 handelt es sich um Einkünfte aus nichtselbstständiger Arbeit i. S. d. § 19 Abs. 1 Satz 1 Nr. 1 EStG.

Da keine höheren Werbungskosten nachgewiesen wurden, gilt gem. § 9a Satz 1 Nr. 1 Buchst. a EStG der Arbeitnehmer-Pauschbetrag i. H. v. 1.000 €.

Bei dem Ehegattenunterhalt handelt es sich um sonstige Einkünfte i. S. d. § 22 Nr. 1a EStG. Eine Zustimmung zum Sonderausgabenabzug gem. § 10 Abs. 1a Nr. 1 EStG ist bis zur Höhe von 13.805 € zzgl. Basisbeiträge zur Krankenversicherung und Pflegeversicherung i. S. d. § 10 Abs. 1 Nr. 3 EStG möglich. Daher liegen hier höchstens Einnahmen bis zur Höhe der abzugsfähigen Sonderausgaben vor. Hier somit 9.600 €. Da keine Werbungskosten nachgewiesen wurden, gilt hier ein Pauschbetrag i. H. v. 102 € gem. § 9a Satz 1 Nr. 3 EStG. Der Kindesunterhalt stellt keine Einkünfte dar.

Nach der Summe der Einkünfte war hier der Entlastungsbetrag für Alleinerziehende zu prüfen, da § 24b Abs. 3 EStG zumindest zeitanteilig erfüllt war. Da der Lebensgefährte im März 2020 als volljährige Person mit im Haushalt lebt und für ihn kein Anspruch gem. § 32 EStG besteht, ist gem. § 24b Abs. 4 EStG der Entlastungsbetrag um jeden vollen Monat in dem die Voraussetzungen nicht vorliegen um $^1/_{12}$ zu kürzen. Dies ist hier ab dem April erfüllt, daher ist um $^9/_{12}$ bzw. auf $^3/_{12}$ zu kürzen.

Einkünfte aus nichtselbstständiger Arbeit

Einnahmen		32.000 €	
Werbungskosten			
Kontoführungspauschale	16 €		
Werbungskosten	16 €		
Arbeitnehmer-Pauschbetrag, da 16 € < 1.000 €		- 1.000 €	
Überschuss = Einkünfte		31.000 €	31.000 €

Sonstige Einkünfte – Unterhalt

Einnahmen Ehegattenunterhalt	800 € • 12 = 9.600 €		
Einnahmen Kindesunterhalt	0 €		
höchstens	13.805 € + 2.989 € = 16.794 €	9.600 €	

Werbungskosten		
Pauschbetrag	- 102 €	
Überschuss = Einkünfte	**9.498 €**	**9.498 €**
Summe der Einkünfte		**40.498 €**
Entlastungsbetrag für Alleinerziehende	**(1.908 € + 2.100) • 3/12 = 1.002 €**	**- 1.002 €**
Gesamtbetrag der Einkünfte		**39.496 €**

Lösung zu Aufgabe 41: Entlastungsbetrag für Alleinerziehende (3)

RECHTSGRUNDLAGEN

Bei der Tätigkeit als Angestellte in 2020 handelt es sich um Einkünfte aus nichtselbstständiger Arbeit i. S. d. § 19 Abs. 1 Satz 1 Nr. 1 EStG.

Da keine höheren Werbungskosten nachgewiesen wurden, gilt gem. § 9a Satz 1 Nr. 1 Buchst. a EStG der Arbeitnehmer-Pauschbetrag i. H. v. 1.000 €.

Nach der Summe der Einkünfte war hier der Entlastungsbetrag für Alleinerziehende zu prüfen, da aber § 24b Abs. 3 EStG nicht erfüllt war, kommt kein Abzug infrage. Der Sohn lebt als volljährige Person mit im Haushalt und für ihn besteht kein Anspruch mehr gem. § 32 EStG.

Einkünfte aus nichtselbstständiger Arbeit			
Einnahmen		25.000 €	
Werbungskosten			
Kontoführungspauschale	16 €		
Werbungskosten	16 €		
Arbeitnehmer-Pauschbetrag, da 16 € < 1.000 €		- 1.000 €	
Überschuss = Einkünfte		24.000 €	24.000 €
Summe der Einkünfte			**24.000 €**
Entlastungsbetrag für Alleinerziehende kommt nicht zur Anwendung, da der Sohn volljährig ist und arbeitet und damit § 32 Abs. 6 EStG nicht erfüllt ist.			0 €
Gesamtbetrag der Einkünfte			**24.000 €**

Lösung zu Aufgabe 42: Zusammenfassender Fall zum Gesamtbetrag der Einkünfte

INFO

Da eine ausführliche erneute Lösung dieses Gesamtfalles den Rahmen sprengen würde, sei hier auf die Lösungshinweise zu **Aufgabe 38** verwiesen.

Allerdings waren hier zusätzlich noch die Einkünfte aus nichtselbstständiger Arbeit zu berücksichtigen. Daher musste bei der Berechnung des Altersentlastungsbetrags der Bruttoarbeitslohn für die Bemessungsgrundlage berücksichtigt werden.

Da Daisy D. alleinstehend i. S. d. § 24b Abs. 3 EStG ist, musste der Entlastungsbetrag für Alleinerziehende noch berücksichtigt werden.

Der Freibetrag für Land- und Forstwirtschaft konnte nicht berücksichtigt werden, da dieser gem. § 13 Abs. 3 Satz 2 EStG bei einer Summe der Einkünfte über 30.700 €, was hier der Fall war, nicht zur Anwendung kommt.

Einkünfte aus Land- und Forstwirtschaft			**+ 3.500,00 €**
Einkünfte aus selbstständiger Arbeit			**+ 18.000,00 €**
Einkünfte aus nichtselbständiger Arbeit (§ 19 Abs. 1 Satz 1 Nr. 1 EStG)			
Einnahmen			
Gehalt Januar bis April 2020			
	3.760 € • 4 Monate = 15.040 €		
Einnahmen	15.040 €	15.040 €	
Werbungskosten			
Arbeitnehmer-Pauschbetrag	1.000 €	- 1.000 €	
Überschuss = Einkünfte		**14.040 €**	**+ 14.040,00 €**

Sonstige Einkünfte			
Einnahmen Mai bis Juni 2020			
	2.540 € • 2 Monate = 5.080 €		
Einnahmen Juli bis Dezember 2020			
	2.600 € • 6 Monate = 15.600 €		
Einnahmen	20.680 €	20.680,00 €	
Rentenfreibetrag 2020			
Jahresbetrag der Rente 2020	20.680,00 €		
Besteuerungsanteil der Rente 2020			
	20.680 € • 80 % = - 16.544,00 €		
Rentenfreibetrag 2020	4.136,00 €	- 4.136,00 €	
Steuerpflichtige Einnahmen		16.544,00 €	
Werbungskosten			
Pauschbetrag		- 102,00 €	
Überschuss = Einkünfte		**16.442,00 €**	**+ 16.442,00 €**
Einkünfte aus Vermietung und Verpachtung			**- 1.370,00 €**
Summe der Einkünfte			**50.612,00 €**
Altersentlastungsbetrag im Jahr nach Vollendung des 64. Lebensjahres mit Ablauf 14.03.2018			
Arbeitslohn	15.040 €		
Positive Summe der Einkünfte ohne Arbeitslohn und Rente			
Land- und Forstwirtschaft	3.500 €		
Kanzlei	18.000 €		
VuV	- 1.370 €		
positive Summe	= 20.130 €		
BMG	15.040 € + 20.130 € = 35.170 €		
Altersentlastungsbetrag	35.170 € • 17,6 % = 6.189,92 €		
höchstens	836,00 €		**- 836,00 €**
Entlastungsbetrag für Alleinerziehende 1.908,00 € + 2.100 €			**- 4.008,00 €**
Freibetrag für Land- und Forstwirtschaft entfällt, da die Summe der Einkünfte > 30.700 € ist.			**0 €**
Gesamtbetrag der Einkünfte			**45.768,00 €**

1.3 Einkommen

Lösung zu Aufgabe 43: Verlustvor-/-rücktrag (1)

RECHTSGRUNDLAGEN

Der Verlustvortrag ist gem. § 10d Abs. 2 Satz 1 EStG bis zu 1 Mio. € unbeschränkt abzugsfähig, darüber hinaus nur bis zur Höhe von 60 % des Gesamtbetrags der Einkünfte soweit er 1 Mio. € übersteigt. Hier also 60 % von 3.457.300 €. Der Verlustvortrag ist gem. § 10d Abs. 2 Satz 1 EStG vor den Sonderausgaben abzuziehen.

Gesamtbetrag der Einkünfte		4.457.300,00 €
Verlustvortrag	2.365.000 €	
unbegrenzt abzugsfähig bis	1.000.000 €	- 1.000.000,00 €
=		3.457.300,00 €
Restverlust begrenzt abzugsfähig	1.365.000 €	
höchstens	3.457.300 € • 60 % = 2.074.380 €	- 1.365.000,00 €
=		2.092.300,00 €
Sonderausgaben		- 8.930,50 €
Einkommen		**2.083.369,50 €**

Lösung zu Aufgabe 44: Verlustvor-/-rücktrag (2)

RECHTSGRUNDLAGEN

Der Verlustvortrag ist gem. § 10d Abs. 2 Satz 1 EStG bis zu 1 Mio. € unbeschränkt abzugsfähig. Der Verlustvortrag ist gem. § 10d Abs. 2 Satz 1 EStG vor den Sonderausgaben abzuziehen.

Gesamtbetrag der Einkünfte		1.452.680 €
Verlustvortrag	865.000 €	
unbegrenzt abzugsfähig bis	1.000.000 €	- 865.000 €
=		587.680 €
Sonderausgaben		- 13.455 €
Einkommen		**574.225 €**

Lösung zu Aufgabe 45: Sonderausgaben – Ehegattenunterhalt

RECHTSGRUNDLAGEN

Der Ehegattenunterhalt kann hier gem. § 10 Abs. 1a Nr. 1 EStG als Sonderausgaben abgezogen werden. Die gezahlten Beiträge zur KV und PV sind Vorsorgeaufwendungen i. S. d. § 10 Abs. 1 Nr. 3 EStG und erhöhen daher gem. § 10 Abs. 1 Nr. 1 Satz 2 den Höchstbetrag. Höchstens kann aber nur der gezahlte Betrag geltend gemacht werden. Die KV/PV-Beiträge gelten als eigene Beiträge des geschiedenen Ehemannes gem. § 10 Abs. 1 Nr. 3 Satz 3 EStG und können daher hier nicht geltend gemacht werden.

Sonderausgaben		
Ehegattenunterhalt	1.000 € • 12 Monate = 12.000 €	
höchstens	13.805 €	
erhöht um Basisbeiträge KV und PV	+ 4.500 €	
höchstens	18.305 €	
höchstens gezahlter Unterhalt		**12.000 €**

Lösung zu Aufgabe 46: Sonderausgaben – Altersvorsorgeaufwendungen (1)

RECHTSGRUNDLAGEN

Gemäß § 10 Abs. 1 Nr. 2 Buchst. a EStG können die Vorsorgeaufwendungen zum Versorgungswerk und gem. § 10 Abs. 1 Nr. 2 Buchst. b, aa EStG können die Vorsorgeaufwendungen zur Rürup-Rentenversicherung als Sonderausgaben geltend gemacht werden.

Gemäß § 10 Abs. 3 Satz 1 EStG gilt aber ein Höchstbetrag in Höhe des Höchstbeitrags zur knappschaftlichen Rentenversicherung, der hier nicht erreicht wird. Der anzusetzende Betrag ist mithilfe eines Prozentsatzes gem. § 10 Abs. 3 Satz 4 und Satz 6 EStG, hier mit 90 %, zu errechnen.

Altersvorsorgeaufwendungen		
Versorgungswerk	820 € • 12 Monate = 9.840 €	
Rürup-Rentenversicherung	450 € • 12 Monate = 5.400 €	
Summe	15.240 €	
Höchstbetrag	101.400 • 24,7 % = 25.046 €	
anzusetzender Betrag, abzugsfähig	15.240 € • 90 % =	**13.716,00 €**

Lösung zu Aufgabe 47: Sonderausgaben – Altersvorsorgeaufwendungen (2)

RECHTSGRUNDLAGEN

Gemäß § 10 Abs. 1 Nr. 2 Buchst. b, aa EStG können die Vorsorgeaufwendungen zur Rürup-Rentenversicherung als Sonderausgaben geltend gemacht werden.

Gemäß § 10 Abs. 3 Satz 1 EStG gilt aber ein Höchstbetrag in Höhe des Höchstbeitrags zur knappschaftlichen Rentenversicherung. Dieser ist aber gem. § 10 Abs. 3 Satz 3 Nr. 1 Buchst. a EStG i. H. v. 18,6 % von den Einnahmen für die versicherungsfreie Tätigkeit um fiktive Rentenbeiträge zu kürzen. Da der gekürzte Höchstbetrag hier nicht erreicht wird, ist der gezahlte Betrag zu berücksichtigen.

Der anzusetzende Betrag ist mithilfe eines Prozentsatzes gem. § 10 Abs. 3 Satz 4 und Satz 6 EStG, hier mit 90 %, zu errechnen.

Altersvorsorgeaufwendungen		
Rürup-Rentenversicherung	600 € • 12 Monate = 7.200 €	
Höchstbetrag	98.400 • 24,7 % = 24.305 €	
	2.500 € • 12 Monate • 18,6 % = - 5.580 €	
Höchstbetrag gekürzt	18.132 €	
anzusetzender Betrag, abzugsfähig	7.200 € • 90 % =	**6.480 €**

Lösung zu Aufgabe 48: Sonderausgaben – Altersvorsorgeaufwendungen (3)

RECHTSGRUNDLAGEN

Gemäß § 10 Abs. 1 Nr. 2 Buchst. a EStG können die Vorsorgeaufwendungen zum Versorgungswerk und gem. § 10 Abs. 1 Nr. 2 Buchst. b, aa EStG können die Vorsorgeaufwendungen zur Rürup-Rentenversicherung als Sonderausgaben geltend gemacht werden. Gemäß § 10 Abs. 1 Nr. 2 Satz 4 EStG ist für den Ehemann auch der Arbeitgeberanteil anzusetzen.

Gemäß § 10 Abs. 3 Satz 1 und Satz 2 EStG gilt bei zusammenveranlagten Ehegatten ein Höchstbetrag i. H. v. 25.046 € • 2 = 50.092 € (101.400 € • 24,7 % = 50.092). Dieser ist aber gem. § 10 Abs. 3 Satz 3 Nr. 1 Buchst. a EStG i. H. v. 18,6 % von den Einnahmen für die versicherungsfreie Tätigkeit der Ehefrau um fiktive Rentenbeiträge zu kürzen. Da der gekürzte Höchstbetrag hier nicht erreicht wird, ist die Summe der Altervorsorgeaufwendungen anzusetzen.

Der anzusetzende Betrag ist mithilfe eines Prozentsatzes gem. § 10 Abs. 3 Satz 4 und Satz 6 EStG, hier mit 90 %, zu errechnen.

Gemäß § 10 Abs. 3 Satz 5 EStG ist der Arbeitgeberanteil für den Ehemann vom anzusetzenden Betrag abzuziehen.

Sonderausgaben – Altersvorsorgeaufwendungen		
Versorgungswerk Ehemann (AN)	386 € • 12 Monate = 4.632 €	
Versorgungswerk Ehemann (AG)	386 € • 12 Monate = 4.632 €	
Rürup-Rentenversicherung Ehemann	950 € • 12 Monate = 11.400 €	
Rürup-Rentenversicherung Ehefrau	890 € • 12 Monate = 10.680 €	
Summe	31.344 €	
Höchstbetrag	101.400 € • 24,7 % • 2 = 50.092,00 €	
	4.100 € • 12 Monate • 18,6 % = - 9.151,20 €	
Höchstbetrag gekürzt	40.904,80 €	
anzusetzender Betrag	31.344 € • 90 % = 28.209,60 €	
Arbeitgeberanteil Versorgungswerk	- 4.632,00 €	
abzugsfähig	**23.577,60 €**	**23.577,60 €**

Lösung zu Aufgabe 49: Sonderausgaben – Sonstige Vorsorgeaufwendungen (1)

ACHTUNG

Beachten Sie den Unterschied zwischen § 10 Abs. 1 Nr. 3 Buchst. a EStG und § 10 Abs. 1 Nr. 3a EStG, sonst haben Sie bei der Abziehbarkeit der Mindestbeiträge i. S. d. § 10 Abs. 4 Satz 4 EStG Schwierigkeiten.

RECHTSGRUNDLAGEN

Gemäß § 10 Abs. 1 Nr. 3 Buchst. a EStG können die Basisbeiträge zur Krankenversicherung und gem. § 10 Abs. 1 Nr. 3 Buchst. b EStG können die Basisbeiträge zur Pflegeversicherung als Vorsorgeaufwendungen und damit als Sonderausgaben geltend gemacht werden.

Darüber hinaus können gem. § 10 Abs. 1 Nr. 3a EStG insbesondere die Krankenkassenbeiträge und die Pflegeversicherungsbeiträge, die nicht zur Basisversorgung gehören, geltend gemacht werden. Aber auch weitere Versicherungsbeiträge kommen wie hier infrage.

Hier gilt gem. § 10 Abs. 4 Satz 1 für Alles ein Höchstbetrag i. H. v. 2.800 €, da keine Ausnahme gem. § 10 Abs. 4 Satz 2 EStG gegeben ist. Hier sind aber gem. § 10 Abs. 4 Satz 4 EStG mindestens die Vorsorgeaufwendungen i. S. d. § 10 Abs. 1 Nr. 3 EStG (Buchst. a und b) anzusetzen.

Im Klausurenverbund darf nach aktuellem Stand nicht über Satz 4 abgekürzt werden, auch wenn sofort klar ist, dass die Basisbeiträge KV und PV bereits über dem Höchstbetrag sind.

Sonderausgaben – Sonstige Vorsorgeaufwendungen		
Krankenversicherung Basis	325 € • 12 Monate = 3.900 €	
Pflegeversicherung Basis	63 € • 12 Monate = 756 €	
Summe § 10 Abs. 1 Nr. 3 EStG	**4.656 €**	
Krankenversicherung Komfort	125 € • 12 Monate = 1.500 €	
Pflegeversicherung Komfort	25 € • 12 Monate = 300 €	
Risikolebensversicherung	14,50 € • 12 Monate = 174 €	
Haftpflichtversicherung	25 € • 12 Monate = 300 €	
Rechtschutzversicherung	0 €	
Summe § 10 Abs. 1 Nr. 3a EStG	2.274 €	
Summe § 10 Abs. 1 Nr. 3, Nr. 3a EStG	6.930 €	
Höchstbetrag	2.800 €	
mindestens § 10 Abs. 1 Nr. 3 EStG		**4.656 €**

Lösung zu Aufgabe 50: Sonderausgaben – Sonstige Vorsorgeaufwendungen (2)

RECHTSGRUNDLAGEN

Gemäß § 10 Abs. 1 Nr. 3 Buchst. a EStG können die Basisbeiträge zur Krankenversicherung und gem. § 10 Abs. 1 Nr. 3 Buchst. b EStG können die Basisbeiträge zur Pflegeversicherung als Vorsorgeaufwendungen und damit als Sonderausgaben geltend gemacht werden. Gemäß § 10 Abs. 1 Nr. 3 Buchst. a Satz 4 EStG ist allerdings der Krankenkassenbeitrag um 4 % auf 96 % zu kürzen, da ein Arbeitnehmer mit den abgeführten Beiträgen einen Anspruch auf Krankengeld hat. Diese 4 % fallen dafür unter § 10 Abs. 1 Nr. 3a EStG.

Darüber hinaus können gem. § 10 Abs. 1 Nr. 3a EStG insbesondere die Krankenkassenbeiträge und die Pflegeversicherungsbeiträge, die nicht zur Basisversorgung gehören, geltend gemacht werden. Aber auch weitere Versicherungsbeiträge kommen wie hier infrage.

Hier gilt gem. § 10 Abs. 4 Satz 1 für Alles ein Höchstbetrag i. H. v. 1.900 €, da eine Ausnahme gem. § 10 Abs. 4 Satz 2 EStG gegeben ist, da bei einem Arbeitnehmer steuerfreie Einnahmen i. S. d. § 3 Nr. 62 EStG vorliegen.

Hier sind aber gem. § 10 Abs. 4 Satz 4 EStG mindestens die Vorsorgeaufwendungen i. S. d. § 10 Abs. 1 Nr. 3 EStG (Buchst. a und b) anzusetzen.

Sonderausgaben – Sonstige Vorsorgeaufwendungen		
Krankenversicherung Basis	249 € • 12 Monate • 96 % = 2.868,48 €	
Pflegeversicherung Basis	38,25 € • 12 Monate = 459,00 €	
Summe § 10 Abs. 1 Nr. 3 EStG	**3.327,48 €**	
Krankenversicherung Komfort	249 € • 12 Monate • 4 % = 119,52 €	
Pflegeversicherung Komfort	10 € • 12 Monate = 120,00 €	
Arbeitslosenversicherung	45 € • 12 Monate = 540,00 €	
Risikolebensversicherung	35,40 € • 12 Monate = 424,80 €	
Haftpflichtversicherung	17,45 € • 12 Monate = 209,40 €	
Summe § 10 Abs. 1 Nr. 3a EStG	1.413,72 €	
Summe § 10 Abs. 1 Nr. 3, Nr. 3a EStG	4.741,20 €	
Höchstbetrag	1.900,00 €	
mindestens § 10 Abs. 1 Nr. 3 EStG		**3.327,48 €**

Lösung zu Aufgabe 51: Sonderausgaben – Sonstige Vorsorgeaufwendungen (3)

RECHTSGRUNDLAGEN

Gemäß § 10 Abs. 1 Nr. 3 Buchst. a EStG können die Basisbeiträge zur Krankenversicherung als Vorsorgeaufwendungen und damit als Sonderausgaben geltend gemacht werden.

Darüber hinaus können gem. § 10 Abs. 1 Nr. 3a EStG insbesondere die Krankenkassenbeiträge und die Pflegeversicherungsbeiträge, die nicht zur Basisversorgung gehören, geltend gemacht werden. Aber auch weitere Versicherungsbeiträge kommen wie hier infrage.

Hier gilt gem. § 10 Abs. 4 Satz 1 für Alles ein Höchstbetrag i. H. v. 1.900 €, da eine Ausnahme gem. § 10 Abs. 4 Satz 2 EStG gegeben ist, da bei einem Beamten Leistungen zur Versorgung im Krankheitsfall geleistet werden, ohne dass der Beamte dafür eigene Beiträge geleistet hat.

Hier sind **nicht** gem. § 10 Abs. 4 Satz 4 EStG mindestens die Vorsorgeaufwendungen i. S. d. § 10 Abs. 1 Nr. 3 EStG (Buchst. a und b) anzusetzen, da der Betrag niedriger ist als der Höchstbetrag.

Sonderausgaben – Sonstige Vorsorgeaufwendungen

Krankenversicherung Basis	120 € • 12 Monate =	1.440 €	
Summe § 10 Abs. 1 Nr. 3 EStG		**1.440 €**	
Krankenversicherung Komfort	65 € • 12 Monate =	780,00 €	
Pflegeversicherung Komfort	25 € • 12 Monate =	300,00 €	
Risikolebensversicherung	35,40 € • 12 Monate =	424,80 €	
Haftpflichtversicherung	17,45 € • 12 Monate =	209,40 €	
Summe § 10 Abs. 1 Nr. 3a EStG		1.714,20 €	
Summe § 10 Abs. 1 Nr. 3, Nr. 3a EStG		3.154,20 €	
Höchstbetrag		1.900 €	
mindestens § 10 Abs. 1 Nr. 3 EStG		1.440 €	**1.900 €**

Lösung zu Aufgabe 52: Sonderausgaben – Sonstige Vorsorgeaufwendungen (4)

RECHTSGRUNDLAGEN

Gemäß § 10 Abs. 1 Nr. 3 Buchst. a EStG können die Basisbeiträge zur Krankenversicherung und gem. § 10 Abs. 1 Nr. 3 Buchst. b EStG können die Basisbeiträge zur Pflegeversicherung als Vorsorgeaufwendungen und damit als Sonderausgaben für das Ehepaar geltend gemacht werden.

Darüber hinaus können gem. § 10 Abs. 1 Nr. 3a EStG insbesondere die Krankenkassenbeiträge und die Pflegeversicherungsbeiträge, die nicht zur Basisversorgung gehören, für das Ehepaar geltend gemacht werden. Aber auch weitere Versicherungsbeiträge kommen wie hier infrage.

Hier muss gem. § 10 Abs. 4 Satz 1 und Satz 3 EStG zunächst für jeden Ehepartner einzeln der Höchstbetrag bestimmt werden. Die Summe aus beiden Höchstbeträgen ergibt dann den Höchstbetrag für das Ehepaar. Für Alles gilt ein Höchstbetrag i. H. v. 4.700 €, da bei der Ehefrau zwar keine Ausnahme gem. § 10 Abs. 4 Satz 2 EStG gegeben ist, aber beim Ehemann als Beamter. Hier sind aber gem. § 10 Abs. 4 Satz 4 EStG mindestens die Vorsorgeaufwendungen i. S. d. § 10 Abs. 1 Nr. 3 EStG (Buchst. a und b) für das Ehepaar anzusetzen.

Sonderausgaben – Sonstige Vorsorgeaufwendungen

Krankenversicherung Danny D. Basis	20 € • 12 Monate = 240 €	
Krankenversicherung Bette M. Basis	400 € • 12 Monate = 4.800 €	
Pflegeversicherung Bette M. Basis	45 € • 12 Monate = 540 €	
Summe § 10 Abs. 1 Nr. 3 EStG	**5.580 €**	
Krankenversicherung Danny D. Komfort	75 € • 12 Monate = 900 €	
Krankenversicherung Bette M. Komfort	325 € • 12 Monate = 3.900 €	
Pflegeversicherung Danny D. Komfort	36 € • 12 Monate = 432 €	
Pflegeversicherung Bette M. Komfort	15 € • 12 Monate = 180 €	
Risikolebensversicherung Bette M.	48 € • 12 Monate = 576 €	
Haftpflichtversicherung Danny D.	15 € • 12 Monate = 180 €	
Haftpflichtversicherung Bette M.	210 €	
Summe § 10 Abs. 1 Nr. 3a EStG	6.378 €	
Summe § 10 Abs. 1 Nr. 3, Nr. 3a EStG	11.958 €	
Höchstbetrag Danny D.	1.900 €	
Höchstbetrag Bette M.	2.800 €	
Höchstbetrag Ehepaar	4.700 €	
mindestens § 10 Abs. 1 Nr. 3 EStG		**5.580 €**

Lösung zu Aufgabe 53: Sonderausgaben – Altersvorsorgeaufwendungen und Sonstige Vorsorgeaufwendungen (1)

INFO

Bei dieser Aufgabe gelten grundsätzlich die Hinweise aus den vorhergehenden Lösungen. Allerdings war hier zusätzlich § 10c EStG zu prüfen, da er nicht ausgeschlossen war. Da keine „schädlichen" Sonderausgaben vorliegen, sind hier zusätzlich 36 € abzugsfähig.

Sonderausgaben

Altersvorsorgeaufwendungen		
Altersvorsorge (AN)	378 € • 12 Monate = 4.536 €	
Altersvorsorge (AG)	378 € • 12 Monate = 4.536 €	
Rürup-Rentenversicherung	150 € • 12 Monate = 1.800 €	
Summe	10.872 €	
Höchstbetrag	101.400 • 24,7 % = 25.046 €	
anzusetzender Betrag	10.872 € • 90 % = 9.784,80 €	
Arbeitgeberanteil Altersvorsorge	- 4.536,00 €	
abzugsfähig	**5.248,80 €**	**5.248,80 €**
Sonstige Vorsorgeaufwendungen		
Krankenversicherung Basis	328 € • 12 Monate • 96 % = 3.778,56 €	
Pflegeversicherung Basis	51 € • 12 Monate = 612,00 €	
Summe § 10 Abs. 1 Nr. 3 EStG	**4.390,56 €**	
Krankenversicherung Komfort	328 € • 12 Monate • 4 % = 157,44 €	
Pflegeversicherung Komfort	17 € • 12 Monate = 204,00 €	
Arbeitslosenversicherung	60 € • 12 Monate = 720,00 €	
Hundehaftpflichtversicherung	13 € • 12 Monate = 156,00 €	
Summe § 10 Abs. 1 Nr. 3a EStG	1.237,44 €	
Summe § 10 Abs. 1 Nr. 3, Nr. 3a EStG	5.628,00 €	
Höchstbetrag	1.900,00 €	
mindestens § 10 Abs. 1 Nr. 3 EStG		**4.390,56 €**
Sonderausgaben-Pauschale § 10c EStG		**36,00 €**
Sonderausgaben		**9.675,36 €**

Lösung zu Aufgabe 54: Sonderausgaben – Altersvorsorgeaufwendungen und Sonstige Vorsorgeaufwendungen (2)

INFO

Hier gelten grundsätzlich die Hinweise aus den vorhergehenden Lösungen. Allerdings war hier zusätzlich § 10c EStG zu prüfen, da er nicht ausgeschlossen war. Da keine „schädlichen" Sonderausgaben vorliegen, sind hier zusätzlich 36 € abzugsfähig.

Sonderausgaben

Altersvorsorgeaufwendungen		
Versorgungswerk	756 € • 12 Monate = 9.072 €	
Rürup-Rentenversicherung	225 € • 12 Monate = 2.700 €	
Summe	11.772 €	
Höchstbetrag	101.400 • 24,7 % = 25.046 €	
anzusetzender Betrag, abzugsfähig	11.772 € • 90 % =	**10.594,80 €**
Sonstige Vorsorgeaufwendungen		
Krankenversicherung Basis	325 € • 12 Monate = 3.900 €	
Pflegeversicherung Basis	63 € • 12 Monate = 756 €	
Summe § 10 Abs. 1 Nr. 3 EStG	**4.656 €**	
Krankenversicherung Komfort	125 € • 12 Monate = 1.500 €	
Pflegeversicherung Komfort	25 € • 12 Monate = 300 €	
Risikolebensversicherung	98 €	
Haftpflichtversicherung	25 € • 12 Monate = 300 €	
Rechtschutzversicherung	0 €	
Hausratversicherung	0 €	
Summe § 10 Abs. 1 Nr. 3a EStG	2.198 €	
Summe § 10 Abs. 1 Nr. 3, Nr. 3a EStG	6.854 €	
Höchstbetrag	2.800 €	
mindestens § 10 Abs. 1 Nr. 3 EStG		**4.656,00 €**
Sonderausgaben-Pauschale § 10c EStG		**36,00 €**
Sonderausgaben		**15.286,80 €**

Lösung zu Aufgabe 55: Sonderausgaben – Altersvorsorgeaufwendungen und Sonstige Vorsorgeaufwendungen (3)

INFO

Hier gelten grundsätzlich die Hinweise aus den vorhergehenden Lösungen. Aus Vereinfachungsgründen wird einheitlich auf die Beitragsbemessungsgrenze Ost abgestellt. Diese beträgt 6.450 € für 2020. Da der Sachverhalt in 2020 angesiedelt ist, war diese zugrunde zu legen. (Vergl. BMF vom 19.08.2013 Einkommensteuerliche Behandlung von Vorsorgeaufwendungen und Altersbezügen Rz. 51). Allerdings war hier zusätzlich § 10c EStG zu prüfen, da er nicht ausgeschlossen war. Da keine „schädlichen" Sonderausgaben vorliegen, sind hier zusätzlich 36 € abzugsfähig.

Sonderausgaben

Altersvorsorgeaufwendungen		
Rürup-Rentenversicherung	1.000 € • 12 Monate = 12.000 €	
Summe	12.000 €	
Höchstbetrag	101.400 • 24,7 % = 25.046,00 €	
Beitragsbemessungsgrenze	6.450 € • 12 • 18,6 % = - 14.396,40 €	
Höchstbetrag gekürzt	10.649,60 €	
anzusetzender Betrag, abzugsfähig	10.649,60 € • 90 % =	**9.584,64 €**
Sonstige Vorsorgeaufwendungen		
Krankenversicherung Basis	120 € • 12 Monate = 1.440,00 €	
Summe § 10 Abs. 1 Nr. 3 EStG	1.440,00 €	
Krankenversicherung Komfort	65 € • 12 Monate = 780,00 €	
Pflegeversicherung Komfort	25 € • 12 Monate = 300,00 €	
Risikolebensversicherung	35,40 € • 12 Monate = 424,80 €	
Haftpflichtversicherung	112,00 €	
Summe § 10 Abs. 1 Nr. 3a EStG	1.616,80 €	
Summe § 10 Abs. 1 Nr. 3, Nr. 3a EStG	3.056,80 €	
Höchstbetrag	**1.900 €**	
mindestens § 10 Abs. 1 Nr. 3 EStG	1.440 €	**1.900,00 €**
Sonderausgaben-Pauschale § 10c EStG		**36,00 €**
Sonderausgaben		**11.520,64 €**

Lösung zu Aufgabe 56: Sonderausgaben – Altersvorsorgeaufwendungen und Sonstige Vorsorgeaufwendungen (4)

INFO

Hier gelten grundsätzlich die Hinweise aus den vorhergehenden Lösungen. Allerdings war hier zusätzlich § 10c EStG zu prüfen, da er nicht ausgeschlossen war. Da keine „schädlichen" Sonderausgaben vorliegen sind hier zusätzlich 72 € abzugsfähig, da es sich um ein Ehepaar handelt.

Sonderausgaben

Altersvorsorgeaufwendungen		
Altersvorsorge Diane K. (AN)	330,75 € • 12 Monate = 3.969,00 €	
Altersvorsorge Diane K. (AG)	330,75 € • 12 Monate = 3.969,00 €	
Rürup-Rentenversicherung Arnold S.	812 € • 12 Monate = 9.744,00 €	
Rürup-Rentenversicherung Diane K.	486 € • 12 Monate = 5.832,00 €	
Summe	23.514,00 €	
Höchstbetrag	101.400 • 24,7 % • 2 = 50.092,00 €	
	4.650 € • 12 Monate • 18,6 % = - 10.378,80 €	
Höchstbetrag gekürzt	39.713,20 €	
anzusetzender Betrag	23.514 € • 90 % = 21.162,60 €	
Arbeitgeberanteil Altersvorsorge	- 3.969,00 €	
abzugsfähig	**17.193,60 €**	**17.193,60 €**
Sonstige Vorsorgeaufwendungen		
Krankenversicherung Basis Arnold S.	120 € • 12 Monate = 1.440,00 €	
Krankenversicherung Basis Diane K.	287 € • 12 Monate • 96 % = 3.306,24 €	
Pflegeversicherung Basis Diane K.	44,63 € • 12 Monate = 535,56 €	
Summe § 10 Abs. 1 Nr. 3 EStG	**5.281,80 €**	
Krankenversicherung Komfort Arnold S.	65 € • 12 Monate = 780,00 €	
Krankenversicherung Komfort Diane K.	287 € • 12 Monate • 4 % = 137,76 €	
Pflegeversicherung Komfort Arnold S.	25 € • 12 Monate = 300,00 €	
Pflegeversicherung Komfort Diane K.	23 € • 12 Monate = 276,00 €	
Arbeitslosenversicherung Diane K.	52,50 € • 12 = 630,00 €	
Risikolebensversicherung Arnold S.	35,40 € • 12 Monate = 424,80 €	
Risikolebensversicherung Diane K.	11 € • 12 Monate = 132,00 €	
Haftpflichtversicherung Arnold S.	112,00 €	
Summe § 10 Abs. 1 Nr. 3a EStG	2.792,56 €	
Summe § 10 Abs. 1 Nr. 3, Nr. 3a EStG	8.074,36 €	

Höchstbetrag Arnold S.	1.900,00 €	
Höchstbetrag Diane K.	1.900,00 €	
Höchstbetrag Ehepaar	3.800,00 €	
mindestens § 10 Abs. 1 Nr. 3 EStG		**5.281,80 €**
Sonderausgaben-Pauschale § 10c EStG		**72,00 €**
Sonderausgaben		**22.577,40 €**

Lösung zu Aufgabe 57: Sonstige Sonderausgaben § 10 EStG (1)

RECHTSGRUNDLAGEN

Gemäß § 10 Abs. 1 Nr. 4 EStG kann die gezahlte Kirchensteuer als Sonderausgaben abgezogen werden. Diese ist aber um die erstattete Kirchensteuer zu reduzieren.

Sonderausgaben – Kirchensteuer		
gezahlt	3.780 €	
erstattet	- 450 €	
abzugsfähig	**3.330 €**	**3.330 €**

Lösung zu Aufgabe 58: Sonstige Sonderausgaben § 10 EStG (2)

RECHTSGRUNDLAGEN

Gemäß § 10 Abs. 1 Nr. 5 Satz 1 EStG können für jedes Kind i. S. d. § 32 EStG, das noch nicht das 14. Lebensjahr vollendet hat, $\frac{2}{3}$ der Betreuungskosten bis höchstens 4.000 € je Kind geltend gemacht werden. Dies ist bei beiden Kindern grundsätzlich erfüllt. Dies gilt gem. § 10 Abs. 1 Nr. 5 Satz 2 EStG aber nicht für Unterricht und auch nicht für Verpflegung, da diese Aufwendungen nicht für die Betreuung des Kindes anfallen.

Sonderausgaben – Kinderbetreuungskosten		
Tochter ohne Verpflegung	625 € • 52 Wochen • $\frac{2}{3}$ = 21.666,67 €	
höchstens	4.000,00 €	4.000 €
Sohn ohne Nachhilfe	800 € • 12 Monate • $\frac{2}{3}$ = 6.400,00 €	
höchstens	4.000,00 €	4.000 €
Sonderausgaben		**8.000 €**

Lösung zu Aufgabe 59: Sonderausgaben – Spenden nach § 10b EStG (1)

RECHTSGRUNDLAGEN

Gemäß § 10b Abs. 1 Satz 1 Nr. 1 EStG können Zuwendungen (Spenden und Mitgliedsbeiträge) i. S. d. §§ 52 bis 54 AO als Sonderausgaben bis zur Höhe von 20 % des Gesamtbetrags der Einkünfte abgezogen werden. Die nicht abziehbaren übersteigenden Beträge werden gem. § 10b Abs. 1 Satz 9 EStG vorgetragen.

Sonderausgaben – Spenden		
Spende an DRK	500 € • 12 Monate = 6.000 €	
Spende wissenschaftliche Zwecke	10.000 €	
Summe	16.000 €	
höchstens	20 % • 73.540 € GdE = 14.708 €	
abzugsfähig		**14.708 €**

Lösung zu Aufgabe 60: Sonderausgaben – Spenden nach § 10b EStG (2)

RECHTSGRUNDLAGEN

Gemäß § 10b Abs. 1 Satz 1 Nr. 1 EStG können Zuwendungen (Spenden und Mitgliedsbeiträge) i. S. d. §§ 52 bis 54 AO als Sonderausgaben bis zur Höhe von 20 % des Gesamtbetrags der Einkünfte abgezogen werden.

Sonderausgaben – Spenden		
Spende an DRK	100 € • 12 Monate = 1.200 €	
Spende Kirche	8.000 €	
Summe	9.200 €	
höchstens	20 % • 123.800 € GdE = 24.760 €	
abzugsfähig		**9.200 €**

Lösung zu Aufgabe 61: Sonderausgaben – Spenden nach § 10b EStG (3)

RECHTSGRUNDLAGEN

Gemäß § 10b Abs. 1 Satz 1 Nr. 1 EStG können Zuwendungen (Spenden und Mitgliedsbeiträge) i. S. d. §§ 52 bis 54 AO als Sonderausgaben bis zur Höhe von 20 % des Gesamtbetrags der Einkünfte abgezogen werden. Hier also die Spenden an den Tierschutzbund.

Gemäß § 10b Abs. 2 Satz 2 EStG ist für die Parteispenden zunächst die Steuerermäßigung gem. § 34g EStG zu prüfen. Gemäß § 34g Satz 1 Nr. 1 EStG sind die Parteispenden grundsätzlich berücksichtigungsfähig. Gemäß § 34g Satz 2 EStG sind 50 % der Spenden bis höchstens 825 € als Steuerermäßigung zu berücksichtigen. Dies bedeutet, dass für 0,50 € in § 34g EStG 1 € an Spenden verbraucht werden. Durch den Höchstbetrag werden daher 1.650 € an Spenden verbraucht.

Der Rest der Parteispenden der nicht nach § 34g EStG berücksichtigt werden kann, kann gem. § 10b Abs. 2 Satz 1 bis zur Höhe von 1.650 € als Sonderausgaben geltend gemacht werden.

Sonderausgaben – Spenden		
Spende an Tierschutzbund	5.000 €	
Summe	5.000 €	
höchstens	20 % • 44.750 € GdE = 8.950 €	
abzugsfähig		**5.000 €**
Steuerermäßigung § 34g EStG		
Spende an Partei	3.000 €	
Summe	3.000 €	
abzugsfähig als Steuerermäßigung	3.000 € • 50 % = 1.500 €	
höchstens	825 €	
Rest für § 10b Abs. 2 EStG	3.000 € - (825 € • 2) = 1.350 €	
höchstens	1.650 €	
abzugsfähig als Sonderausgaben		**1.350 €**
Sonderausgaben		**6.350 €**

Lösung zu Aufgabe 62: Sonderausgaben – Spenden nach § 10b EStG (4)

RECHTSGRUNDLAGEN

Gemäß § 10b Abs. 1 Satz 1 Nr. 1 EStG können Zuwendungen (Spenden und Mitgliedsbeiträge) i. S. d. §§ 52 bis 54 AO als Sonderausgaben bis zur Höhe von 20 % des Gesamtbetrags der Einkünfte abgezogen werden. Gemäß § 10b Abs. 1 Satz 8 Nr. 1 EStG können die Mitgliedsbeiträge an den Sportverein aber nicht geltend gemacht werden.

Die nicht abziehbaren übersteigenden Beträge werden gem. § 10b Abs. 1 Satz 9 EStG vorgetragen.

Sonderausgaben – Spenden		
Spende an Sportverein	14.000 €	
Mitgliedsbeitrag Sportverein	0 €	
Summe	14.000 €	
höchstens	20 % • 66.330 € GdE = 13.266 €	
abzugsfähig		**13.266 €**

Lösung zu Aufgabe 63: Außergewöhnliche Belastungen gem. § 33a Abs. 1 EStG (1)

RECHTSGRUNDLAGEN

Gemäß § 33a Abs. 1 Satz 1 und Satz 4 EStG kann der Sohn den Unterhalt an den Vater grundsätzlich als Außergewöhnliche Belastungen bis höchstens 9.408 € geltend machen. Dieser Höchstbetrag ist aber um Einkünfte und Bezüge des Vaters zu kürzen, soweit sie den Karenzbetrag von 624 € übersteigen. Da der Vater keine Einkünfte hat, ist der Höchstbetrag nicht zu kürzen.

Außergewöhnliche Belastungen		
Unterhalt Vater	1.400 € • 12 = 16.800 €	
höchstens	9.408 €	
Einkünfte und Bezüge des Vaters	- 0 €	
abzugsfähige Außergewöhnliche Belastungen	**9.408 €**	**9.408 €**

Lösung zu Aufgabe 64: Außergewöhnliche Belastungen gem. § 33a Abs. 1 EStG (2)

RECHTSGRUNDLAGEN

Gemäß § 33a Abs. 1 Satz 1 und Satz 4 EStG kann der Sohn den Unterhalt an den Vater grundsätzlich als Außergewöhnliche Belastungen bis höchstens 9.408 € geltend machen. Dieser Höchstbetrag ist aber um Einkünfte und Bezüge des Vaters zu kürzen, soweit sie den Karenzbetrag von 624 € übersteigen. Da der Vater Einkünfte hat, ist der Höchstbetrag hier zu kürzen.

Außergewöhnliche Belastungen			
Unterhalt Vater		1.400 € • 12 = 16.800 €	
Höchstbetrag		9.408 €	
Einkünfte des Vaters	800 € • 12 Monate = 9.600 €		
Arbeitnehmer-Pauschbetrag	- 1.000 €		
	8.600 €		
Karenzbetrag	- 624 €		
	7.976 €	- 7.976 €	
gekürzter Höchstbetrag		**1.432 €**	
abzugsfähig			**1.432 €**

Lösung zu Aufgabe 65: Außergewöhnliche Belastungen gem. § 33a Abs. 1 EStG (3)

RECHTSGRUNDLAGEN

Gemäß § 33a Abs. 1 Satz 1 und Satz 4 EStG kann der Vater den Unterhalt an den Sohn grundsätzlich als Außergewöhnliche Belastungen bis höchstens 9.408 € geltend machen, da der Sohn § 32 EStG nicht mehr erfüllt. Der Höchstbetrag ist aber um Einkünfte und Bezüge des Sohns zu kürzen, soweit sie den Karenzbetrag von 624 € übersteigen.

Außergewöhnliche Belastungen

Unterhalt Sohn	950 € • 12 = 11.400 €		
Höchstbetrag		9.408 €	
Einkünfte des Sohnes	2.400 €		
Arbeitnehmer-Pauschbetrag	- 1.000 €		
	1.400 €		
Karenzbetrag	- 624 €		
	776 €	- 776 €	
gekürzter Höchstbetrag		**8.632 €**	
abzugsfähig			**8.632 €**

Lösung zu Aufgabe 66: Außergewöhnliche Belastungen gem. § 33a Abs. 2 EStG (1)

RECHTSGRUNDLAGEN

Gemäß § 33a Abs. 1 Satz 1 und Satz 4 EStG kann der Vater den Unterhalt an die Tochter nicht als Außergewöhnliche Belastungen bis höchstens 9.408 € geltend machen, da die Tochter § 32 EStG erfüllt.

Gemäß § 33a Abs. 2 Satz 1 EStG kann aber für die auswärtig untergebrachte Tochter ab Februar 2020 grundsätzlich ein Freibetrag i. H. v. 924 € geltend gemacht werden, da sie im Februar volljährig wird. Gemäß § 33a Abs. 3 Satz 1 EStG ist der Freibetrag aus § 33a Abs. 2 EStG um jeden vollen Monat an dem die Voraussetzung nicht vorliegen um $^{1}/_{12}$ zu kürzen. Hier ist also der Freibetrag um $^{1}/_{12}$ bzw. auf $^{11}/_{12}$ zu kürzen.

Außergewöhnliche Belastungen
Unterhalt Tochter

§ 33a Abs. 1 EStG nicht anzuwenden, da für die Tochter die Voraussetzungen von § 32 EStG vorliegen.

§ 33a Abs. 2 EStG erst ab Februar 2020 erfüllt, da da Tochter im Februar 2020 volljährig wird und die Voraussetzungen von § 32 EStG vorliegen.

Freibetrag	924 € • $^{11}/_{12}$ = 847 €	**847 €**

Lösung zu Aufgabe 67: Außergewöhnliche Belastungen gem. § 33a Abs. 2 EStG (2)

RECHTSGRUNDLAGEN

Gemäß § 33a Abs. 1 Satz 1 und Satz 4 EStG kann der Vater den Unterhalt an die Tochter teilweise als Außergewöhnliche Belastungen bis höchstens 9.408 € geltend machen, da die Tochter § 32 EStG ab Juli 2020 nicht mehr erfüllt, da sie im Juni das 25.Lebensjahr vollendet. Der Höchstbetrag ist hier gem. § 33a Abs. 3 Satz 2 EStG nicht um eigene Einkünfte der Tochter zu kürzen, da diese Einkünfte nicht in den Zeitraum Juli bis Dezember 2020 fallen. Der Höchstbetrag ist aber um die Ausbildungshilfen aus öffentlichen Mitteln i. S. d. § 33a Abs. 1 Satz 5 ohne Berücksichtigung eines Karenzbetrags zu kürzen. Aber hier sind gem. § 33a Abs. 3 Satz 2 EStG nur die Monate Juli bis Dezember 2020 zu berücksichtigen.

Gemäß § 33a Abs. 2 Satz 1 EStG kann für die auswärtig untergebrachte Tochter von Januar bis Juni 2020 grundsätzlich ein Freibetrag i. H. v. 924 € geltend gemacht werden, da sie erst ab Juli 2020 die Voraussetzungen nicht mehr erfüllt. Gemäß § 33a Abs. 3 Satz 1 EStG sind die Beträge aus § 33a Abs. 1 und Abs. 2 EStG um jeden vollen Monat an dem die Voraussetzung nicht vorliegen um $1/12$ zu kürzen. Hier sind also die Beträge um $6/12$ bzw. auf $6/12$ zu kürzen.

Außergewöhnliche Belastungen			
Unterhalt Tochter § 33a Abs. 2 EStG			
Januar bis Juni 2020		924 € • $6/12$ = 462 €	462 €
Unterhalt Tochter § 33a Abs. 1 EStG			
Juli bis Dezember 2020		765 € • 6 Monate = 4.590 €	
Höchstbetrag		9.408 € • $6/12$ = 4.704 €	
Einkünfte der Tochter Juli bis Dezember 2020	0 €		
Bezüge der Tochter Juli bis Dezember 2020			
ohne Karenzbetrag	260 € • 60 % • 6 Monate = 936 €		
Kostenpauschale	180 € • $6/12$ = - 90 €		
	846 €		
Einkünfte und Bezüge	846 €	- 846 €	
gekürzter Höchstbetrag, abzugsfähig		3.858 €	3.858 €
Außergewöhnliche Belastungen			**4.320 €**

Lösung zu Aufgabe 68: Außergewöhnliche Belastungen gem. § 33b EStG (1)

RECHTSGRUNDLAGEN

Gemäß § 33b Abs. 1 Satz 1 i. V. m. § 33b Abs. 2 Nr. 1 EStG kann Linda D. gem. § 33b Abs. 3 EStG einen Behinderten-Pauschbetrag i. H. v. 1.060 € geltend machen, da sie zu 75 % behindert ist.

Außergewöhnliche Belastungen
Behinderten-Pauschbetrag **1.060 €**

Lösung zu Aufgabe 69: Außergewöhnliche Belastungen gem. § 33b EStG (2)

RECHTSGRUNDLAGEN

Gemäß § 33b Abs. 1 Satz 1 i. V. m. § 33b Abs. 2 Nr. 2 Buchst. b EStG kann Linda D. gem. § 33b Abs. 3 EStG einen Behinderten-Pauschbetrag i. H. v. 430 € geltend machen, da sie zwar nur zu 35 % behindert ist, diese Behinderung aber auf einer Berufskrankheit beruht.

Außergewöhnliche Belastungen
Behinderten-Pauschbetrag **430 €**

Lösung zu Aufgabe 70: Außergewöhnliche Belastungen gem. § 33b EStG (3)

RECHTSGRUNDLAGEN

Gemäß § 33b Abs. 1 Satz 1 i. V. m. § 33b Abs. 2 Nr. 1 EStG kann Linda D. gem. § 33b Abs. 3 EStG für sich selbst einen Behinderten-Pauschbetrag i. H. v. 570 € geltend machen, da sie zu 50 % behindert ist.

Für ihre Tochter kann sie gem. § 33b Abs. 5 Satz 1 EStG den Behinderten-Pauschbetrag auf sich übertragen lassen. Da die Tochter blind ist steht ihr gem. § 33b Abs. 1 Satz 1 i. V. m. § 33b Abs. 2 Nr. 1 EStG ein Behinderten-Pauschbetrag gem. § 33b Abs. 3 Satz 3 EStG i. H. v. 3.700 € zu.

Für ihren Sohn kann kein Behinderten-Pauschbetrag gem. § 33b Abs. 5 Satz 1 EStG übertragen werden, da er die Voraussetzungen des § 32 EStG nicht erfüllt. Seine Behinderung ist erst nach Vollendung des 25. Lebensjahres, nämlich an seinem 25. Geburtstag, eingetreten.

Außergewöhnliche Belastungen	
Behinderten-Pauschbetrag für Linda D.	570 €
Behinderten-Pauschbetrag für Tochter	3.700 €
Behinderten-Pauschbetrag für Sohn kann nicht übertragen werden, da für ihn § 32 EStG nicht mehr erfüllt ist, da er erst nach Vollendung des 25. Lebensjahres behindert wurde.	0 €
Außergewöhnliche Belastungen	**4.270 €**

Lösung zu Aufgabe 71: Außergewöhnliche Belastungen gem. § 33b EStG (4)

RECHTSGRUNDLAGEN

Gaby S. kann weder gem. § 33b Abs. 1 Satz 1 i. V. m. § 33b Abs. 2 Nr. 2 Buchst. a EStG noch gem. § 33b Abs. 1 Satz 1 i. V. m. § 33b Abs. 2 Nr. 2 Buchst. b EStG einen Behinderten-Pauschbetrag geltend machen, da sie nur zu 45 % behindert ist, und weder eine Rente oder laufende Bezüge erhält, noch beruht die Behinderung auf einer dauernden Einbuße der körperlichen Beweglichkeit oder einer Berufskrankheit.

Für die Pflege ihrer hilflosen Mutter erhält sie gem. § 33b Abs. 6 Satz 1 EStG einen Pflege-Pauschbetrag i. H. v. 924 € da die Zahlung der Pflegeversicherung keine Zahlung an Gaby S. für die Pflege der Mutter darstellt.

Außergewöhnliche Belastungen	
Behinderten-Pauschbetrag für Gaby S.	0 €
Pflege-Pauschbetrag	924 €
Außergewöhnliche Belastungen	**924 €**

Lösung zu Aufgabe 72: Außergewöhnliche Belastungen gem. § 33 EStG (1)

RECHTSGRUNDLAGEN

Gemäß § 33 Abs. 1 EStG können zwangsläufig anfallende Aufwendungen i. S. d. § 33 Abs. 2 EStG als Außergewöhnliche Belastungen geltend gemacht werden. Dazu zählen insbesondere medizinisch erforderliche Arztbehandlungen. Allerdings sind Erstattungen mindernd zu berücksichtigen. Es können nur die Aufwendungen geltend gemacht werden, die über der zumutbaren Belastung i. S. d. § 33 Abs. 3 EStG liegen.

Nach der neuesten BFH-Rechtsprechung ist bei der zumutbaren Belastung stufenweise zu rechnen. Da hier aber drei Kinder gegeben sind, kommt bei den beiden ersten Stufen jeweils 1 % zur Anwendung. Daher ergibt sich hier kein Unterschied zur alten Rechtsauffassung.

Außergewöhnliche Belastungen		
Zahnarztbehandlung	1.345 €	
Erstattung Krankenkasse	- 900 €	
Operationskosten bezahlt 2020	2.300 €	
Operationskosten bezahlt 2021 nicht in 2020 abgeflossen	0 €	
	2.745 €	
zumutbare Belastung	15.340 € • 1 % = 153,40 €	
	(46.800 € - 15.340 €) • 1 % = 314,60 €	
	468,00 €	
abziehbare Außergewöhnliche Belastungen	2.745 € - 468 € =	**2.277 €**

Lösung zu Aufgabe 73: Außergewöhnliche Belastungen gem. § 33 EStG (2)

RECHTSGRUNDLAGEN

Gemäß § 33 Abs. 1 EStG können zwangsläufig anfallende Aufwendungen i. S. d. § 33 Abs. 2 EStG als Außergewöhnliche Belastungen geltend gemacht werden. Dazu zählen insbesondere medizinisch erforderliche Arztbehandlungen. Allerdings zählen überteuerte Brillen nicht zu den angemessenen Aufwendungen.

Außergewöhnliche Belastungen

Aufwendungen für die Brille sind nicht zwangsläufig Außergewöhnliche Belastungen.	**0 €**

Lösung zu Aufgabe 74: Zusammenfassender Fall zum Einkommen

INFO

Da eine ausführliche erneute Lösung dieses Gesamtfalles den Rahmen sprengen würde, sei hier auf die Lösungshinweise zu den vorangegangenen Aufgaben verwiesen.

Verlustvortrag	**Aufgabe 44**

Sonderausgaben
In diesem zusammenfassenden Fall war zu beachten, dass § 10c EStG nicht infrage kommt, da hier auch andere Sonderausgaben als Vorsorgeaufwendungen vorliegen und damit schädliche Sonderausgaben für die Sonderausgaben-Pauschale.

Ehegattenunterhalt	**Aufgabe 45**
Vorsorgeaufwendungen	**Aufgabe 53**
Kinderbetreuungskosten	**Aufgabe 58**
Spenden	**Aufgabe 61**

Außergewöhnliche Belastungen

Unterhalt Vater	**Aufgabe 63**
Behinderung	**Aufgabe 70**
Arztaufwendungen	**Aufgabe 72**

Gesamtbetrag der Einkünfte			**1.253.000,00 €**
Verlustvortrag	311.000 €		
unbegrenzt abzugsfähig bis	1.000.000 €		**- 311.000,00 €**
Zwischensumme			**942.000,00 €**
Sonderausgaben			
Ehegattenunterhalt	750 € • 12 Monate = 9.000 €		
höchstens	13.805 € + (250 € • 12) = 16.805 €		
höchstens gezahlter Unterhalt		**9.000,00 €**	
Altersvorsorgeaufwendungen			
Altersvorsorge (AN)	283,50 € • 12 Monate = 3.402 €		
Altersvorsorge (AG)	283,50 € • 12 Monate = 3.402 €		
Rürup-Rentenversicherung	230 € • 12 Monate = 2.760 €		
Summe	9.564 €		
Höchstbetrag	101.400 • 24,7 % = 25.046,00 €		
anzusetzender Betrag	9.564 € • 90 % = 8.607,60 €		
Arbeitgeberanteil Altersvorsorge	- 3.402,00 €		
abzugsfähig	5.205,60 €	**5.205,60 €**	
Sonstige Vorsorgeaufwendungen			
Krankenversicherung Basis			
	246 € • 12 Monate • 96 % = 2.833,92 €		
Pflegeversicherung Basis	30,75 € • 12 Monate = 369,00 €		
Summe § 10 Abs. 1 Nr. 3 EStG	**3.202,92 €**		
Krankenversicherung Komfort			
	246 € • 12 Monate • 4 % = 118,08 €		
Pflegeversicherung Komfort	22 € • 12 Monate = 264,00 €		
Arbeitslosenversicherung	45 € • 12 Monate = 540,00 €		
Risikolebensversicherung	123,00 €		
Summe § 10 Abs. 1 Nr. 3a EStG	1.045,08 €		
Summe § 10 Abs. 1 Nr. 3, Nr. 3a EStG	4.248,00 €		
Höchstbetrag	1.900,00 €		
mindestens § 10 Abs. 1 Nr. 3 EStG		**3.202,92 €**	
Kinderbetreuungskosten			
Tochter ohne Verpflegung			
	600 € • 12 Monate • 2/3 = 4.800 €		
höchstens		**4.000,00 €**	
Sohn Nachhilfe	0 €	**0,00 €**	

Spenden			
Spende an Tierschutzbund	800 €		
Summe	800 €		
höchstens	20 % • 1.253.000 € GdE = 250.600 €		
abzugsfähig		**800,00 €**	
Steuerermäßigung § 34g EStG			
Spende an Partei	1.000 €		
Summe	1.000 €		
abzugsfähig als Steuerermäßigung	1.000 € • 50 % = 500 €		
höchstens	825 €		
kein Rest für § 10b Abs. 2 EStG		**0,00 €**	
Sonderausgaben-Pauschbetrag gem. § 10c EStG nicht zu berücksichtigen		**0,00 €**	
Sonderausgaben		**22.208,52 €**	**- 22.208,52 €**
Außergewöhnliche Belastungen			
Unterhalt Vater	780 € • 12 = 9.360 €		
Höchstens	9.408 €		
Einkünfte und Bezüge des Vaters	- 0 €		
abzugsfähig	**9.408 €**	**9.408,00 €**	
Behinderten-Pauschbetrag für Ronald R.		**570,00 €**	
Behinderten-Pauschbetrag für Sohn kann nicht übertragen werden, da für ihn § 32 EStG nicht mehr erfüllt ist, da die Behinderung erst nach Vollendung des 25. Lebensjahres eingetreten ist.		**0,00 €**	
Zahnarztbehandlung erst in 2021 bezahlt		**0,00 €**	
Operationskosten nicht zwangsläufig		**0,00 €**	
Außergewöhnliche Belastungen		**9.978,00 €**	**- 9.978,00 €**
Einkommen			**909.813,48 €**

1.4 Zu versteuerndes Einkommen

Lösung zu Aufgabe 75: Kinderfreibetrag (1)

RECHTSGRUNDLAGEN

Für den Sohn ist bis Juni 2020 § 32 Abs. 3 EStG erfüllt, da er bis dahin noch nicht das 18. Lebensjahr vollendet hatte. Ab Juli 2020 ist § 32 Abs. 4 Satz 1 Nr. 1 EStG erfüllt, da er arbeitslos gemeldet ist. Der Sohn erfüllt somit das gesamte Jahr die Voraussetzungen als Kind i. S. d. § 32 EStG. Da die Ehefrau den Unterhalt bezahlt, kann der Kinderfreibetrag nicht gem. § 32 Abs. 6 Satz 6 EStG auf den Ehemann übertragen werden. Gemäß § 32 Abs. 6 Satz 8 kann aber der Freibetrag für Betreuungs- und Erziehungs- oder Ausbildungsbedarf übertragen werden, soweit der Sohn das 18. Lebensjahr noch nicht vollendet hat. Gemäß § 32 Abs. 6 Satz 5 EStG ist der Betrag um $1/12$ für jeden Monat zu kürzen, in dem die Voraussetzungen nicht vorliegen. Hier die Minderjährigkeit. Somit ist der Betrag um $6/12$ oder auf $6/12$ zu kürzen.

Für die Tochter ist bis Oktober 2020 § 32 Abs. 4 Satz 1 Nr. 2 Buchst. a EStG erfüllt, da sie bis dahin noch nicht das 25. Lebensjahr vollendet hatte. Ab November 2020 ist § 32 EStG nicht mehr erfüllt, da sie begonnen hat zu arbeiten. Die Tochter erfüllt somit nicht das gesamte Jahr die Voraussetzungen als Kind i. S. d. § 32 EStG.

Da die Ehefrau den Unterhalt bezahlt, kann der Kinderfreibetrag gem. § 32 Abs. 6 Satz 6 EStG nicht auf den Ehemann übertragen werden. Gemäß § 32 Abs. 6 Satz 8 kann der Freibetrag für Betreuungs- und Erziehungs- oder Ausbildungsbedarf nicht übertragen werden, da die Tochter nicht minderjährig ist. Da die Tochter nicht das ganze Jahr die Voraussetzungen von § 32 EStG erfüllt, sind die Beträge gem. § 32 Abs. 6 Satz 5 EStG jeweils um $1/12$ für jeden Monat, in dem die Voraussetzungen nicht vorliegen, zu kürzen.

Kinderfreibetrag Sohn	2.586 €
Freibetrag für Betreuungs- und Erziehungs- oder Ausbildungsbedarf	1.320 € + 1.320 € • $6/12$ = 1.980 €
Kinderfreibetrag Tochter	2.586 € • $10/12$ = 2.155 €
Freibetrag für Betreuungs- und Erziehungs- oder Ausbildungsbedarf	1.320 • $10/12$ = 1.100 €
Summe	**7.821 €**

Lösung zu Aufgabe 76: Kinderfreibetrag (2)

RECHTSGRUNDLAGEN

Für den Sohn ist das ganze Jahr 2020 § 32 Abs. 3 EStG erfüllt, da er minderjährig ist. Der Sohn erfüllt somit das gesamte Jahr die Voraussetzungen als Kind i. S. d. § 32 EStG.

Für die Tochter ist das ganze Jahr 2020 § 32 Abs. 3 EStG erfüllt, da sie noch nicht das 18. Lebensjahr vollendet hat. Die Tochter erfüllt somit das gesamte Jahr die Voraussetzungen als Kind i. S. d. § 32 EStG.

Da der Ehemann den Unterhalt nicht bezahlt, kann der Kinderfreibetrag gem. § 32 Abs. 6 Satz 6 EStG auf die Ehefrau übertragen werden. Der Freibetrag für den Betreuungs- und Erziehungs- oder Ausbildungsbedarf wird in diesem Fall mitübertragen.

Kinderfreibetrag Sohn	2.586 € • 2 = 5.172 €
Freibetrag für Betreuungs- und Erziehungs- oder Ausbildungsbedarf	1.320 • 2 = 2.640 €
Kinderfreibetrag Tochter	2.586 € • 2 = 5.172 €
Freibetrag für Betreuungs- und Erziehungs- oder Ausbildungsbedarf	1.320 € • 2 = 2.640 €
Summe	**15.624 €**

Lösung zu Aufgabe 77: Ermittlung des zu versteuernden Einkommens

RECHTSGRUNDLAGEN

Der Entlastungsbetrag für Alleinerziehende kommt nicht infrage, da die Kinder beim Ex-Mann leben.

Der Verlustvortrag ist gem. § 10d Abs. 2 Satz 1 EStG bis zu 1.000.000 € unbeschränkt abzugsfähig. Der Verlustvortrag ist gem. § 10d Abs. 2 Satz 1 EStG vor den Sonderausgaben abzuziehen.

Für den Sohn ist das ganze Jahr 2020 § 32 Abs. 4 Satz 1 Nr. 3 EStG erfüllt, da seine Behinderung vor Vollendung des 25. Lebensjahrs eingetreten ist. Der Sohn erfüllt somit das gesamte Jahr die Voraussetzungen als Kind i. S. d. § 32 EStG.

Für die Tochter ist nicht das ganze Jahr 2020 § 32 Abs. 4 Satz 1 Nr. 2 Buchst. a EStG erfüllt. Sie hat nicht nur das 18. Lebensjahr sondern auch das 25. Lebensjahr vollendet. Ab November 2020 erfüllt die Tochter nicht mehr § 32 EStG. Somit erfüllt sie nicht das gesamte Jahr die Voraussetzungen als Kind i. S. d. § 32 EStG.

Da die Tochter nicht das ganze Jahr die Voraussetzungen von § 32 EStG erfüllt, sind die Beträge gem. § 32 Abs. 6 Satz 5 EStG jeweils um $\frac{1}{12}$ für jeden Monat, in dem die Voraussetzungen nicht vorliegen, zu kürzen.

Da Margarethe S. den Unterhalt bezahlt, können die Kinderfreibeträge gem. § 32 Abs. 6 Satz 6 EStG nicht auf den Ex-Mann übertragen werden. Der Freibetrag für den Betreuungs- und Erziehungs- oder Ausbildungsbedarf kann in diesem Fall nicht übertragen werden, da zwar jeweils zumindest teilweise Kinder vorliegen, aber beide Kinder nicht minderjährig sind.

Summe der Einkünfte		**107.663 €**
Gesamtbetrag der Einkünfte		107.663 €
Verlustvortrag	3.544 €	- 3.544 €
Zwischensumme		104.119 €
Sonderausgaben	13.455 €	- 13.455 €
Außergewöhnliche Belastungen	4.211 €	- 4.211 €
Einkommen		**86.453 €**
Kinderfreibetrag Sohn	2.586 €	
Freibetrag für Betreuungs- und Erziehungs- oder Ausbildungsbedarf	1.320 €	
Kinderfreibetrag Tochter	2.586 € • $\frac{10}{12}$ = 2.155 €	
Freibetrag für Betreuungs- und Erziehungs- oder Ausbildungsbedarf	1.320 € • $\frac{10}{12}$ = 1.100 €	
= Summe	7.161 €	- 7.161 €
= zu versteuerndes Einkommen		**79.292 €**

1.5 Steuerermäßigungen

Lösung zu Aufgabe 78: Steuerermäßigungen gem. § 34g EStG (1)

RECHTSGRUNDLAGEN

Gemäß § 34g Satz 1 Nr. 1 EStG sind die Zuwendungen an die Partei (Spenden und Mitgliedsbeiträge) grundsätzlich berücksichtigungsfähig. Gemäß § 34g Satz 2 EStG sind 50 % der Spenden bis höchstens 825 € als Steuerermäßigung zu berücksichtigen. Dies bedeutet, dass für 0,50 € in § 34g EStG 1 € an Spenden verbraucht werden. Durch den Höchstbetrag werden daher 1.650 € an Spenden verbraucht.

[Der Rest der Parteispenden der nicht nach § 34g EStG berücksichtigt werden kann, kann gem. § 10b Abs. 2 Satz 1 bis zur Höhe von 1.650 € als Sonderausgaben geltend gemacht werden.]

Steuerermäßigungen		
Spende an Partei	2.800 €	
Mitgliedsbeiträge	50 € • 12 Monate = 600 €	
Summe	3.400 €	
abzugsfähig	3.400 € • 50 % = 1.700 €	
höchstens	**825 €**	**825 €**
[Rest für § 10b Abs. 2 EStG	3.400 € - (825 € • 2) = 1.750 €]	

Lösung zu Aufgabe 79: Steuerermäßigungen gem. § 34g EStG (2)

RECHTSGRUNDLAGEN

Gemäß § 34g Satz 1 Nr. 1 EStG sind die Zuwendungen des Ehepaars an die Parteien (Spenden und Mitgliedsbeiträge) grundsätzlich berücksichtigungsfähig. Gemäß § 34g Satz 2 EStG sind 50 % der Spenden bis höchstens 1.650 € als Steuerermäßigung zu berücksichtigen. Dies bedeutet, dass für 0,50 € in § 34g EStG 1 € an Spenden verbraucht werden. Durch den Höchstbetrag werden daher 3.300 € an Spenden verbraucht.

Steuerermäßigungen		
Spende Donald D. an Partei	800 €	
Mitgliedsbeiträge Donald D.	35 € • 8 Monate = 280 €	
Spende Daisy D. an Partei	600 €	
Summe	1.680 €	
abzugsfähig	1.680 € • 50 % = 840 €	
höchstens	1.650 €	**840 €**

(kein Rest für § 10b Abs. 2 EStG)

Lösung zu Aufgabe 80: Steuerermäßigungen gem. § 35 EStG (1)

RECHTSGRUNDLAGEN

Gemäß § 35 Abs. 1 Satz 1 Nr. 1 EStG ist das 3,8-Fache des für den Erhebungszeitraum 2020 ermittelten Steuermessbetrags berücksichtigungsfähig bis zur Höhe des Ermäßigungshöchstbetrags i. S. d. § 35 Abs. 1 Satz 2 bis Satz 4 EStG. Die Ermäßigung ist aber gem. § 35 Abs. 1 Satz 5 EStG auf die Höhe der gezahlten Gewerbesteuer begrenzt.

Da hier nur gewerbliche Einkünfte vorlagen, betrug hier der Ermäßigungshöchstbetrag 33.300 €.

Danach mussten zunächst der Steuermessbetrag gem. § 11 GewStG und die Gewerbesteuer gem. § 16 Abs. 1 GewStG ermittelt werden. Da der Hebesatz über 380 % (= 3,8) lag, musste die gezahlte Gewerbesteuer höher als der höchstens anrechenbare Betrag sein.

Steuerermäßigungen		
Ermäßigungshöchstbetrag	**33.300,00 €**	
maßgebender Gewerbeertrag	245.600,00 €	
Freibetrag	- 24.500,00 €	
verbleibender Gewerbeertrag	221.100,00 €	
Steuermessbetrag	221.100 € • 3,5 % Steuermesszahl = 7.738,50 €	
abgerundet R 14.1 Satz 3 GewStR	7.738,00 €	
Gewerbesteuer	7.738 € • 410 % Hebesatz = 31.725,80 €	
höchstens anrechenbar	7.738 € • 3,8 = 29,404,40 €	
Steuerermäßigung		**29.404,40 €**

Lösung zu Aufgabe 81: Steuerermäßigungen gem. § 35 EStG (2)

RECHTSGRUNDLAGEN

Gemäß § 35 Abs. 1 Satz 1 Nr. 1 EStG ist das 3,8-Fache des für den Erhebungszeitraum 2020 ermittelten Steuermessbetrags berücksichtigungsfähig bis zur Höhe des Ermäßigungshöchstbetrags i. S. d. § 35 Abs. 1 Satz 2 bis Satz 4 EStG. Die Ermäßigung ist aber gem. § 35 Abs. 1 Satz 5 EStG auf die Höhe der gezahlten Gewerbesteuer begrenzt.

Da hier nicht nur gewerbliche Einkünfte vorlagen, mussten die gewerblichen Einkünfte durch die Summe der positiven Einkünfte geteilt werden und dann mit der tariflichen Einkommensteuer multipliziert werden. Daher betrug hier der Ermäßigungshöchstbetrag 14.000 €.

Danach mussten zunächst der Steuermessbetrag gem. § 11 GewStG und die Gewerbesteuer gem. § 16 Abs. 1 GewStG ermittelt werden. Da der Hebesatz über 380 % (= 3,8) lag, musste die gezahlte Gewerbesteuer höher als der höchstens anrechenbare Betrag sein. Da der Ermäßigungshöchstbetrag überschritten wurde, war nur dieser anrechenbar.

Steuerermäßigungen

Ermäßigungshöchstbetrag	**120.000 € : 180.000 € • 21.000 € = 14.000 €**	
maßgebender Gewerbeertrag	140.550 €	
gerundet auf vollen 100-€-Betrag	140.500 €	
Freibetrag	- 24.500 €	
verbleibender Gewerbeertrag	116.000 €	
Steuermessbetrag	116.000 € • 3,5 % Steuermesszahl = 4.060 €	
Gewerbesteuer	4.060 € • 410 % Hebesatz = 16.646 €	
höchstens anrechenbar	4.060 € • 3,8 = 15.428 €	
Steuerermäßigung		**14.000 €**

Lösung zu Aufgabe 82: Steuerermäßigungen gem. § 35a EStG

RECHTSGRUNDLAGEN

Bei die Haushaltshilfe handelt es sich um ein haushaltsnahes Beschäftigungsverhältnis i. S. d. § 35a Abs. 1 EStG, da es sich um eine geringfügige Beschäftigung handelt. Daher können 20 % vom Lohn bis höchstens 510 € berücksichtigt werden.

Für die Handwerkerleistungen ist § 35a Abs. 3 EStG erfüllt. Erfasst werden aber nur die Arbeitsleistung und nicht das Material. Es können 20 % bis höchstens 1.200 € berücksichtigt werden.

Für die weiteren haushaltsnahen Dienstleistungen ist § 35a Abs. 2 EStG erfüllt. Da § 35a Abs. 3 EStG Vorrang hat, war dieser zuerst zu prüfen.

Steuerermäßigungen		
haushaltsnahes Beschäftigungsverhältnis		
Haushaltshilfe	425,68 • 12 Monate • 20 % = 1.021,63 €	
höchstens	510,00 €	
abziehbar		**510,00 €**
Handwerkerleistung (Arbeitsleistung ohne Material)		
Dachreparatur	41.650 € - 9.520 € = 32.130,00 €	
Schornsteinfeger	345 € • 1,19 = 410,55 €	
= Summe	32.540,55 €	
	32.540,55 € • 20 % = 6.508,11 €	
Höchstens	1.200,00 €	
Abziehbar		**1.200,00 €**
Haushaltsnahe Dienstleistungen		
Gartenpflege	1.230 € • 1,19 • 12 Monate • 20 % = 3.512,88 €	
Höchstens	4.000,00 €	
Abziehbar		**3.512,88 €**
= Steuerermäßigung		**5.222,88 €**

Lösung zu Aufgabe 83: Zusammenfassender Fall zu Steuerermäßigungen

RECHTSGRUNDLAGEN

Gemäß § 34g Satz 1 Nr. 1 EStG sind die Zuwendungen an die Partei (Spenden und Mitgliedsbeiträge) grundsätzlich berücksichtigungsfähig. Gemäß § 34g Satz 2 EStG sind 50 % der Spenden bis höchstens 825 € als Steuerermäßigung zu berücksichtigen. Dies bedeutet, dass für 0,50 € in § 34g EStG 1 € an Spenden verbraucht werden. Durch den Höchstbetrag werden daher 1.650 € an Spenden verbraucht.

[Der Rest der Parteispenden der nicht nach § 34g EStG berücksichtigt werden kann, kann gem. § 10b Abs. 2 Satz 1 bis zur Höhe von 1.650 € als Sonderausgaben geltend gemacht werden.]

Für die Haushaltshilfe handelt es sich um ein haushaltsnahes Beschäftigungsverhältnis i. S. d. § 35a Abs. 1 EStG, da es sich um eine geringfügige Beschäftigung handelt. Daher können 20 % vom Lohn bis höchstens 510 € berücksichtigt werden.

Für die Handwerkerleistungen bezüglich der Badreparatur ist § 35a Abs. 3 EStG erfüllt. Erfasst werden aber nur die Arbeitsleistung und nicht das Material. Es können 20 % bis höchstens 1.200 € berücksichtigt werden. Die „schwarz" ausgeführten Arbeiten können nicht geltend gemacht werden, da der Nachweis gem. § 35a Abs. 5 Satz 3 EStG fehlt.

---

tarifliche Einkommensteuer			**25.308,00 €**
Steuerermäßigungen § 34g EStG			
Spende an Partei	6.300 €		
Mitgliedsbeiträge	65 € • 10 Monate = 650 €		
Summe	6.950 €		
abzugsfähig	6.950 € • 50 % = 3.475 €		
höchstens	825 €	**825,00 €**	

[Rest für § 10b Abs. 2 EStG 6.950 € - (825 € • 2)) = 5.300 €]

Steuerermäßigungen			
haushaltsnahes Beschäftigungsverhältnis			
Haushaltshilfe	120 € • 12 Monate • 20 % = 288 €		
höchstens	510 €		
abziehbar		**288,00 €**	

Handwerkerleistung (Arbeitsleistung ohne Material)			
Badreparatur	(1.428 € - 238 €) = 1.190,00 €		
Dachreparatur „schwarz“	0 €		
Schornsteinfeger	200 € • 1,19 = 238 €		
Summe	1.428,00 €		
	1.428 € • 20 % = 285,60 €		
höchstens	1.200 €		
abziehbar		**285,60 €**	
Steuerermäßigung		**1.398,60 €**	**- 1.398,60 €**
festzusetzende Einkommensteuer			**23.909,40 €**

Lösung zu Aufgabe 84: Zusammenfassender Prüfungsfall zur Einkommensteuer

Sachverhalt 1:
Einkünfte Ike T.

Einkünfte aus selbstständiger Arbeit		
vorläufiger Gewinn		**75.380,00 €**
Miete Juni bis November 2020 BA		
	1.178,10 € • 7 Monate =	**- 8.246,70 €**
Miete Januar 2021 regelmäßig wiederkehrend und innerhalb von zehn Tagen, da am 01.01.2021 fällig und am 27.12.2020 bezahlt, **daher in 2021 zu erfassen**		**- 0,00 €**
Computer ist zwar bezahlt 2020 aber erst 2021 geliefert, daher AfA erst ab 2021 möglich, **unten IAB beachten.**		**- 0,00 €**
Vorsteuer bereits in 2020 bezahlt, **daher BA in 2020**	1.200 € • 19 % =	**- 228,00 €**
Kopierer		
900 € netto > 250 € aber < 1.000 €, daher **Sammelposten** günstiger	900 € • $^1/_5$ =	**- 180,00 €**
Vorsteuer in 2020 bezahlt, **daher BA in 2020**	900 € • 19 % =	**- 171,00 €**
Büromaterial BA in 2020		**- 1.800,00 €**
vorläufiger Gewinn		**64.754,30 €**

IAB 2020	1.200 € • 40 % =	**- 480,00 €**	
steuerlicher Gewinn = Einkünfte		**64.274,30 €**	**+ 64.274,30 €**

Einkünfte aus nichtselbstständiger Arbeit
Einnahmen

Bruttoarbeitslohn Januar bis Mai 2020			
3.150 € • 5 Monate =	15.750 €		
Bruttoarbeitslohn Dezember 2019 innerhalb von drei Wochen zugeflossen, daher in 2019 zu erfassen	+ 0 €		
Weihnachtsgeld in 2020 zugeflossen	+ 2.000 €		
Einnahmen	17.750 €	**+ 17.750,00 €**	

Werbungskosten

Kontoführungspauschale	16 €		
Werbungskosten	16 €		
Arbeitnehmer-Pauschbetrag, da 16 € < 1.000 €		**- 1.000,00 €**	
Überschuss = Einkünfte		**16.750,00 €**	**+ 16.750,00 €**

Einkünfte aus Vermietung und Verpachtung
Einnahmen

Miete inkl. Nebenkosten Erdgeschoss				
	875 € • 11 Monate =	9.625 €		
Miete inkl. Nebenkosten erster Stock Januar 2020 innerhalb von zehn Tagen, da zum 01.01.2020 fällig und am 22.12.2019 gutgeschrieben.				
Januar bis Juli	915 € • 7 Monate =	6.405 €		
August bis November	930 € • 4 Monate =	3.720 €		
Einnahmen		19.750 €	**+ 19.750,00 €**	

Werbungskosten

Finanzierungszinsen		1.350 €		
Grundsteuer		4.700 €		
Abwasser		2.700 €		
Strom		3.500 €		
Haus und Grundbesitzverein		350 €		
Heizöl		7.600 €		
AfA	540.000 € • 2 % • $^{11}/_{12}$ =	9.900 €		
Werbungskosten		30.100 €	**- 30.100,00 €**	
Überschuss = Einkünfte			**- 10.350,00 €**	**- 10.350,00 €**

Sonstige Einkünfte aus privatem Veräußerungsgeschäft

Veräußerungspreis Grundstück	**480.000,00 €**
Veräußerungspreis Gebäude	**+ 700.000,00 €**
Anschaffungskosten Grundstück	**- 220.000,00 €**

Anschaffungskosten Gebäude - AfA			
760.000 € - 220.000 € =	540.000 €		
AfA 2018: 540.000 • 2 % • $^6/_{12}$ =	- 5.400 €		
AfA 2019: 540.000 € • 2 % =	- 10.800 €		
AfA 2020: 540.000 € • 2 % • $^{11}/_{12}$ =	- 9.900 €		
=	513.900 €	**- 513.900,00 €**	
Werbungskosten	0 €	**- 0,00 €**	
Gewinn		**446.100,00 €**	
Einkünfte			**+ 446.100,00 €**
Summe der Einkünfte Ike T.			**516.774,30 €**

Einkünfte Tina T.

Einkünfte aus nichtselbstständiger Arbeit

Einnahmen			
Bruttoarbeitslohn Januar bis Dezember 2020			
2.560 € • 10 Monate =		**25.600,00 €**	
Einkäufe 2020			
1.900 € + 19 % USt =	2.261,00 €		
3.700 € + 19 % USt =	4.403,00 €		
	6.664,00 €		
4 % Abschlag =	- 266,56 €		
= geminderter Endpreis	6.397,44 €		
bezahlt 6.664 € • 75 % =	- 4.998,00 €		
= geldwerter Vorteil	1.399,44 €		
Rabattfreibetrag höchstens 1.080 €	- 1.080,00 €		
steuerpflichtiger geldwerter Vorteil	319,44 €	**+ 319,44 €**	
steuerpflichtige Einnahmen		**25.919,44 €**	
Werbungskosten			
Arbeitszimmer kann nicht angesetzt werden, da ein Arbeitszimmer beim Arbeitgeber zur Verfügung steht.	0,00 €		
Arbeitsmittel			
Aktentasche geringwertiges Wirtschaftsgut, da 250 € netto ≤ 800 €. abziehbar Brutto 250 € + 19 % =	297,50 €		
Jeans und Bluse sind keine Arbeitskleidung.	0,00 €		
Kontoführungspauschale	16,00 €		
Werbungskosten	313,50 €		
Arbeitnehmer-Pauschbetrag, da 313,50 € < 1.000 €		**- 1.000,00 €**	
Überschuss = Einkünfte		**24.919,44 €**	**+ 24.919,44 €**

Sonstige Einkünfte			
Einnahmen November bis Dezember 2020			
	1.380 € • 2 Monate = 2.760,00 €		
Einnahmen	2.760,00 €	**2.760,00 €**	
Rentenfreibetrag 2020			
Jahresbetrag der Rente	2.760,00 €		
Besteuerungsanteil der Rente			
	2.760 € • 80 % = - 2.208,00 €		
Rentenfreibetrag	552,00 €	**- 552,00 €**	
Steuerpflichtige Einnahmen		**2.208,00 €**	
Werbungskosten			
Rentenberater erst in 2021 abgeflossen. Da nicht regelmäßig wiederkehrend, gilt nicht die Zehn-Tage-Regel.	0 €		
Pauschbetrag		**- 102,00 €**	
Überschuss = Einkünfte		**2.106,00 €**	**+ 2.106,00 €**
Summe der Einkünfte Tina T.			**27.025,44 €**
Summe der Einkünfte des Ehepaares			
Summe der Einkünfte Ike T.			516.744,30 €
Summe der Einkünfte Tina T.			27.025,44 €
Summe der Einkünfte Ehepaar			**543.769,74 €**

Sachverhalt 2:			
Summe der Einkünfte Ehepaar			**543.769,74 €**
Altersentlastungsbetrag für Ike T. ab dem Jahr nach Vollendung des 64. Lebensjahres mit Ablauf 14.02.2019.			
Arbeitslohn		17.750,00 €	
Positive Summe der Einkünfte ohne Arbeitslohn			
Kanzlei	64.274,30 €		
VuV	- 10.350,00 €		
privates Veräußerungsgeschäft	+ 446.100,00 €		
positive Summe	500.024,30 €	500.024,30 €	
BMG		517.744,30 €	
Altersentlastungsbetrag	517.744,30 € • 16 % =	82.839,09 €	
höchstens		**760.00 €**	**- 760,00 €**
Kein Altersentlastungsbetrag für Tina T., da Vollendung des 64. Lebensjahr erst mit Ablauf 01.01.2020.			**- 0,00 €**
Gesamtbetrag der Einkünfte			**542.878,54 €**

Sachverhalt 3:		
Gesamtbetrag der Einkünfte		**112.300,00 €**
Sonderausgaben		
Altersvorsorgeaufwendungen		
Altersvorsorge Lea S. (AN)		
236,25 € • 12 Monate =	2.835,00 €	
Altersvorsorge Lea S. (AG)		
236,25 € • 12 Monate =	2.835,00 €	
Rürup-Rentenversicherung Luke S.		
322 € • 12 Monate =	3.864,00 €	
Rürup-Rentenversicherung Lea S.		
486 € • 12 Monate =	5.832,00 €	
Summe	15.366,00 €	
Höchstbetrag 25.046 • 2 =	50.092,00 €	
3.980 € • 12 Monate • 18,6 % =	- 8.883,36 €	
Höchstbetrag gekürzt	41.208,64 €	
anzusetzender Betrag 15.366 € • 90 % =	13.829,40 €	
Arbeitgeberanteil Altersvorsorge	- 2.835,00 €	
abzugsfähig	10.994,40 €	**10.994,40 €**

Sonstige Vorsorgeaufwendungen

Krankenversicherung Basis Luke S.	
125 € • 12 Monate =	1.500,00 €
Krankenversicherung Basis Lea S.	
205 € • 12 Monate • 96 % =	2.361,60 €
Pflegeversicherung Basis Lea S.	
31,88 € • 12 Monate =	382,56 €
Summe § 10 Abs. 1 Nr. 3 EStG	**4.244,16 €**

Krankenversicherung Komfort Luke S.	
90 € • 12 Monate =	1.080,00 €
Krankenversicherung Komfort Lea S.	
205 € • 12 Monate • 4 % =	98,40 €
Pflegeversicherung Komfort Luke S.	
37 € • 12 Monate =	444,00 €
Pflegeversicherung Komfort Lea S.	
11 € • 12 Monate =	132,00 €
Arbeitslosenversicherung Lea S.	
37,50 € • 12 =	450,00 €
Risikolebensversicherung Lea S.	
35 € • 12 Monate =	420,00 €
Haftpflichtversicherung Luke S.	143,00 €
Summe § 10 Abs. 1 Nr. 3a EStG	2.767,40 €

Summe § 10 Abs. 1 Nr. 3, Nr. 3a EStG	7.011,56 €		
Höchstbetrag Luke S.	1.900,00 €		
Höchstbetrag Lea S.	1.900,00 €		
Höchstbetrag Ehepaar	3.800,00 €		
mindestens § 10 Abs. 1 Nr. 3 EStG		**4.244,16 €**	
Sonderausgaben			
Spende an Turnverein	2.600,00 €		
Mitgliedsbeitrag Turnverein	0,00 €		
Summe	2.600,00 €		
höchstens	20 % • 112.300 € GdE = 22.460,00 €		
abzugsfähig		**2.600,00 €**	
(Parteispenden sind durch § 34g EStG verbraucht)			
Sonderausgaben-Pauschale § 10c EStG ist nicht anwendbar, da mit den Spenden „schädliche" Sonderausgaben vorliegen		**0 €**	
Sonderausgaben		**17.838,56 €**	**- 17.838,56 €**

Sachverhalt 4:

Kinderfreibeträge

Kinderfreibetrag Sohn	2.586 € • ${}^{2}/_{12}$ = 431 €	
Freibetrag für Betreuungs- und Erziehung- oder Ausbildungsbedarf	1.320 • ${}^{2}/_{12}$ = 220 €	
Kinderfreibetrag Tochter	2.586 € • ${}^{10}/_{12}$ = 2.155 €	
Freibetrag für Betreuungs- und Erziehung- oder Ausbildungsbedarf	1.320 • ${}^{10}/_{12}$ = 1.100 €	
Summe	3.906 €	**3.906,00 €**

Sachverhalt 5:

Steuerermäßigung

Ermäßigungshöchstbetrag	25.464,00 €	
maßgebender Gewerbeertrag	112.211,00 €	
abgerundet auf volle 100 €	112.200,00 €	
Freibetrag	- 24.500,00 €	
verbleibender Gewerbeertrag	87.700,00 €	
Steuermessbetrag	87.700 € • 3,5 % Steuermesszahl = 3.069,50 €	
abgerundet R 14.1 Satz 3 GewStR	3.069,00 €	
Gewerbesteuer	3.069 € • 305 % Hebesatz = 9.360,45 €	
höchstens anrechenbar	3.069 € • 3,8 = 11,662,20 €	
Steuerermäßigung	9.360,45 €	**9.360,45 €**

2. Umsatzsteuer

2.1 Leistungsart

2.1.1 Gleichgestellte Umsätze

Lösung zu Aufgabe 1: Beförderung von Mountainbikes

Jan U. führt einen steuerbaren Umsatz gem. § 1 Abs. 1 Satz 1 Nr. 1 UStG aus, der allerdings gem. § 4 Nr. 1 Buchst. b i. V. m. § 6a Abs. 2 UStG steuerfrei ist.

Die Fahrräder werden von Deutschland nach Österreich verbracht, um in Österreich nicht nur vorübergehend im Fahrradverleih des Jan U. eingesetzt zu werden. Das Verbringen von Gegenständen aus dem Inland in das übrige Gemeinschaftsgebiet gilt gem. § 3 Abs. 1a UStG als Lieferung.

Es handelt lediglich Jan U., der zu keinem Zeitpunkt die Verfügungsmacht über die Fahrräder verliert, da er vorliegend in Ermangelung eines gegenseitigen Vertrags keinem Abnehmer die Verfügungsmacht verschaffen will.

Der Ort der bewegten Lieferung ist gem. § 3 Abs. 5a i. V. m. § 3 Abs. 6 Satz 1 UStG in Rosenheim.

Der steuerbare Umsatz ist als innergemeinschaftliche Lieferung gem. § 4 Nr. 1 Buchst. b i. V. m. § 6a Abs. 2 UStG steuerfrei.

Die Bemessungsgrundlage für diesen steuerbaren Umsatz bestimmt sich gem. § 10 Abs. 4 Nr. 1 UStG nach dem Einkaufspreis des Gegenstandes und beträgt daher für 20 Fahrräder insgesamt 24.000 €.

Die Grundtabelle wird somit wie folgt ausgefüllt:

Leistungsart §	Leistungsort §	Steuerbarkeit §	steuerfrei §	steuerpflichtig §	BMG §	USt €	VSt €
i. g. Verbringen § 3 Abs. 1a UStG	Rosenheim § 3 Abs. 6 Satz 1 UStG	ja § 1 Abs. 1 Nr. 1 UStG	ja § 4 Nr. 1b i. V. m. § 6a Abs. 2 UStG	nein, da steuerbefreit	24.000 € § 10 Abs. 4 Nr. 1 UStG		

Lösung zu Aufgabe 2: Beförderung von Treckingrädern

Jan U. hat einen innergemeinschaftlichen Erwerb gem. § 1 Abs. 1 Satz 1 Nr. 5 UStG ausgeführt, der in Deutschland steuerbar und steuerpflichtig ist.

Die Treckingräder gelangen von Kufstein/Österreich, also aus dem übrigen Gemeinschaftsgebiet, nach Rosenheim, also ins Inland. Sie werden hierbei aber nicht an einen Abnehmer geliefert, sodass kein innergemeinschaftlicher Erwerb gegen Entgelt i. S. d. § 1a Abs. 1 UStG gegeben ist.

Stattdessen handelt es sich um ein innergemeinschaftliches Verbringen gem. § 1a Abs. 2 UStG. Die Fahrräder befinden sich am Ende der Beförderung in Deutschland und sollen dort auch veräußert werden.

Der innergemeinschaftliche Erwerb wird gem. § 3d Satz 1 UStG in dem Gebiet des Mitgliedstaates bewirkt, in dem sich der Gegenstand am Ende der Beförderung oder Versendung befindet, mithin vorliegend in Deutschland.

Die Bemessungsgrundlage für diesen steuerbaren und steuerungspflichtigen Umsatz bestimmt sich gem. § 10 Abs. 4 Nr. 1 UStG nach dem Einkaufspreis des Gegenstandes im Zeitpunkt des Umsatzes und beträgt daher 900 €. Die hierauf zu entrichtende Umsatzsteuer beträgt bei einem Steuersatz von 19 % gem. § 12 Abs. 1 UStG somit 171 €.

Jan U. kann die geschuldete Umsatzsteuer i. H. v. 171 € allerdings gem. § 15 Abs. 1 Nr. 3 UStG als Vorsteuer geltend machen.

Die Grundtabelle ist somit wie folgt auszufüllen:

Leistungsart §	**Leistungsort §**	**Steuerbarkeit §**	**steuerfrei §**	**steuerpflichtig §**	**BMG §**	**USt €**	**VSt €**
i. g. Verbringen § 1a Abs. 2 UStG	Rosenheim Deutschland § 3d Satz 1 UStG	ja § 1 Abs. 1 Nr. 5 UStG	nein, da nicht gem. § 4b UStG steuerbefreit	ja, da nicht steuerbefreit	900 € § 10 Abs. 4 Nr. 1 UStG	171 €	171 € § 15 Abs. 1 Nr. 3 UStG

Lösung zu Aufgabe 3: Zerstörte Planierraupe

Das Verbringen der Planierraupe ist ein in Deutschland steuerbarer Umsatz gem. § 1 Abs. 1 Satz 1 Nr. 1 UStG.

Die Planierraupe wird nicht i. S. d. § 3 Abs. 1 UStG geliefert, da keine Lieferung an einen Abnehmer ausgeführt wird.

Das Verbringen der Arbeitsmaschine stellt aber eine (innergemeinschaftliche) Lieferung i. S. d. § 3 Abs. 1a UStG dar.

Die Planierraupe gelangt von Deutschland nach Italien. Zwar war von Bauunternehmer Baufix nur eine ihrer Art nach vorübergehende Verwendung der Planierraupe in Italien vorgesehen, da die Raupe lediglich zur Durchführung der Erdarbeiten nach Italien befördert wurde.

ACHTUNG

Geht der Gegenstand aber unter, nachdem er in den Bestimmungsmitgliedstaat (Italien) gelangt ist, gilt er im Zeitpunkt des Unterganges als geliefert.

Die steuerbare Lieferung ist aber gem. § 6a Abs. 2 UStG als innergemeinschaftliche Lieferung steuerfrei.

Die Grundtabelle ist demnach wie folgt auszufüllen:

Leistungsart §	Leistungsort §	Steuerbarkeit §	steuerfrei §	steuerpflichtig §	BMG §	USt €	VSt €
i. g. Verbringen § 3 Abs. 1a UStG	Essen § 3 Abs. 6 Satz 1 UStG	ja § 1 Abs. 1 Nr. 1 UStG	ja § 4 Nr. 1b i. V. m. § 6a Abs. 2 UStG	nein, da steuerbefreit			

Lösung zu Aufgabe 4: Neue Heizung

Der Umsatz des Unternehmers Ohlsen ist in Deutschland nach § 1 Abs. 1 Satz 1 Nr. 1 UStG steuerbar und steuerpflichtig.

Ohlsen führt eine einheitliche Leistung aus, die in der Lieferung und dem Einbau der Heizung besteht. Da die verbaute Heizungsanlage als Hauptstoff von dem leistenden Unternehmer Ohlsen geliefert wird, liegt eine Werklieferung nach § 3 Abs. 4 UStG vor.

Ohlsen ist Unternehmer nach § 2 Abs. 1 UStG, da er Leistungen selbstständig, nachhaltig und mit Einnahmeerzielungsabsicht ausführt. Er führt gegenüber Franz S. eine Leistung im Rahmen seines Unternehmens gegen Entgelt aus.

Da die Heizungsanlage vor der Abnahme in das Immobilienobjekt verbaut wurde, handelt es sich vorliegend um eine ruhende Lieferung. Der Ort der Werklieferung richtet sich daher nach § 3 Abs. 5a i. V. m. § 3 Abs. 7 Satz 1 UStG und ist somit dort, wo sich der Gegenstand im Zeitpunkt der Verschaffung der Verfügungsmacht befindet, also in Bremen.

Der Umsatz ist in Deutschland nach § 1 Abs. 1 Nr. 1 UStG steuerbar und unterliegt auch keiner Steuerbefreiung nach § 4 UStG.

Die Bemessungsgrundlage beträgt gem. § 10 Abs. 1 Satz 1 UStG (25.000 € : 1,19) 21.008,40 €, sodass sich die abzuführende Umsatzsteuer auf 3.991,60 € beläuft.

Die Grundtabelle ist damit wie folgt auszufüllen:

Leistungsart §	Leistungsort §	Steuerbarkeit §	steuerfrei §	steuerpflichtig §	BMG §	USt €	VSt €
Werklieferung § 3 Abs. 4 UStG	Bremen § 3 Abs. 7 Satz 1 UStG	ja § 1 Abs. 1 Nr. 1 UStG	nein	ja, da nicht steuerbefreit	21.008,40 § 10 Abs. 1 UStG	3.991,60 €	

Lösung zu Aufgabe 5: Motorradreparatur

Die Werkstatt Bikertreff führt eine steuerbare und steuerpflichtige Lieferung in Deutschland gem. § 1 Abs. 1 Satz 1 Nr. 1 UStG aus.

Die Reparatur des Fahrzeugs ist eine einheitliche Leistung, die sich zum einen hinsichtlich der Materialien in eine Lieferung i. S. d. § 3 Abs. 1 UStG und zum anderen bezüglich der Arbeitsleistung in eine sonstige Leistung i. S. d. § 3 Abs. 9 UStG aufteilen lässt.

ACHTUNG

Bei einer einheitlichen Leistung, die sowohl Lieferungselemente als auch Elemente einer sonstigen Leistung enthält, richtet sich die Einstufung als Lieferung oder sonstige Leistung danach, welche Leistungselemente aus der Sicht des Durchschnittsverbrauchers und unter Berücksichtigung des Willens der Vertragsparteien den wirtschaftlichen Gehalt der Leistungen bestimmt.

Im vorliegenden Fall muss in diesem Sinn nach § 3 Abs. 4 UStG bestimmt werden, ob eine Werklieferung oder eine Werkleistung vorliegt. Entscheidend ist hierbei, ob die Werkstatt Bikertreff bei der Erbringung ihrer Leistung Stoffe verarbeitet hat, die nicht nur Zutaten oder Nebensachen darstellen.

Die Werkstatt Bikertreff verwendet bei der Reparatur Materialien im Wert von 1.500 €. Das Verhältnis zwischen eingesetztem Material (1.500 €) und der Arbeitsleistung (1.200 €) ist zwar grundsätzlich kein geeignetes Kriterium zur Abgrenzung von Werklieferung und Werkleistung.

MERKE

Aus Vereinfachungsgründen kann hilfsweise die Reparatur beweglicher körperlicher Gegenstände ohne weitere Nachprüfung als Werklieferung angesehen werden, wenn der Entgeltteil, der auf das bei der Reparatur verwendete Material entfällt, mehr als 50 % des für die Reparatur berechneten Gesamtentgelts beträgt. Voraussetzung dafür ist aber, dass die Einordnung als Werklieferung oder Werkleistung nicht nach den allgemeinen Abgrenzungskriterien zweifelsfrei entschieden werden kann (Abschn. 3.8 Abs. 6 UStAE).

Da mehr als 50 % des Gesamtentgelts auf das bei der Reparatur verwendete Material entfällt, kann von einer Werklieferung ausgegangen werden.

Die Werkstatt Bikertreff ist Unternehmer nach § 2 Abs. 1 UStG, da sie Leistungen selbstständig, nachhaltig und mit Einnahmeerzielungsabsicht ausführt. Sie führt gegenüber Marco P. eine Leistung im Rahmen seines Unternehmens gegen Entgelt aus.

Der Ort der Werklieferung bestimmt sich nach § 3 Abs. 5a i. V. m. § 3 Abs. 6 Satz 1 UStG. Die Lieferung ist dort ausgeführt, wo die Beförderung des Gegenstands beginnt (Hamburg), die Lieferung ist in Deutschland nach § 1 Abs. 1 Satz 1 Nr. 1 UStG steuerbar.

Die Lieferung ist in Ermangelung einer Steuerbefreiung auch steuerpflichtig.

Die Bemessungsgrundlage beträgt gem. § 10 Abs. 1 Satz 1 UStG (2.700 € : 1,19) 2.268,91 €, sodass sich die abzuführende Umsatzsteuer auf 431,09 € beläuft.

Die Grundtabelle ist damit wie folgt auszufüllen:

Leistungs-art §	Leistungs-ort §	Steuer-barkeit §	steuerfrei §	steuer-pflichtig §	BMG §	USt €	VSt €
Werkliefe-rung § 3 Abs. 4 UStG	Hamburg § 3 Abs. 6 Satz 1 UStG	ja § 1 Abs. 1 Nr. 1 UStG	nein	ja, da nicht steuer-befreit	2.268,91 € § 10 Abs. 1 UStG	431,09 €	

Lösung zu Aufgabe 6: Verkauf und Transport einer Lichtanlage

Paul Lux führt eine steuerbare Lieferung gem. § 1 Abs. 1 Satz 1 Nr. 1 UStG aus, die als Ausfuhrlieferung gem. § 4 Nr. 1 Buchst. a i. V. m. § 6 Abs. 1 Nr. 1 UStG steuerbefreit ist.

Bei der Leistung handelt es sich um eine Lieferung nach § 3 Abs. 1 UStG. Da die Lichtanlage aus dem bei Paul Lux vorhandenen Bestand zusammengestellt wurde und deshalb keine individuelle Bearbeitung oder Verarbeitung für den Kunden erfolgte, kommt eine Werklieferung nach § 3 Abs. 4 UStG im vorliegenden Fall nicht in Betracht.

Paul Lux ist Unternehmer nach § 2 Abs. 1 UStG, da er selbstständig, nachhaltig und mit Einnahmeerzielungsabsicht tätig ist. Er führt im Rahmen seines Unternehmens eine entgeltliche Leistung aus.

Der Ort der Lieferung ist gem. § 3 Abs. 5a i. V. m. § 3 Abs. 6 Satz 1 UStG dort, wo die Beförderung des Gegenstandes beginnt, mithin Nürnberg.

Bei der Lieferung handelt es sich um eine Beförderungslieferung, da der liefernde Unternehmer Paul Lux den Gegenstand der Lieferung zu dem Kunden in die Schweiz transportiert. Unerheblich ist dabei, dass der Gegenstand zum Zweck eines besseren und sicheren Transports auseinander genommen und am Bestimmungsort wieder zusammengesetzt wird (Abschn. 3.12 Abs. 4 Satz 7 UStAE).

Weil die Lichtanlage am Bestimmungsort lediglich wieder zusammengesetzt und dort nicht wesensverändernd bearbeitet wurde, handelt es sich nicht um eine ruhende Lieferung.

Die Lieferung des Paul Lux ist in Deutschland nach § 1 Abs. 1 Satz 1 Nr. 1 UStG steuerbar.

Da der Gegenstand aus dem Inland in das Drittlandsgebiet gelangt, liegt eine Ausfuhrlieferung nach § 6 Abs. 1 Satz 1 Nr. 1 UStG vor, die nach § 4 Nr. 1 Buchst. a UStG steuerbefreit ist.

Die Bemessungsgrundlage bestimmt sich gem. § 10 Abs. 1 Satz 1 UStG nach dem Entgelt, das im vorliegenden Fall 10.000 € beträgt.

Die Grundtabelle wird somit wie folgt ausgefüllt:

Leistungs-art §	**Leistungs-ort §**	**Steuer-barkeit §**	**steuerfrei §**	**steuer-pflichtig §**	**BMG §**	**USt €**	**VSt €**
Lieferung § 3 Abs. 1 UStG	Nürnberg § 3 Abs. 6 Satz 1 UStG	ja § 1 Abs. 1 Nr. 1 UStG	ja § 4 Nr. 1a § 6 Abs. 1 Nr. 1 UStG	nein, da steuer-befreit	10.000 € § 10 Abs. 1 UStG		

Lösung zu Aufgabe 7: Firmenjubiläum

Benno S. hat eine steuerbare und steuerpflichtige Lieferung gem. § 1 Abs. 1 Satz 1 Nr. 1 UStG ausgeführt.

Benno S. hat mit der Übergabe des Kerzenständers an seine Vertriebsleiterin eine Lieferung gem. § 3 Abs. 1 UStG ausgeführt. Die Lieferung geschah aber nicht gegen Entgelt, da der Gegenstand verschenkt wurde.

Gemäß § 3 Abs. 1b Nr. 2 UStG wird die Lieferung des Benno S. allerdings einer Lieferung gegen Entgelt gleichgestellt. Die zum Personal des Benno S. gehörende Vertriebsleiterin erhielt den Kerzenständer zugewandt, um ihn anschließend für ihren privaten Bedarf zu verwenden. Der Grund für die unentgeltliche Zuwendung des Benno S. war das Firmenjubiläum der Vertriebsleiterin, sodass die unentgeltliche Zuwendung unternehmerisch motiviert war.

Die Schenkung des Kerzenständers ist auch keine Aufmerksamkeit, da der Wert des Gegenstandes im Zeitpunkt der Schenkung aufgrund der Preiserhöhung um 15 % mehr als 60 € brutto, nämlich 60,95 €, beträgt.

Benno S. konnte auch bei dem Erwerb des Kerzenständers den Vorsteuerabzug gem. § 15 Abs. 1 Satz 1 Nr. 1 UStG geltend machen, sodass auch die Voraussetzung des § 3 Abs. 1b Satz 2 UStG erfüllt ist.

Der Ort der unentgeltlichen Wertabgabe ist gem. § 3 Abs. 7 Satz 1 UStG dort, wo der Benno S. die Verfügungsmacht an dem Kerzenständer verschafft,, mithin in Würzburg.

Die Lieferung ist damit gem. § 1 Abs. 1 Satz 1 Nr. 1 UStG in Deutschland steuerbar und in Ermangelung einer Steuerbefreiung auch steuerpflichtig.

Die Bemessungsgrundlage bestimmt sich gem. § 10 Abs. 4 Nr. 1 UStG nach dem Einkaufspreis im Zeitpunkt des Umsatzes, also der Entnahme. Benno S. hat den Kerzenständer am 10.03.2015 zu einem Preis von 53 € brutto erworben. Der Lieferant hat den Preis im Zeitpunkt der Entnahme um 15 % angehoben, sodass der Einkaufspreis im Zeitpunkt der Entnahme 60,95 € brutto betrug. Da die Umsatzsteuer nicht zur Bemessungsgrundlage gehört, ist bei einem Steuersatz von 19 % gem. § 12 Abs. 1 UStG lediglich der Nettobetrag i. H. v. 51,22 € maßgeblich.

Die Umsatzsteuer beträgt damit 9,73 €.

Die Grundtabelle ist somit folgendermaßen auszufüllen:

Leistungsart §	**Leistungsort** §	**Steuerbarkeit** §	**steuerfrei** §	**steuerpflichtig** §	**BMG** §	**USt** €	**VSt** €
Gegenstandsentnahme § 3 Abs. 1b Nr. 2 UStG	Würzburg § 3 Abs. 7 Satz 1 UStG	ja § 1 Abs. 1 Nr. 1 UStG	nein	ja, da nicht steuerbefreit	51,22 € § 10 Abs. 4 Nr. 1 UStG	9,73 €	

Lösung zu Aufgabe 8: Garagenfliesen

Unternehmer Urban hat eine steuerbare und steuerpflichtige Lieferung gem. § 1 Abs. 1 Satz 1 Nr. 1 UStG ausgeführt.

Urban hat mit der Verarbeitung der Fliesen in seiner privaten Garage zwar keine Lieferung gem. § 3 Abs. 1 UStG ausgeführt, da er sowohl vor als auch nach der Verarbeitung der Fliesen der Inhaber der tatsächlichen Sachherrschaft geblieben ist und deshalb keinem Abnehmer die Verfügungsmacht verschafft hat. Die Lieferung geschah auch nicht gegen Entgelt.

Gemäß § 3 Abs. 1b Nr. 1 UStG wird die Leistung des Unternehmers Urban aber einer Lieferung gegen Entgelt gleichgestellt.

Die Entnahme der Fliesen durch Urban aus seinem Unternehmen ist privat motiviert, da eine unternehmerische Verwendung hinsichtlich dieser Fliesen nicht mehr beabsichtigt ist.

Die Fliesen wurden zunächst zu einem unternehmerischen Zweck erworben. Urban konnte deshalb aus dem Einkauf die Umsatzsteuer als Vorsteuer geltend machen, sodass § 3 Abs. 1b Satz 2 UStG erfüllt ist.

Der Ort der unentgeltlichen Wertabgabe ist gem. § 3 Abs. 7 Satz 1 UStG in Lüneburg.

Die Lieferung ist damit gem. § 1 Abs. 1 Satz 1 Nr. 1 UStG in Deutschland steuerbar und in Ermangelung einer Steuerbefreiung auch steuerpflichtig.

Die Bemessungsgrundlage bestimmt sich gem. § 10 Abs. 4 Nr. 1 UStG nach dem Einkaufspreis im Zeitpunkt des Umsatzes, also der Entnahme. Die Wandfliesen haben am 14.12.2014 einen Einkaufspreis von 21,99 € netto je m². U hat 30 m² entnommen, sodass die Bemessungsgrundlage 659,70 € beträgt.

Die Umsatzsteuer beläuft sich damit auf 125,34 €.

Die Grundtabelle ist somit folgendermaßen auszufüllen:

Leistungs-art §	**Leistungs-ort §**	**Steuer-barkeit §**	**steuerfrei §**	**steuer-pflichtig §**	**BMG §**	**USt €**	**VSt €**
Gegen-stands-entnahme § 3 Abs. 1b Nr. 1 UStG	Lüneburg § 3 Abs. 7 Satz 1 UStG	ja § 1 Abs. 1 Nr. 1 UStG	nein	ja, da nicht steuer-befreit	659,70 € § 10 Abs. 4 Nr. 1 UStG	125,34 €	

Lösung zu Aufgabe 9: Spende für einen Sportverein

Steinmetz Sauer erbringt einen steuerbaren und steuerpflichtigen Umsatz gem. § 1 Abs. 1 Satz 1 Nr. 1 UStG.

Sauer führt eine Lieferung gem. § 3 Abs. 1 UStG aus. Die Lieferung erfolgt allerdings unentgeltlich. Die Lieferung wird aber einer Lieferung gegen Entgelt gem. § 3 Abs. 1b Nr. 3 UStG gleichgestellt.

Sauer hat dem Verein die Siegessäule unentgeltlich zugewandt. Bei der Siegessäule handelt es sich weder um ein Geschenk von geringem Wert noch um ein Warenmuster für Zwecke des Unternehmens.

Sauer mag als Fan des Vereins auch private Motive verfolgen, aber aufgrund der bestehenden Geschäftsbeziehungen steht die unternehmerische Motivation im Vordergrund, da die hochwertige Säule zugleich auch als Werbung dienen sollte.

Aus den Materialkosten konnte Sauer die Vorsteuer geltend machen, § 3 Abs. 1b Satz 2 UStG.

Der Ort der unentgeltlichen Lieferung ist gem. § 3 Abs. 7 Satz 1 UStG Dortmund. Die unentgeltliche Wertabgabe ist in Ermangelung einer Steuerbefreiung auch steuerpflichtig.

Die Bemessungsgrundlage bestimmt sich gem. § 10 Abs. 4 Nr. 1 UStG. Maßgeblich sind die Selbstkosten im Zeitpunkt der Entnahme i. H. v. 1.500 €, da es für die Siegessäule keinen Einkaufspreis gibt.

Die zu entrichtende Umsatzsteuer beträgt somit 285 €.

Die Grundtabelle ist daher wie folgt auszufüllen:

Leistungsart §	Leistungsort §	Steuerbarkeit §	steuerfrei §	steuerpflichtig §	BMG §	USt €	VSt €
Gegenstandsentnahme § 3 Abs. 1b Nr. 3 UStG	Dortmund § 3 Abs. 7 Satz 1 UStG	ja § 1 Abs. 1 Nr. 1 UStG	nein	ja, da nicht steuerbefreit	1.500 € § 10 Abs. 4 Nr. 1 UStG	285 €	

Lösung zu Aufgabe 10: Geschenk für einen Kunden

Unternehmer Schwarz hat keinen steuerbaren Umsatz ausgeführt.

Er hat durch die Übergabe des Rennwagens eine Lieferung gem. § 3 Abs. 1 UStG ausgeführt, die aufgrund der Schenkung unentgeltlich war. Da die unentgeltliche Zuwendung unternehmerisch veranlasst war, hat Schwarz grundsätzlich eine unentgeltliche Lieferung i. S. d. § 3 Abs. 1b Nr. 3 UStG ausgeführt.

Der Rennwagen hat aber im Nachhinein nicht mehr zum Vorsteuerabzug berechtigt, mithin sind damit nicht die Voraussetzungen des § 3 Abs. 1b Satz 2 UStG erfüllt.

MERKE

Zwar konnte Schwarz im Zeitpunkt der Anschaffung des Rennwagens die Vorsteuer geltend machen, da der Gegenstand zu diesem Zeitpunkt zur Weiterveräußerung bestimmt war. Diese zu Anfang bestehende Vorsteuerabzugsberechtigung ist allerdings aufgrund der Schenkung rückwirkend gem. § 17 Abs. 2 Nr. 5 UStG entfallen. Da der Rennwagen mehr als 35 € netto kostet, gilt das Abzugsverbot des § 4 Abs. 5 Satz 1 Nr. 1 EStG, mit der Folge, dass der Vorsteuerabzug gem. § 15 Abs. 1a Satz 1 UStG ausgeschlossen ist.

Schwarz muss deshalb die Vorsteuer korrigieren, die er im Anschaffungsvorgang für den Rennwagen geltend gemacht hat. Da der Vorsteuerabzug rückgängig gemacht werden muss, besteht im Rahmen der Entnahme keine Veranlassung durch eine Umsatzbesteuerung einen sich aus dem Vorsteuerabzug ergebenden Vorteil des Unternehmers Schwarz auszugleichen.

Schwarz hat deshalb keine unentgeltliche Wertabgabe ausgeführt, die gem. § 1 Abs. 1 Satz 1 UStG steuerbar ist.

Die Grundtabelle ist daher wir folgt auszufüllen:

Leistungs-art §	**Leistungs-ort §**	**Steuer-barkeit §**	**steuerfrei §**	**steuer-pflichtig §**	**BMG §**	**USt €**	**VSt €**
Lieferung § 3 Abs. 1		nein		nein			

Lösung zu Aufgabe 11: Geburtstagsgeschenk

Architekt Blau hat keinen steuerbaren Umsatz ausgeführt.

Blau hat den Tablet-PC aus seinem Unternehmen entnommen. Die Entnahme geschah auch zu einem unternehmensfremden Zweck, da die Schenkung privat veranlasst war. Blau hat somit grundsätzlich eine unentgeltliche Lieferung i. S. d. § 3 Abs. 1b Nr. 1 UStG ausgeführt.

Da Blau den Computer allerdings von einer Privatperson erworben hat und deshalb im Rahmen der Anschaffung keine Vorsteuer geltend machen konnte, hat er einen Gegenstand entnommen, der nicht zum vollen oder teilweisen Vorsteuerabzug berechtigt hat. Da die Voraussetzungen des § 3 Abs. 1b Satz 2 UStG nicht erfüllt sind, liegt keine unentgeltliche Wertabgabe vor und eine Steuerbarkeit nach § 1 Abs. 1 Satz 1 Nr. 1 UStG kommt nicht in Betracht.

Die Grundtabelle ist daher wir folgt auszufüllen:

Leistungs-art §	**Leistungs-ort §**	**Steuer-barkeit §**	**steuerfrei §**	**steuer-pflichtig §**	**BMG §**	**USt €**	**VSt €**
Gegen-stands-entnahme § 3 Abs. 1b Nr. 1 UStG		nein		nein			

Lösung zu Aufgabe 12: Renovierung der privaten Garage

Bauunternehmer Zahn führt eine steuerbare und steuerpflichtige unentgeltliche sonstige Leistung gem. § 1 Abs. 1 Satz 1 Nr. 1 i. V. m. § 3 Abs. 9a Satz 1 Nr. 2 UStG aus.

Zahn hat einen Mitarbeiter seines Unternehmens zu einem privaten und damit nicht unternehmerischen Zweck eingesetzt. Durch den Einsatz des Mitarbeiters hat Zahn eine unentgeltliche Dienstleistung in Anspruch genommen, durch die das Unternehmen belastet wird, da der Mitarbeiter – während er die private Garage des Zahn verputzt – aus unternehmerischen Mitteln finanziert wird.

Der Ort der unentgeltlichen Wertabgabe ist gem. § 3a Abs. 1 UStG in Stuttgart.

Die Bemessungsgrundlage richtet sich nach § 10 Abs. 4 Satz 1 Nr. 3 UStG. Maßgeblich sind deshalb die bei der Ausführung der sonstigen Leistung entstandenen Ausgaben, mithin vorliegend 450 €. Es ist hierbei unerheblich, dass ein Vorsteuerabzug bei den Personalkosten nicht möglich war.

Die zu zahlende Umsatzsteuer beläuft sich bei einem Steuersatz von 19 % auf 85,50 €.

Die Grundtabelle ist deshalb wie folgt auszufüllen:

Leistungsart §	Leistungsort §	Steuerbarkeit §	Steuerfrei §	steuerpflichtig §	BMG §	USt €	VSt €
Leistungsentnahme § 3 Abs. 9a Nr. 2 UStG	Stuttgart § 3a Abs. 1 UStG	ja § 1 Abs. 1 Nr. 1 UStG	nein	ja, da nicht steuerbefreit	450 € § 10 Abs. 4 Nr. 3 UStG	85,50 €	

Lösung zu Aufgabe 13: Privat genutzter betrieblicher Pkw

Unternehmer Krause führt eine steuerbare und steuerpflichtige unentgeltliche sonstige Leistung gem. § 1 Abs. 1 Satz 1 Nr. 1 i. V. m. § 3 Abs. 9a Satz 1 Nr. 1 UStG aus.

Krause nutzt einen Gegenstand des unternehmerischen Vermögens zu einem nicht unternehmerischen Zweck, indem er das Fahrzeug unentgeltlich zu privaten Fahrten nutzt.

Das Fahrzeug hat auch zum teilweisen Vorsteuerabzug berechtigt. Der Ort der unentgeltlichen Nutzungsentnahme bestimmt sich nach § 3a Abs. 1 UStG und ist damit in Köln.

Die steuerbare sonstige Leistung ist auch steuerpflichtig, da keine Steuerbefreiung in Betracht kommt.

Die Bemessungsgrundlage richtet sich nach § 10 Abs. 4 Satz 1 Nr. 2 UStG und es sind die Ausgaben anzusetzen, soweit sie zum vollen oder teilweisen Vorsteuerabzug berechtigt haben.

MERKE

Bei der Ermittlung der Ausgaben kann der Unternehmer auf verschiedene Möglichkeiten zurückgreifen:

- Fahrtenbuchmethode
- 1 %-Regelung
- Schätzung.

Die Fahrtenbuchmethode kann Krause nicht zur Ermittlung der Ausgaben anwenden, da er das hierfür erforderliche Fahrtenbuch nicht geführt hat. Die Schätzung sollte die letzte Möglichkeit sein, da diese Methode häufig zu einem höheren Ansatz und damit zu einer ungünstigen Besteuerung führen dürfte.

Krause kann hier die 1 %-Methode anwenden. Krause nutzt das Fahrzeug zu mehr als 50 % zu betrieblichen Zwecken, sodass das Fahrzeug zum notwendigen Betriebsvermögen gehört.

MERKE

Die Bemessungsgrundlage bestimmt sich nach § 10 Abs. 4 Satz 1 Nr. 2 UStG. Der Umsatz wird bei einer Nutzungsentnahme nach den bei der Ausführung dieses Umsatzes entstandenen Ausgaben bemessen, soweit sie zum vollen oder teilweisen Vorsteuerabzug berechtigt haben.

Da es eine ausdrückliche Regelung für die 1 %-Methode im UStG nicht gibt, wird grundsätzlich die im Ertragssteuerrecht maßgebliche Vorschrift des § 6 Abs. 1 Nr. 4 Satz 2 EStG entsprechend angewandt, um die Bemessungsgrundlage der Umsatzsteuer bei verbrennenden motorbetriebenen Fahrzeugen zu bestimmen. Da die Pauschalmethode nicht auf die tatsächlichen Ausgaben abstellt, bedient man sich des ertragsteuerrechtlichen Ergebnisses, das sich aus der Anwendung des § 6 Abs. 1 Nr. 4 Satz 2 EStG ergibt, um die Höhe der Ausgaben zu bestimmen.

Die private Nutzung eines Kraftfahrzeugs ist für jeden Kalendermonat mit 1 % des inländischen Listenpreises im Zeitpunkt der Erstzulassung zuzüglich der Kosten für Sonderausstattung einschließlich Umsatzsteuer anzusetzen. Der Bruttolistenpreis ist auf den nächsten 100 €-Betrag abzurunden.

Da nur solche Ausgaben zur Bemessungsgrundlage gehören sollen, die zum vollen oder teilweisen Vorsteuerabzug berechtigt haben, ist auch bei Anwendung der Pauschalmethode eine Aufteilung der Ausgaben notwendig. Eine konkrete Ermittlung der Ausgaben, bei denen kein Vorsteuerabzug möglich war, ist aufgrund der Pauschalierung der Ausgaben nicht möglich. Deshalb wird auch bei der Bestimmung der Ausgaben, bei denen ein Vorsteuerabzug möglich war, eine Pauschalierung vorgenommen. Hierbei wird davon ausgegangen, dass von den Ausgaben 80 % einen Vorsteuerabzug ermöglicht haben und 20 % nicht, sodass die Bemessungsgrundlage lediglich 80 % der ertragsteuerrechtlichen Bemessungsgrundlage beträgt.

Das Fahrzeug des Krause wies im Zeitpunkt der Erstzulassung einen Bruttolistenpreis von 25.099 € auf, der auf 25.000 € abzurunden ist. Die ertragssteuerrechtliche Bemessungsgrundlage beträgt damit monatlich 250 €.

Die umsatzsteuerliche Bemessungsgrundlage beträgt somit monatlich 200 €.

Bei einem Steuersatz von 19 % gem. § 12 Abs. 1 UStG ergibt sich ein Umsatzsteuerbetrag i. H. v. 38 € monatlich.

Die Grundtabelle ist somit wie folgt auszufüllen:

Leistungs-art §	Leistungs-ort §	Steuer-barkeit §	steuerfrei §	steuer-pflichtig §	BMG §	USt €	VSt €
Nutzungs-entnahme § 3 Abs. 9a Nr. 1 UStG	Köln § 3a Abs. 1 UStG	ja § 1 Abs. 1 Nr. 1 UStG	nein	ja, da nicht steuer-befreit	200 € § 10 Abs. 4 Nr. 2 UStG	38 €	

2.1.2 Sonstige Leistung

Lösung zu Aufgabe 14: Fahrradreparatur

Jan U. hat eine in Deutschland steuerbare und steuerpflichtige sonstige Leistung gem. § 1 Abs. 1 Satz 1 Nr. 1 UStG ausgeführt.

Jan U. hat keine Werklieferung gem. § 3 Abs. 4 UStG ausgeführt, da er nur die Speichen teilweise ausgetauscht und somit nur eine sonstige Nebensache selbst beschafft hat.

Die Leistung wurde auch im Inland ausgeführt.

Es handelt sich grundsätzlich um eine Leistung im B2C-Bereich, da der Franz K. als Leistungsempfänger die Fahrradreparatur für seinen privaten Bereich empfangen hat, sodass sich der Leistungsort grundsätzlich nach § 3a Abs. 1 Satz 1 UStG richtet.

Die Grundnorm des B2C-Bereichs wird allerdings durch § 3a Abs. 3 Nr. 3 Buchst. c) UStG verdrängt. Die Reparatur des Fahrrades ist eine Arbeit an einem beweglichen körperlichen Gegenstand. Franz K. ist weder ein Unternehmer, für dessen Unternehmen die Leistung ausgeführt wurde, noch eine juristische Person, sondern vielmehr eine Privatperson. Der Ort der Leistung ist damit in Rosenheim, weil der Leistungsgeber seine Leistung dort tatsächlich erbracht hat.

Da keine Steuerbefreiung ersichtlich ist, hat Jan U. nicht nur einen steuerbaren, sondern auch einen steuerpflichtigen Umsatz ausgeführt.

Die Bemessungsgrundlage für diesen Umsatz ergibt sich aus § 10 Abs. 1 Satz 1 UStG und beträgt bei einem Rechnungsbetrag von 119 € brutto nach Abzug der enthaltenen Umsatzsteuer 100 €. Es ist somit eine Umsatzsteuer i. H. v. 19 € für diesem Umsatz abzuführen.

Die Grundtabelle ist daher wie folgt auszufüllen:

Leistungs-art §	Leistungs-ort §	Steuer-barkeit §	steuerfrei §	steuer-pflichtig §	BMG §	USt €	VSt €
sonstige Leistung § 3 Abs. 9 UStG	Rosenheim § 3a Abs. 3 Nr. 3c UStG	ja § 1 Abs. 1 Nr. 1 UStG	nein	ja, da nicht steuer-befreit	100 € § 10 Abs. 1 Satz 1 UStG	19 €	

Lösung zu Aufgabe 15: Speditionstransport von Fahrrädern

Sigi S. hat eine in Deutschland steuerbare und steuerpflichtige sonstige Leistung gem. § 1 Abs. 1 Satz 1 Nr. 1 UStG ausgeführt.

Die Speditionsleistung ist eine typische sonstige Leistung gem. § 3 Abs. 9 Satz 1 UStG, da die erbrachte Leistung nicht in einer Lieferung besteht.

Sigi S. ist als Spediteur ein Unternehmer i. S. d. § 2 Abs. 1 UStG, der durch den Transport der Rennräder ein Grundgeschäft erfüllt hat. Es fand auch ein entsprechender Leistungsaustausch statt, da der Speditionsvertrag ein gegenseitiger Vertrag ist, bei dem Leistung und Gegenleistung wirtschaftlich verknüpft sind. Jeder erbringt seine Leistung nur deshalb, weil er die Leistung des anderen möchte.

Die Leistung wurde auch im Inland ausgeführt.

Sigi S. hat die Leistung an den Unternehmer Jan U. ausgeführt, der die Rennräder für sein Unternehmen benötigt. Es handelt sich damit um einen Umsatz im B2B-Bereich und der Ort dieser sonstigen Leistung bestimmt sich nach § 3a Abs. 2 UStG. Der Leistungsort ist damit dort, wo der Leistungsempfänger sein Unternehmen betreibt, mithin vorliegend in Rosenheim. Die Grundregel wird auch nicht von einer spezielleren Norm verdrängt.

Da keine Steuerbefreiung ersichtlich ist, hat Sigi S. nicht nur einen steuerbaren, sondern auch einen steuerpflichtigen Umsatz ausgeführt.

Die Bemessungsgrundlage für diesen Umsatz ergibt sich aus § 10 Abs. 1 Satz 1 UStG und beträgt bei einem Rechnungsbetrag von 399 € brutto nach Abzug der enthaltenen Umsatzsteuer 335,29 €. Es ist somit eine Umsatzsteuer i. H. v. 63,71 € für diesem Umsatz abzuführen.

Die Grundtabelle ist daher wie folgt auszufüllen:

Leistungsart **§**	**Leistungsort** **§**	**Steuerbarkeit** **§**	**steuerfrei** **§**	**steuerpflichtig** **§**	**BMG** **§**	**USt** **€**	**VSt** **€**
sonstige Leistung § 3 Abs. 9 UStG	Rosenheim § 3a Abs. 2 UStG	ja § 1 Abs. 1 Nr. 1 UStG	nein	ja, da nicht steuerbefreit	335,29 € § 10 Abs. 1 Satz 1 UStG	63,71 €	

Lösung zu Aufgabe 16: Fensterreinigung

Marcel M. hat eine in Deutschland steuerbare und steuerpflichtige sonstige Leistung gem. § 1 Abs. 1 Satz 1 Nr. 1 UStG ausgeführt.

Die Fensterreinigung stellt eine sonstige Leistung gem. § 3 Abs. 9 Satz 1 UStG dar, da die erbrachte Leistung nicht in einer Lieferung besteht.

Marcel M. ist auch ein Unternehmer i. S. d. § 2 Abs. 1 UStG, der mit der Reinigung der Fenster ein Grundgeschäft erfüllt hat. Es fand auch ein entsprechender Leistungsaustausch statt, da der geschlossene Vertrag ein gegenseitiger Vertrag ist, bei dem Leistung und Gegenleistung wirtschaftlich verknüpft sind.

Die Leistung wurde auch im Inland ausgeführt.

Grundsätzlich handelt es sich um eine Leistung im B2C-Bereich, weil Veronika G. als Leistungsempfängerin die Fensterreinigung für ihren privaten Bereich empfangen hat, sodass sich der Leistungsort grundsätzlich nach § 3a Abs. 1 Satz 1 UStG richtet. Die Grundnorm des B2C-Bereichs wird allerdings von der leistungsempfängerunabhängigen Ortsbestimmungsvorschrift des § 3a Abs. 3 Nr. 1 Satz 1 UStG verdrängt, da die Leistung des Marcel M. im Zusammenhang mit einem Grundstück ausgeführt worden ist.

Marcel M. hat die Fenster gereinigt, die ihrerseits zum Gebäude gehören. Da das Gebäude ein wesentlicher Bestandteil des Grundstücks ist, hat der Marcel M. mit der Reinigung der Fenster quasi das Grundstück gereinigt, sodass eine sonstige Leistung im Zusammenhang mit einem Grundstück erbracht worden ist.

Der Ort der sonstigen Leistung bestimmt sich daher nach dem Belegenheitsprinzip und ist dort, wo das Grundstück belegen ist, mithin in Bochum.

Da Bochum zum Hoheitsgebiet der BRD gehört, liegt der Leistungsort im Inland gem. § 1 Abs. 2 UStG.

Da keine Steuerbefreiung ersichtlich ist, ist der Umsatz des Marcel M. nicht nur steuerbar, sondern auch steuerpflichtig.

Die Bemessungsgrundlage für diesen Umsatz ergibt sich aus § 10 Abs. 1 Satz 1 UStG und beträgt bei einem Rechnungsbetrag von 99 € brutto nach Abzug der enthaltenen Umsatzsteuer 83,19 €. Es ist somit eine Umsatzsteuer i. H. v. 15,81 € für diesen Umsatz abzuführen.

Die Grundtabelle ist daher wie folgt auszufüllen:

Leistungs-art **§**	**Leistungs-ort** **§**	**Steuer-barkeit** **§**	**steuerfrei** **§**	**steuer-pflichtig** **§**	**BMG** **§**	**USt** **€**	**VSt** **€**
sonstige Leistung § 3 Abs. 9 UStG	Bochum § 3a Abs. 3 Nr. 1 Satz 1 UStG	ja § 1 Abs. 1 Nr. 1 UStG	nein	ja, da nicht steuer-befreit	83,19 € § 10 Abs. 1 Satz 1 UStG	15,81 €	

Lösung zu Aufgabe 17: Mietwagen

Der Umsatz des Gerd W. ist in Deutschland nicht steuerbar.

Die Vermietungsleistung des Gerd W. ist eine sonstige Leistung, da es Gerd W. nicht darauf ankommt, dem Ulli K. dauerhaft die Verfügungsmacht an dem Geländewagen zu verschaffen. Gerd W. räumt dem Ulli K. nur ein zeitlich begrenztes Nutzungsrecht an dem Fahrzeug ein.

Gerd W. ist Unternehmer i. S. d. § 2 Abs. 1 Satz 1 UStG, für den die Vermietung des Geländewagens ein Grundgeschäft darstellt. Der Umsatz wird auch gegen Entgelt ausgeführt, da ein Mietvertrag ein typischer gegenseitiger Vertrag ist.

Der Leistungsort liegt aber in Österreich und damit nicht im Inland gem. § 1 Abs. 2 UStG.

Die Vermietungsleistung des Gerd W. wurde grundsätzlich im B2C-Bereich ausgeführt, sodass nach der Grundregel des § 3a Abs. 1 Satz 1 UStG der Ort der Leistung dort ist, wo der Leistungsgeber sein Unternehmen betreibt, hier also Rosenheim.

Abweichend von § 3a Abs. 1 Satz 1 UStG bestimmt sich der Ort dieser sonstigen Leistung aber nach § 3a Abs. 3 Nr. 2 Satz 1 UStG.

Der Geländewagen ist ein Beförderungsmittel i. S. d. § 3a Abs. 3 Nr. 2 Satz 1 UStG, das auch nur kurzfristig angemietet wurde. Als kurzfristig i. S. d. § 3a Abs. 3 Nr. 2 Satz 1 UStG gilt bei einem Landfahrzeug eine Vermietung über einen ununterbrochenen Zeitraum von 90 Tagen, § 3a Abs. 3 Nr. 2 Satz 2 Buchst. b UStG. Die Vermietungsleistung wird an dem Ort ausgeführt, an dem das Beförderungsmittel dem Empfänger tatsächlich zur Verfügung gestellt wird. Gerd W. stellt dem Ulli K. das Fahrzeug tatsächlich in Kufstein zur Verfügung.

Aus der Sicht des deutschen Umsatzsteuergesetzes gehört Kufstein nicht zum Hoheitsgebiet der BRD, sodass der Inlandsbegriff des § 1 Abs. 2 Satz 1 UStG nicht erfüllt ist.

Die von Gerd W. ausgeführte sonstige Leistung ist somit nicht in Deutschland gem. § 1 Abs. 1 Satz 1 Nr. 1 UStG steuerbar.

Die Grundtabelle ist damit wie folgt auszufüllen:

Leistungsart §	Leistungsort §	Steuerbarkeit §	steuerfrei §	steuerpflichtig §	BMG §	USt €	VSt €
sonstige Leistung § 3 Abs. 9 UStG	Kufstein § 3a Abs. 3 Nr. 2 Satz 1 UStG	nein					

Lösung zu Aufgabe 18: Der norwegische Mandant

Der Umsatz des Rechtsanwalts Weiß ist in Deutschland nicht steuerbar.

Zwar erbringt Weiß eine sonstige Leistung gem. § 3 Abs. 9 UStG, denn er hat eine Dienstleistung erbracht, die somit keine Lieferung ist. Weiß ist auch als Rechtsanwalt ein Unternehmer i. S. d. § 2 UStG, für den die Beratung in einer Rechtsangelegenheit ein Grundgeschäft darstellt. Der Umsatz wurde auch im Leistungsaustausch und damit gegen Entgelt erbracht.

Die sonstige Leistung wurde aber nicht im Inland gem. § 1 Abs. 2 UStG ausgeführt.

Da der Leistungsempfänger eine Privatperson ist, bestimmt sich der Leistungsort grundsätzlich nach § 3a Abs. 1 UStG und ist dort, wo der Leistungsgeber sein Unternehmen betreibt.

§ 3a Abs. 1 UStG wird im vorliegenden Fall allerdings von § 3a Abs. 4 Satz 1 UStG i. V. m. § 3a Abs. 4 Satz 2 Nr. 3 UStG verdrängt:

- Die Beratung des Weiß ist eine sonstige Leistung aus der Tätigkeit eines Rechtsanwalts.
- Der Leistungsempfänger ist eine Privatperson und somit kein Unternehmer, der die Leistung für sein Unternehmen empfangen hat.
- Der Leistungsempfänger hat seinen Wohnsitz in Oslo und damit außerhalb der Europäischen Gemeinschaft.

Der Ort der Leistung befindet sich daher am Wohnort des Leistungsempfängers, mithin in Oslo.

Bei dieser Aufgabe ist alleine die Ortsbestimmung von Bedeutung. Die weiteren in der Tabelle geforderten Angaben sind völlig unproblematisch.

Die Grundtabelle ist daher wie folgt auszufüllen:

Leistungs-art §	**Leistungs-ort §**	**Steuer-barkeit §**	**steuerfrei §**	**steuer-pflichtig §**	**BMG §**	**USt €**	**VSt €**
sonstige Leistung § 3 Abs. 9 UStG	Oslo § 3a Abs. 4 Satz 1 i. V. m. Satz 2 Nr. 3 UStG	nein					

Lösung zu Aufgabe 19: Der spanische Mandant

Der Umsatz ist in Deutschland gem. § 1 Abs. 1 Nr. 1 UStG steuerbar.

Die Vertretung vor Gericht ist eine typische sonstige Leistung gem. § 3 Abs. 9 UStG, die Rechtsanwalt Weiß als Unternehmer ausgeführt hat. Die Wahrnehmung der rechtlichen Interessen stellt für Weiß ein Grundgeschäft dar, das gegen Entgelt ausgeführt wurde.

Der Ort der Leistung bestimmt sich nach § 3a Abs. 1 UStG und befindet sich damit in Lünen.

Es handelt sich um einen typischen B2C-Umsatz. Diese Ortsbestimmung wird auch nicht von § 3a Abs. 4 Satz 1 UStG verdrängt:

- Die Beratung des Weiß ist zwar eine sonstige Leistung aus der Tätigkeit eines Rechtsanwalts.
- Der Leistungsempfänger ist zudem eine Privatperson und damit kein Unternehmer, der die Leistung für sein Unternehmen empfangen hat.
- Der Leistungsempfänger hat aber seinen Wohnsitz in Madrid und damit innerhalb der Europäischen Gemeinschaft.

Der Umsatz ist in Ermangelung einer Steuerbefreiung auch steuerpflichtig. Die Bemessungsgrundlage richtet sich nach § 10 Abs. 1 Satz 1 UStG und beträgt 672,27 €. Bei einem Steuersatz gem. § 12 Abs. 1 UStG i. H. v. 19 % ergibt sich eine geschuldete Umsatzsteuer von 127,73 €.

Die Grundtabelle ist daher wie folgt auszufüllen:

Leistungs-art §	Leistungs-ort §	Steuer-barkeit §	steuerfrei §	steuer-pflichtig §	BMG §	USt €	VSt €
sonstige Leistung § 3 Abs. 9 UStG	Lünen § 3a Abs. 1 UStG	ja § 1 Abs. 1 Nr. 1 UStG	nein	ja	672,27 € § 10 Abs. 1 UStG	127,73 €	

Lösung zu Aufgabe 20: Kontakte zur Wirtschaft

Der Umsatz des Rechtsanwalts Weiß ist in Deutschland nicht steuerbar.

Weiß erbringt auch in dieser Aufgabe eine sonstige Leistung gem. § 3 Abs. 9 UStG, denn er hat eine Leistung erbracht, die keine Lieferung ist. Weiß ist auch als Rechtsanwalt ein Unternehmer i. S. d. § 2 UStG, für den die Beratung in einer Vertragsangelegenheit ein Grundgeschäft darstellt. Der Umsatz wurde auch im Leistungsaustausch und damit gegen Entgelt erbracht.

Die sonstige Leistung wurde aber nicht im Inland gem. § 1 Abs. 2 UStG ausgeführt.

Der Ort der Leistung bestimmt sich nach § 3a Abs. 2 UStG und befindet sich damit in Wien.

Es handelt sich um einen typischen B2B-Umsatz. Sowohl der Leistungsgeber Weiß als auch der Leistungsempfänger sind Unternehmer. Der österreichische Unternehmer tritt mit seiner nationalen USt-IdNr. auf und signalisiert damit dem Leistungsgeber, dass er die Leistung für sein Unternehmen empfängt.

Die Leistung ist somit an jenem Ort ausgeführt worden, von dem aus der Empfänger sein Unternehmen betreibt, mithin in Wien.

Diese Ortsbestimmung wird auch nicht von § 3a Abs. 4 Satz 1 UStG verdrängt, da der Leistungsempfänger keine Privatperson, sondern ein Unternehmer ist, der die Leistung für sein Unternehmen empfangen hat.

Der Umsatz ist zwar nicht in Deutschland aber in Österreich steuerbar.

Es ist in dieser Aufgabe aber entscheidend, dass nach einer Steuerbarkeit in Deutschland gefragt ist.

Die Fallkonstellation eignet sich aber hervorragend um die Steuerschuldnerschaft gem. § 13b UStG zu prüfen. Da sich diese Konstellation nicht in der Grundtabelle darstellen lässt, wird der Wechsel der Steuerschuldnerschaft gerne außerhalb der Tabelle in einer freien Darstellung geprüft.

Die Grundtabelle ist daher wie folgt auszufüllen:

Leistungs-art §	Leistungs-ort §	Steuer-barkeit §	steuerfrei §	steuer-pflichtig §	BMG §	USt €	VSt €
sonstige Leistung § 3 Abs. 9 UStG	Wien § 3a Abs. 2 UStG	nein					

Lösung zu Aufgabe 21: Gartenmöbel aus Freiburg

Der Umsatz ist in Deutschland nicht steuerbar.

Die Vermietung von Gegenständen ist eine typische sonstige Leistung gem. § 3 Abs. 9 UStG, die M. Möbelix als Unternehmer i. S. d. § 2 Abs. 1 UStG ausgeführt hat. Die zeitlich begrenzte Gebrauchsüberlassung stellt für M. Möbelix ein Grundgeschäft dar, das gegen Entgelt ausgeführt wurde.

Der Ort der Leistung bestimmt sich nach § 3a Abs. 4 Satz 1 i. V. m. § 3a Abs. 4 Satz 2 Nr. 10 UStG und befindet sich damit in Basel.

Es handelt sich grundsätzlich um einen typischen B2C-Umsatz gem. § 3a Abs. 1 UStG. Die Ortsbestimmung wird aber von § 3a Abs. 4 Satz 1 UStG verdrängt:

- Die Überlassung der Biertischgarnituren stellt eine Vermietung beweglicher Gegenstände dar.
- Der Leistungsempfänger ist zudem eine Privatperson und damit kein Unternehmer, der die Leistung für sein Unternehmen empfangen hat.
- Der Leistungsempfänger hat seinen Wohnsitz in Basel und damit außerhalb der Europäischen Gemeinschaft.

Die Grundtabelle ist daher wie folgt auszufüllen:

Leistungs-art §	Leistungs-ort §	Steuer-barkeit §	steuerfrei §	steuer-pflichtig §	BMG §	USt €	VSt €
sonstige Leistung § 3 Abs. 9 UStG	Basel § 3a Abs. 4 Satz 1 i. V. m. Satz 2 Nr. 10 UStG	nein					

2.2 Import-Export

2.2.2 Export

Lösung zu Aufgabe 22: Stanzmaschine aus dem Außenlager

Martin S. erwirbt gem. § 1 Abs. 1 Satz 1 Nr. 5 UStG einen Gegenstand gegen Entgelt im Inland.

Die Voraussetzungen des § 1a Abs. 1 UStG sind erfüllt.

Die Stanzmaschine ist von einem EU-Mitgliedstaat (Polen) in einen anderen EU-Mitgliedstaat (Deutschland) gelangt.

Die Versendung der Stanzmaschine beginnt zwar in Russland. Da die Maschine aber bereits an der polnischen Grenze zoll- und umsatzsteuerrechtlich zum freien Warenverkehr innerhalb der EU abgefertigt wurde, gelangt der Gegenstand anschließend von einem Mitgliedstaat in einen anderen Mitgliedstaat. Die ebenfalls ausgeführte Einfuhr der Stanzmaschine geschah an der polnischen Grenze und wurde dort von Stanislaw verwirklicht.

ACHTUNG

Etwas anderes würde nur dann gelten, wenn die Maschine nicht schon an der polnischen Grenze zoll- und umsatzsteuerrechtlich zum freien Warenverkehr innerhalb der EU abgefertigt würde, sondern erst an der deutschen Grenze. Dann würde die Maschine nur durch Polen befördert und die Einfuhr erst an der deutsch-polnischen Grenze erfolgen. Der Gegenstand gelangt dann nicht mehr aus einem anderen Mitgliedstaat, sondern aus dem Drittland nach Deutschland. In diesem Fall führt der Erwerber keinen steuerbaren innergemeinschaftlichen Erwerb aus und es wird nur eine Einfuhr gem. § 1 Abs. 1 Satz 1 Nr. 4 UStG in Deutschland ausgeführt.

Bereits vor der Versendung stand Martin S. als Abnehmer fest, sodass eine Lieferung an den Abnehmer erfolgte.

Sowohl Martin S. als auch Stanislaw verwenden eine USt-IdNr. und zeigen damit, dass sie Vollunternehmer sind, die in ihrem jeweiligen Mitgliedstaat der Umsatzbesteuerung unterliegen und für ihr jeweiliges Unternehmen handeln.

Der innergemeinschaftliche Erwerb wird gem. § 3d Satz 1 UStG in dem Gebiet des Mitgliedstaates bewirkt, in dem sich der Gegenstand am Ende der Beförderung oder Versendung befindet. Die Karbonrahmen befinden sich am Ende der Versendung in Berlin, mithin in Deutschland.

Der Umsatz ist damit in Deutschland gem. § 1 Abs. 1 Satz 1 Nr. 5 UStG steuerbar und mangels Steuerbefreiung auch steuerpflichtig.

Die Bemessungsgrundlage bestimmt sich nach § 10 Abs. 1 Satz 1 UStG. Maßgeblich ist das Entgelt, das Martin S. als Erwerber aufwenden musste, um die Stanzmaschine zu erhalten. In der Rechnung des Stanislaw wird keine Umsatzsteuer ausgewiesen, da dessen Lieferung als innergemeinschaftliche Lieferung steuerfrei ist. Bemessungsgrundlage ist damit der von Stanislaw in Rechnung gestellte Betrag i. H. v. 10.000 €.

Die Umsatzsteuer beträgt somit bei einem Steuersatz von 19 % (§ 12 Abs. 1 Satz 1 UStG) 1.900 €.

Martin S. kann gleichzeitig gem. § 15 Abs. 1 Satz 1 Nr. 3 UStG den Vorsteuerabzug i. H. v. 1.900 € vornehmen.

Die Grundtabelle ist somit wie folgt auszufüllen:

Leistungsart §	Leistungsort §	Steuerbarkeit §	steuerfrei §	steuerpflichtig §	BMG §	USt €	VSt €
i. g. Erwerb § 1a Abs. 1 UStG	Berlin/BRD § 3d Satz 1 UStG	ja § 1 Abs. 1 Satz 1 Nr. 5 UStG	nein	ja, da nicht steuerbefreit	10.000 € § 10 Abs. 1 UStG	1.900 €	1.900 € § 15 Abs. 1 Nr. 3 UStG

Lösung zu Aufgabe 23: Industriewaschmaschine

Eine steuerbare Lieferung des Lasse B. gem. § 1 Abs. 1 Satz Nr. 1 UStG scheidet aus.

Es liegt zwar eine Lieferung eines Unternehmers im Rahmen seines Unternehmens gegen Entgelt vor.

Die Lieferung ist aber nicht im Inland ausgeführt worden. Eine Ortsbestimmung über § 3 Abs. 8 UStG kommt nicht in Betracht. Der Gegenstand ist zwar von Oslo (Drittland) nach Frankfurt (Deutschland = Inland) befördert worden. Aber Lasse B. ist nicht der Schuldner der EUSt. Die Beteiligten haben die Lieferkondition „unverzollt und unversteuert" vereinbart, sodass Lasse B. den Gegenstand nicht im eigenen Namen, sondern im Namen des Harry H. zum freien Verkehr angemeldet hat, der aus diesem Grunde auch der Schuldner der EUSt ist.

Harry H. hingegen hat eine steuerbare und steuerpflichtige Einfuhr gem. § 1 Abs. 1 Satz 1 Nr. 4 UStG ausgeführt.

Die Waschmaschine gelangt von Oslo (Drittland) in das Inland. Der Gegenstand unterliegt auch im Inland der Besteuerung.

Mangels einer Steuerbefreiung ist die Einfuhr auch steuerpflichtig.

Die Bemessungsgrundlage richtet sich nach § 11 Abs. 1 UStG und beträgt 15.000 €. Die hierauf zu entrichtende EUSt beläuft sich unter Beachtung eines Steuersatzes von 19 % gem. § 12 Abs. 1 UStG auf 2.850 €.

Harry H. kann die von ihm entrichtete Einfuhrumsatzsteuer aber gem. § 15 Abs. 1 Satz 1 Nr. 2 UStG als Vorsteuer geltend machen, da der Gegenstand für sein Unternehmen eingeführt worden ist.

Die Grundtabelle wird daher wie folgt ausgefüllt:

Leistungs-art **§**	**Leistungs-ort** **§**	**Steuer-barkeit** **§**	**steuerfrei** **§**	**steuer-pflichtig** **§**	**BMG** **§**	**USt** **€**	**VSt** **€**
Einfuhr	Inland	ja § 1 Abs. 1 Satz 1 Nr. 4 UStG	nein	ja, da nicht steuer-befreit	15.000 € § 11 Abs. 1 UStG	2.850 €	2.850 € § 15 Abs. 1 Nr. 2 UStG

Lösung zu Aufgabe 24: Vorsteuerabzug

Unternehmer Blau kann gem. § 15 Abs. 1 Satz 1 Nr. 1 UStG die gesetzlich geschuldete Steuer für die Lieferung der Zahnräder, die von einem anderen Unternehmer für sein Unternehmen ausgeführt worden ist, als Vorsteuer abziehen.

Eine Steuer wird nur dann gesetzlich geschuldet, wenn der Leistungsgeber einen steuerbaren und steuerpflichtigen Umsatz ausgeführt hat.

Demirel hat mit der Lieferung der Zahnräder einen steuerbaren Umsatz gem. § 1 Abs. 1 Satz 1 Nr. 1 UStG in Deutschland ausgeführt. Demirel hat als Unternehmer eine Lieferung an Blau im Rahmen seines Unternehmens gegen Entgelt ausgeführt.

Der Ort der Lieferung der Zahnräder gilt gem. § 3 Abs. 5a i. V. m. § 3 Abs. 8 UStG als im Inland belegen. Die Zahnräder gelangen im Rahmen einer Versendungslieferung von Antalya nach Wuppertal und damit aus dem Drittlandsgebiet ins Inland. Demirel hat es auch übernommen, entsprechend der vereinbarten Lieferkondition die Ware zum freien Verkehr in Deutschland anzumelden und die EUSt zu entrichten. Er ist daher Schuldner der EUSt.

Der Umsatz ist auch steuerpflichtig, da eine Steuerbefreiung gem. § 4 UStG nicht eingreift.

Die Bemessungsgrundlage beträgt gem. § 10 Abs. 1 Satz 1 UStG (5.800 : 1,19) 4.873,95 €.

In der Rechnung des Demirel werden somit 926,05 € ausgewiesen, die Blau als Vorsteuer geltend machen kann.

Die Grundtabelle ist wie folgt auszufüllen:

Leistungs-art §	**Leistungs-ort** §	**Steuer-barkeit** §	**steuerfrei** §	**steuer-pflichtig** §	**BMG** §	**USt** €	**VSt** €
							926,05 € § 15 Abs. 1 Nr. 1 UStG

2.3 Reverse-Charge-Verfahren

Lösung zu Aufgabe 25: Neue Fenster

Klaus B. hat in Deutschland einen steuerbaren und steuerpflichtigen Umsatz gem. § 1 Abs. 1 Satz 1 Nr. 1 UStG ausgeführt.

Mit dem Austausch der Fenster hat Klaus B. eine Werklieferung gem. § 3 Abs. 4 UStG ausgeführt, da er die wesentlichen Baustoffe mitgebracht hat.

Klaus B. ist auch Unternehmer i. S. d. § 2 Abs. 1 UStG, der mit dem Einbau der Kunststofffenster ein Grundgeschäft getätigt hat. Der Werklieferungsvertrag ist ein gegenseitiger Vertrag, sodass Klaus B. auch gegen Entgelt gehandelt hat.

Der Ort der Lieferung bestimmt sich nach § 3 Abs. 5a i. V. m. § 3 Abs. 7 Satz 1 UStG und ist dort, wo sich der Gegenstand im Zeitpunkt der Verschaffung der Verfügungsmacht befand. Die Verfügungsmacht wurde dem Franz V. mit Abnahme der eingebauten Kunststofffenster verschafft, sodass der Ort sich in Freiburg befindet.

Der Klaus B. ist grundsätzlich gem. § 13a Abs. 1 Nr. 1 UStG Schuldner der Umsatzsteuer.

Die Steuerschuldnerschaft für die von Klaus B. gegenüber Franz V. ausgeführte Werklieferung geht aber nach § 13b Abs. 5 Satz 1 i. V. m. § 13b Abs. 2 Nr. 1 UStG auf den Leistungsempfänger Franz V. über.

Klaus B. ist ein ausländischer Unternehmer i. S. d. § 13b Abs. 7 Satz 1 UStG, der eine Werklieferung gegenüber Franz V. ausgeführt hat, da Klaus B. in Deutschland keine Betriebsstätte unterhält, von der aus die Leistung ausgeführt wurde und er seinen Sitz in der Schweiz hat. Der Leistungsempfänger Franz V. wird damit zum Steuerschuldner für die ihm gegenüber ausgeführte Werklieferung. Er muss auf den vereinbarten Nettobetrag i. H. v. 20.000 € die Umsatzsteuer mit 3.800 € berechnen, gegenüber seinem Finanzamt anmelden und abführen.

Der Umstand, dass Franz V. mit der Immobilie nur steuerfreie Einnahmen i. S. d. § 4 Nr. 12 Buchst. a UStG erzielt, ändert nichts an der Übernahme der Steuerschuld durch Franz V. Er ist Unternehmer nach § 2 UStG und damit grundsätzlich verpflichtet, die Regelungen des Reverse-Charge-Verfahrens zu beachten.

Die Umsatzsteuer entsteht nach § 13b Abs. 2 Satz 1 UStG mit Ausstellung der Rechnung, spätestens mit Ablauf des der Ausführung der Leistung folgenden Monats. Die Rechnung erhielt Franz V. erst am 04.08.2020. Grundsätzlich entsteht die Steuer damit im Voranmeldungszeitraum August 2020. Die Leistung wurde aber am 21.06.2020 ausgeführt, sodass die Steuer damit tatsächlich im Voranmeldungszeitraum Juli 2020 entsteht.

Klaus B. muss Franz V. eine Rechnung ausstellen, in der keine Umsatzsteuer gesondert ausgewiesen ist. Klaus B. muss aber in der Rechnung auf den Übergang der Steuerschuldnerschaft hinweisen.

Da Klaus B. nur steuerfreie Umsätze ausführt, kommt ein Vorsteuerabzug gem. § 15 Abs. 1 Satz 1 Nr. 4 UStG aufgrund des § 15 Abs. 2 Nr. 1 UStG nicht in Betracht.

Die Grundtabelle wird somit wie folgt ausgefüllt:

Leistungsart §	Leistungsort §	Steuerbarkeit §	steuerfrei §	steuerpflichtig §	BMG §	USt €	VSt €
Werklieferung § 3 Abs. 4 UStG	§ 3 Abs. 7 Satz 1 UStG	ja § 1 Abs. 1 Nr. 1 UStG	nein	ja	20.000 € § 10 Abs. 1 UStG	3.800 €	

Lösung zu Aufgabe 26: Reparatur einer Kaffeemaschine

Aus der Sicht des Gerry W. kommt es gem. § 13b Abs. 5 Satz 1 i. V. m. § 13b Abs. 1 UStG zu einer Übernahme der Steuerschuld für eine von Umberto gem. § 1 Abs. 1 Satz 1 Nr. 1 UStG steuerbar und steuerpflichtig ausgeführten sonstigen Leistung in Deutschland.

Die Leistung des Umberto stellt eine Werkleistung und damit eine sonstige Leistung gem. § 3 Abs. 9 UStG dar, da Umberto lediglich Nebensachen bei der von ihm ausgeführten Leistung verwendet.

Umberto ist Unternehmer gem. § 2 Abs. 1 Satz 1 UStG und führt mit der Reparatur des Kaffeeautomaten ein Grundgeschäft aus. Die Werkleistung wird auch gegen Entgelt erbracht.

Der Ort der sonstigen Leistung bestimmt sich nach § 3a Abs. 2 Satz 1 UStG und ist dort, wo der Leistungsempfänger sein Unternehmen betreibt, also in Düsseldorf. Sowohl Gerry W. als auch Umberto verwenden ihre nationalen USt-IdNr. Hierdurch zeigen die Beteiligten an, dass sie als Vollunternehmer für ihr jeweiliges Unternehmen handeln. Die Leistung wird somit im B2B-Bereich ausgeführt.

Die Grundregel des B2B-Bereichs wird auch nicht von § 3a Abs. 3 Nr. 3 Buchstabe c UStG verdrängt. Zwar hat Umberto eine Bearbeitung eines beweglichen körperlichen Gegenstands übernommen, aber der Empfänger einer solchen Leistung muss aus dem B2C-

Bereich stammen. Gerry W. hingegen ist ein Unternehmer, der die sonstige Leistung für sein Unternehmen empfangen hat.

Die sonstige Leistung des Umberto ist nicht nur steuerbar, sondern auch steuerpflichtig, da keine Steuerbefreiung gem. § 4 UStG in Betracht kommt.

Grundsätzlich ist Umberto gem. § 13a Abs. 1 Nr. 1 UStG Schuldner der Umsatzsteuer.

Die Steuerschuldnerschaft für die von Umberto gegenüber Gerry W. ausgeführte sonstige Leistung geht aber nach § 13b Abs. 5 Satz 1 i. V. m. § 13b Abs. 1 UStG auf den Leistungsempfänger Gerry W. über.

Es handelt sich bei der von Umberto erbrachten Leistung um eine nach § 3a Abs. 2 UStG im Inland steuerpflichtige sonstige Leistung eines im übrigen Gemeinschaftsgebiet ansässigen Unternehmers (§ 13b Abs. 7 Satz 2 UStG).

Gerry W. muss auf Grundlage der Nettorechnung des Umberto die in Deutschland geschuldete Umsatzsteuer anmelden und abführen. Bei einer Bemessungsgrundlage i. H. v. 300 € ergibt sich bei einem Steuersatz von 19 % eine Umsatzsteuer i. H. v. 57 €.

Die Steuer entsteht gem. § 13b Abs. 1 UStG mit Ablauf des Voranmeldungszeitraums, in dem die Leistung ausgeführt worden ist. Umberto hat die Leistung am 04.05.2020 ausgeführt, sodass die Steuer für Gerry W. im Voranmeldungszeitraum Mai 2020 entsteht.

Gerry W. kann die geschuldete Umsatzsteuer gem. § 15 Abs. 1 Nr. 4 UStG als Vorsteuer i. H. v. 57 € geltend machen.

Leistungsart §	Leistungsort §	Steuerbarkeit §	steuerfrei §	steuerpflichtig §	BMG §	USt €	VSt €
sonstige Leistung § 3 Abs. 9 UStG	§ 3a Abs. 2 UStG Düsseldorf	ja § 1 Abs. 1 Nr. 1 UStG	nein	ja	300 € § 10 Abs. 1 UStG	57 €	57 € § 15 Abs. 1 Nr. 4 UStG

2.4 Besteuerungsverfahren

Lösung zu Aufgabe 27: Spezialsoftware für die Pharmaindustrie

a) Die Bemessungsgrundlage bestimmt sich nach § 10 Abs. 1 Satz 1 UStG und beträgt 12.605,04 € (15.000 : 1,19).

Bei einem Steuersatz von 19 % (§ 12 Abs. 1 UStG) muss Leo S. eine Umsatzsteuer i. H. v. 2.394,96 € abführen.

Die Steuerentstehung richtet sich nach § 13 Abs. 1 Nr. 1 Buchst. a Satz 4 UStG.

Leo S. hat seine Leistung noch nicht ausgeführt. Aus diesem Grund ist die Steuer nicht nach § 13 Abs. 1 Nr. 1 Buchst. a Satz 1 UStG entstanden.

Leo S. hat einen Teil des Entgelts (15.000 €) vereinnahmt, bevor er die Leistung ausgeführt hat. Die für dieses Teilentgelt geschuldete Steuer entsteht mit Ablauf des Voranmeldungszeitraums, in dem Leo S. das Teilentgelt vereinnahmt hat (Mindest-Ist-Besteuerung). Leo S. hat die Überweisung am 12.06.2020 vereinnahmt, sodass die Steuer im Voranmeldungszeitraum Juni 2020 entsteht.

Die Tabelle ist daher wie folgt auszufüllen:

Bemessungsgrundlage **§**	**Steuersatz** **§**	**Umsatzsteuer** **€**	**Entstehung der USt Voranmeldungszeitraum** **§**
12.605,04 € § 10 Abs. 1 Satz 1 UStG	19 % § 12 Abs. 1 UStG	2.394,96 €	Juni 2020 § 13 Abs. 1 Nr. 1a Satz 4 UStG

b) Die Bemessungsgrundlage bestimmt sich nach § 10 Abs. 1 Satz 1 UStG und beträgt 30.000 €.

Bei einem Steuersatz von 19 % (§ 12 Abs. 1 UStG) muss Leo S. eine Umsatzsteuer i. H. v. 5.700 € abführen.

Die Steuerentstehung bestimmt sich nach § 13 Abs. 1 Nr. 1 Buchst. a Satz 4 UStG.

Zwar hat Leo S. schon Teile seiner Leistung ausgeführt, aber noch nicht die insgesamt geschuldete Leistung. Es handelt sich bei der bislang erbrachten Leistung um eine Teilleistung. Die Steuer entsteht nach § 13 Abs. 1 Nr. 1 Buchst. a Satz 1 UStG erst mit Erbringen der insgesamt geschuldeten Leistung.

Sofern vor Ausführung der geschuldeten Leistung bereits Zahlungen vereinnahmt werden, richtet sich die Entstehung der Steuer nach § 13 Abs. 1 Nr. 1 Buchst. a Satz 4 UStG. Leo S. hat die Zahlung im September 2020 erhalten, sodass die Steuer mit Ablauf des Voranmeldungszeitraums September 2020 entsteht.

Die Tabelle ist damit folgendermaßen auszufüllen:

Bemessungsgrundlage **§**	**Steuersatz** **§**	**Umsatzsteuer** **€**	**Entstehung der USt Voranmeldungszeitraum** **§**
30.000 € § 10 Abs. 1 Satz 1 UStG	19 % § 12 Abs. 1 UStG	5.700 €	September 2020 § 13 Abs. 1 Nr. 1a Satz 4 UStG

c) Die Bemessungsgrundlage bestimmt sich nach § 10 Abs. 1 Satz 1 UStG und beträgt 32.394,96 € (75.000 - 12.605,04 - 30.000).

Bei einem Steuersatz von 19 % (§ 12 Abs. 1 UStG) muss Leo S. eine Umsatzsteuer i. H. v. 6.155,04 € abführen.

Die Steuerentstehung bestimmt sich hinsichtlich des Restbetrags nach § 13 Abs. 1 Nr. 1 Buchst. a Satz 1 UStG.

Leo S. hat seine Leistung mit Fertigstellung und Übergabe der Software am 30.11.2020 erbracht.

Die restliche Umsatzsteuer i. H. v. 6.155,04 € entsteht daher mit Ablauf des Voranmeldungszeitraums, in dem die geschuldete Leistung ausgeführt wurde, mithin vorliegend im November 2020.

Die Tabelle ist damit folgendermaßen auszufüllen:

Bemessungsgrundlage **§**	**Steuersatz** **§**	**Umsatzsteuer** **€**	**Entstehung der USt Voranmeldungszeitraum** **§**
32.394,96 € § 10 Abs. 1 Satz 1 UStG	19 % § 12 Abs. 1 UStG	6.155,04 €	November 2020 § 13 Abs. 1 Nr. 1a Satz 1 UStG

Lösung zu Aufgabe 28: Das große Rechnen

1. Die endgültige Umsatzsteuerzahllast ermittelt sich wie folgt:

vorläufige Zahllast		450 €
+	Umsatzsteuer aus Lieferung vom 23.12.2019	95 €
=	Umsatzsteuerschuld 12/2019	545 €
-	Sondervorauszahlung 2019	400 €
=	**endgültige Umsatzsteuerzahllast**	**145 €**

2. Da Beate Fröhlich einen Antrag auf Dauerfristverlängerung für 2019 gestellt hat, muss sie die Umsatzsteuervoranmeldung für den Monat Dezember 2019 bis zum 10.02.2020 einreichen.
3. Die Sonderzahlung für 2020 i. H. v. 458 € ermittelt sich wie folgt:

Umsatzsteuerzahllast 01/2019bis 11/2019		4.500 €
+	Umsatzsteuer Dezember 2019	145 €
+	Sondervorauszahlung 2019	400 €
=	Umsatzsteuerzahllast gesamt 2019	5.045 €
davon 1/11 (abgerundet auf volle Euro)		458 €

4. Beate Fröhlich muss die Sondervorauszahlung bis zum 10.02.2020 an das Finanzamt abführen.

Lösung zu Aufgabe 29: Das günstige Notebook

Peter Lux hat mit dem Verkauf des Notebooks eine gem. § 1 Abs. 1 Satz 1 steuerbare Lieferung ausgeführt, die mangels einer Steuerbefreiung auch steuerpflichtig ist.

Die Besteuerung erfolgt unter Beachtung des Regelsteuersatzes von 19 % gem. § 12 Abs. 1 UStG.

Die Bemessungsgrundlage richtet sich nach § 10 Abs. 5 Nr. 2 i. V. m. § 10 Abs. 4 Nr. 1 UStG.

Da der Umsatz entgeltlich erfolgte, richtet sich die Bemessungsgrundlage grundsätzlich nach § 10 Abs. 1 Satz 1 UStG, sodass das Entgelt maßgeblich ist. Entgelt ist gem. § 10 Abs. 1 Satz 2 UStG alles, was der Leistungsempfänger aufwendet, um die Leistung zu erhalten, jedoch abzüglich der Umsatzsteuer.

Der Sohn des Mitarbeiters wendete 250,00 € brutto auf, um den Computer zu erhalten, sodass der sich hieraus ergebende Nettobetrag von 210,08 € die Bemessungsgrundlage gem. § 10 Abs. 1 Satz 1 UStG darstellt.

Aufgrund der Tatsache, dass der Computer allerdings von einem Angehörigen eines Mitarbeiters des Peter Lux erworben wurde, bedarf es einer Überprüfung, ob die Voraussetzungen des § 10 Abs. 5 UStG vorliegen, mit der Folge, dass sich die Bemessungsgrundlage dann nach § 10 Abs. 4 Nr. 1 UStG richtet.

Sofern ein Unternehmer Lieferungen oder sonstige Leistungen an sein Personal oder dessen Angehörige aufgrund des Dienstverhältnisses ausführt, ist § 10 Abs. 4 UStG entsprechend anzuwenden, wenn die Bemessungsgrundlage nach Absatz 4 das Entgelt nach Absatz 1 übersteigt.

ACHTUNG

In der Vergangenheit handelte es sich bei dem Erwerber regelmäßig um einen Angehörigen oder um einen Arbeitnehmer des Unternehmers. Der hier skizzierte Fall der Anschaffung durch einen Angehörigen des Arbeitnehmers stellt aber durchaus eine interessante Alternative dar, die man ebenfalls kennen sollte.

Indem der Gesetzgeber auch die Anschaffung durch einen Angehörigen des Arbeitnehmers erfasst hat, ist dem Versuch einer Umgehung der beabsichtigten gesetzlichen Regelung entgegengewirkt worden.

Die Mindestbemessungsgrundlage soll im Ergebnis berücksichtigen, dass der Unternehmer aus Gründen der persönlichen Nähe oder eines Dienstverhältnisses unter seinem eigenen Einkaufspreis veräußert. Sofern eine solche Veräußerung zulässig wäre, würde der Unternehmer im „Einkauf" eine höhere Vorsteuer erhalten, während der Fiskus im Rahmen der Veräußerung eine geringere Umsatzsteuer bekommt.

Gemäß § 10 Abs. 4 Nr. 1 UStG richtet sich die Bemessungsgrundlage nach dem Einkaufspreis zuzüglich der Nebenkosten für den Gegenstand im Zeitpunkt des Umsatzes. Hierbei gehört die Umsatzsteuer nicht zur Bemessungsgrundlage.

Der Einkaufspreis im Zeitpunkt der Veräußerung betrug 297,50 € brutto, mithin 250,00 € netto. Da die Bemessungsgrundlage gem. § 10 Abs. 1 Satz 1 UStG 210,08 € beträgt und damit geringer ausfällt als die sich aus § 10 Abs. 4 UStG ergebende Bemessungsgrundlage (250,00 €), gilt abweichend § 10 Abs. 5 UStG.

Peter Lux muss somit die Umsatzsteuer auf einer Bemessungsgrundlage i. H. v. 250,00 € ermitteln und mithin 47,50 € entrichten.

Lösung zu Aufgabe 30: Das Umsatzsteuerhaus

1. Die Vermietungsumsätze des Franz Huber sind gem. § 1 Abs. 1 Nr. 1 UStG steuerbar.

   Diese Umsätze sind aber grundsätzlich nicht steuerpflichtig, da sie gem. § 4 Nr. 12 Buchst. a UStG steuerbefreit sind. Soweit die Umsätze allerdings steuerbefreit sind, kann Huber aus den Eingangsleistungen keine Vorsteuer geltend machen. Gemäß § 15 Abs. 2 Nr. 1 UStG ist ein Vorsteuerabzug ausgeschlossen, wenn die empfangenen Leistungen dazu verwendet werden, steuerbefreite Umsätze zu erzielen (§ 15 Abs. 1 UStG).

   Der Ausschluss des § 15 Abs. 2 UStG über § 15 Abs. 3 UStG greift vorliegend nicht, weil § 4 Nr. 12 Buchst. a UStG nicht privilegiert ist.

   Huber kann aber über § 9 UStG unter Beachtung bestimmter Voraussetzungen auf die Steuerbefreiung der Umsätze verzichten.

   Dies setzt allerdings zum einen gem. § 9 Abs. 1 UStG voraus, dass die Vermietung an einen anderen Unternehmer erfolgt, der die Räumlichkeiten für sein Unternehmen nutzt.

   Zum anderen muss der Leistungsempfänger im Falle der Vermietung und Verpachtung von Grundstücken i. S. d. § 4 Nr. 12 Buchst. a UStG gem. § 9 Abs. 2 Satz 1 UStG die angemieteten Räumlichkeiten ausschließlich für Umsätze verwenden oder zu verwenden beabsichtigen, die den Vorsteuerabzug nicht ausschließen.

   In diesem Sinne gilt für die jeweiligen Geschosse folgendes:

   - **EG:** Da das Erdgeschoss an einen Versicherungsvertreter vermietet ist, der seinerseits Umsätze erzielt, die gem. § 4 Nr. 11 UStG umsatzsteuerbefreit sind, erfolgt die Vermietung zwar an einen Unternehmer, der die Räumlichkeiten für sein Unternehmen nutzt, aber Umsätze erzielt, die den Vorsteuerabzug gem. § 15 Abs. 2 Nr. 1 UStG ausschließen. Ein Verzicht gem. § 9 UStG ist daher nicht möglich.
   - **1. OG:** Der Steuerberater nutzt die angemieteten Räumlichkeiten für sein Unternehmen und erzielt steuerbare und steuerpflichtige Umsätze, die den Vorsteuerabzug nicht ausschließen. Huber kann also für dieses Geschoss nach § 9 UStG auf die Steuerbefreiung verzichten.
   - **DG:** Da dieses Geschoss zu Wohnzwecken vermietet wird, erfolgt jedenfalls keine unternehmerische Nutzung der Räumlichkeiten durch den Leistungsempfänger. Huber kann also für dieses Geschoss nicht nach § 9 UStG auf die Steuerbefreiung verzichten.

2. Alleine die Umsätze des 1. OG sind nach der Option umsatzsteuerpflichtig, so dass die Umsatzsteuertraglast sich wie folgt berechnet:

   42.000,00 € brutto : 1,19 = 35.294,12 € netto • 19 % USt. = **6.705,88 €**

3. **Anstrich der Außenfassade:**
   Die Außenfassade betrifft das gesamte Gebäude und muss daher auf die jeweiligen Gebäudeteile aufgeteilt werden. Das zum Vorsteuerabzug berechtigende 1.OG umfasst 200 m^2 der Gesamtfläche von 450 m^2.

   7.410,00 € · 200 : 450 = 3.293,33 €

   Fenster:
   Der Austausch der Fenster betrifft nur die Vermietung im 1. OG, so dass die Vorsteuer vollumfänglich abzugsfähig ist.

   342,00 €

   Klimaanlage:
   Die Klimaanlage wird nur im Erdgeschoss eingesetzt und betrifft somit nicht das gesamte Gebäude. Ein Vorsteuerabzug ist somit nicht möglich.

   0,00 €

   Anstrich im Treppenhaus:
   Der Anstrich des Treppenhauses betrifft das gesamte Gebäude und muss daher auf die jeweiligen Gebäudeteile aufgeteilt werden. Das zum Vorsteuerabzug berechtigende 1.OG umfasst 200 m^2 der Gesamtfläche von 450 m^2.

   950,00 € • 200 : 450 = 422,22 €

   insgesamt abzugsfähige Vorsteuer **4.057,55 €**

4.

	Umsatzsteuer	6.705,88 €
-	abzugsfähige Vorsteuer	4.057,55 €
=	**Umsatzsteuer-Zahllast**	**2.648,33 €**

3. Körperschaftsteuer

3.1 Korrekturen nach EStG

Lösung zu Aufgabe 1: Der steuerrechtliche Gewinn der Nippes GmbH

Handelsrechtlicher Jahresüberschuss	61.205,40 €
Geschenke < 35 € sind abzugsfähig (§ 4 Abs. 5 Satz 1 Nr. 1 EStG)	+ 0,00 €
Geschenke > 35 € sind nicht abzugsfähig (§ 4 Abs. 5 Satz 1 Nr. 1 EStG)	+ 999,60 €
30 % der Bewirtungskosten sind nicht abzugsfähig (§ 4 Abs. 5 Satz 1 Nr. 2 EStG)	+ 765,00 €
Bußgelder sind nicht abzugsfähig (§ 4 Abs. 5 Satz 1 Nr. 8 EStG)	+ 4.500,00 €
Gerichts- und Anwaltskosten im Zusammenhang mit den o. a. Bußgeldern sind abzugsfähig	+ 0,00 €
Gewerbesteuervorauszahlungen 2020 sind keine BA (§ 4 Abs. 5b EStG)	+ 20.000,00 €
Gewerbesteuernachzahlung 2019 sind keine BA (§ 4 Abs. 5b EStG)	+ 1.500,00 €
Säumniszuschlag zur Gewerbesteuernachzahlung 2019 ist als Nebenleistung zur Gewerbesteuer keine BA (§ 4 Abs. 5b EStG)	+ 30,00 €
Gem. § 249 Abs. 1 Satz 1 HGB sind u. a. Rückstellungen für drohende Verluste aus schwebenden Geschäften zu bilden (Passivierungsgebot). Die handelsrechtliche Buchung (Aufwand) ist also nicht zu beanstanden. Steuerrechtlich dürfen gem. § 5 Abs. 4a EStG keine Drohverlustrückstellungen gebildet werden (Passivierungsverbot).	+ 10.000,00 €
Grundsteuer 2020 ist abzugsfähig (im EStG nicht als nicht abzugsfähige BA erwähnt)	+ 0,00 €
Säumniszuschlag zur Umsatzsteuervorauszahlung ist abzugsfähig (im EStG nicht als nicht abzugsfähige BA erwähnt)	+ 0,00 €
Gewinn nach EStG	**= 99.000,00 €**

Anmerkungen zur Darstellung der Lösung:

1. Sie müssen Ihre Lösung (natürlich) nicht in tabellarischer Form gestalten. Dies erfolgt hier lediglich aus Gründen der besseren und übersichtlicheren Darstellung.
2. Innerhalb des Prüfungspunktes +/- Korrekturen nach EStG ist die Reihenfolge irrelevant.

   D. h., Sie dürfen z. B. auch nach der Reihenfolge der Geschäftsvorfälle im Sachverhalt lösen. Vorliegend ist nach der Reihenfolge des Gesetzes gelöst worden. Dies erfolgt hier lediglich aus Gründen der besseren Nachvollziehbarkeit und Übersichtlichkeit.
3. Die Angabe von Rechtsgrundlagen ist in den meisten Fällen (im Verbund bisher nie, auch in NRW äußerst selten) nicht erforderlich. Aus Gründen der besseren Nachvollziehbarkeit und um Ihnen das Lernen zu erleichtern, sind vorliegend die entsprechenden einschlägigen §§ jeweils genannt.

Lösung zu Aufgabe 2: Der steuerrechtliche Gewinn der Conrads GmbH

Handelsrechtlicher Jahresüberschuss	66.575,00 €
Gewerbesteuervorauszahlungen 2020 sind keine BA (§ 4 Abs. 5b EStG)	+ 20.000,00 €
Gewerbesteuerrückstellungen 2020 sind keine BA (§ 4 Abs. 5b EStG)	+ 5.000,00 €
Gewerbesteuererstattung 2019 ist keine BE (Umkehrschluss aus § 4 Abs. 5b EStG)	- 14.000,00 €
Parteispende ist keine BA (§ 4 Abs. 6 EStG)	+ 5.000,00 €
Gemäß § 250 Abs. 3 HGB besteht bzgl. des einbehaltenen Damnums i. H. v. 3.000 € ein Aktivierungswahlrecht. Die handelsrechtliche Buchung als Zinsaufwand ist also nicht zu beanstanden. Steuerrechtlich hingegen muss das Damnum gem. § 5 Abs. 5 Satz 1 Nr. 1 EStG aktiviert (Aktivierungsgebot) und planmäßig linear abgeschrieben werden.	+ 3.000,00 € - 75,00 €
Gemäß § 253 Abs. 3 Satz 3, 4 HGB beträgt die Nutzungsdauer des Geschäfts- oder Firmenwertes für die Handelsbilanz 10 Jahre (75.000 € : 10 Jahre = 7.500 €). Steuerrechtlich hingegen beträgt die Nutzungsdauer gem. § 7 Abs. 1 Satz 3 EStG 15 Jahre (75.000 € : 15 Jahre = 5.000 €). Mithin ist der Differenzbetrag (2.500 €) hinzuzurechnen, da handelsrechtlich „zu viel“ Aufwand gebucht wurde.	+ 2.500,00 €
Gewinn nach EStG	**= 88.000,00 €**

INFO

Diese Aufgabe zeigt, dass es keinesfalls so ist, dass bei der Ermittlung des Gewinns nach EStG dem handelsrechtlichen Jahresüberschuss ausschließlich diverse Beträge hinzuzurechnen sind. Vergleichen Sie bitte an dieser Stelle das o. a. Prüfungsschema: Der hier behandelte Prüfungspunkt lautet eben nicht + Korrekturen nach EStG, sondern +/- Korrekturen nach EStG.

3.2 Korrekturen nach KStG

3.2.1 Steuerfreie Einnahmen

Lösung zu Aufgabe 3: Gewinnausschüttungen (Dividenden)

Handelsrechtlicher Jahresüberschuss	950.000,00 €
+/- **Korrekturen nach EStG:**	
+/- **Korrekturen nach KStG:**	
- **steuerfreie Einnahmen:**	- 50.000,00 €
► **Die Bruttodividende i. H. v. 50.000 € aus der 15 %-igen** Beteiligung ist gem. § 8b Abs. 1 Satz 1 KStG grundsätzlich steuerfrei.	
Von den Bezügen i. S. d. Absatz 1, die bei der Ermittlung des Einkommens außer Ansatz bleiben, gelten allerdings gem. § 8b Abs. 5 Satz 1 KStG 5 % als Ausgaben, die nicht als BA abgezogen werden dürfen. (Alternativ: 95 % von 50.000 € = 47.500 € sind steuerfrei.)	+ 2.500,00 €
► **Die Bruttodividende i. H. v. 80.000 € aus der 8,5 %-igen** Beteiligung ist gem. § 8b Abs. 1 Satz 1 KStG ebenfalls grundsätzlich steuerfrei. Allerdings sind gem. § 8b Abs. 4 Satz 1 KStG Bezüge i. S. d. Absatz 1 abweichend von Absatz 1 Satz 1 bei der Ermittlung des Einkommens zu berücksichtigen, wenn die Beteiligung zu Beginn des Kalenderjahres unmittelbar weniger als 10 % des Grund- oder Stammkapitals betragen hat.	- 0,00 €
+ **nichtabziehbare Aufwendungen:**	
► **Kapitalertragsteuer** ist nicht abziehbar (§ 10 Nr. 2 KStG)	+ 12.500,00 €
► **Solidaritätszuschlag** ist nicht abziehbar (§ 10 Nr. 2 KStG)	+ 687,50 €
► **Kapitalertragsteuer** ist nicht abziehbar (§ 10 Nr. 2 KStG)	+ 20.000,00 €
► **Solidaritätszuschlag** ist nicht abziehbar (§ 10 Nr. 2 KStG)	+ 1.100,00 €
= **zu versteuerndes Einkommen (zvE)**	**= 936.787,50 €**

3.2.2 Nichtabziehbare Aufwendungen nach § 10 KStG

Lösung zu Aufgabe 4: Die nichtabziehbaren Aufwendungen der Nippes GmbH

Gewinn nach EStG	99.000,00 €
Vorauszahlungen Körperschaftsteuer 2020 sind nicht abziehbar (§ 10 Nr. 2 KStG)	+ 20.000,00 €
Vorauszahlungen Soli 2020 sind nicht abziehbar (§ 10 Nr. 2 KStG)	+ 1.100,00 €
Nachzahlungen Körperschaftsteuer 2019 sind nicht abziehbar (§ 10 Nr. 2 KStG)	+ 3.000,00 €
Nachzahlungen Soli 2019 sind nicht abziehbar (§ 10 Nr. 2 KStG)	+ 165,00 €
Säumniszuschlag zur KSt NZ 2019 ist nicht abziehbar (§ 10 Nr. 2 KStG) „... das gilt auch für die auf diese Steuern entfallenden Nebenleistungen."	+ 60,00 €
Säumniszuschlag zur NZ Soli 2019 ist nicht abziehbar (§ 10 Nr. 2 KStG) „... das gilt auch für die auf diese Steuern entfallenden Nebenleistungen."	+ 3,00 €
50 % der Aufsichtsratsvergütungen sind nicht abziehbar (§ 10 Nr. 4 KStG)	+ 5.000,00 €
zvE	**= 128.328,00 €**

Lösung zu Aufgabe 5: Die nichtabziehbaren Aufwendungen der Conrads GmbH

Handelsrechtlicher Jahresüberschuss	262.901,25 €
Vorauszahlungen Körperschaftsteuer 2020 sind nicht abziehbar (§ 10 Nr. 2 KStG)	+ 16.000,00 €
Vorauszahlungen Soli 2020 sind nicht abziehbar (§ 10 Nr. 2 KStG)	+ 880,00 €
Verspätungszuschlag ist nicht abziehbar (§ 10 Nr. 2 KStG) „... das gilt auch für die auf diese Steuern entfallenden Nebenleistungen."	+ 100,00 €
Kapitalertragsteuer ist nicht abziehbar (§ 10 Nr. 2 KStG)	+ 1.250,00 €
Soli zur Kapitalertragsteuer ist nicht abziehbar (§ 10 Nr. 2 KStG)	+ 68,75 €
Erstattungen Körperschaftsteuer 2018 sind keine BE (Umkehrschluss aus § 10 Nr. 2 KStG)	- 2.500,00 €
Erstattungen Soli 2018 sind keine BE (Umkehrschluss aus § 10 Nr. 2 KStG)	- 137,50 €
Die Erstattungszinsen i. H. v. 62,50 € gehören zu den steuerpflichtigen Einnahmen[1].	+ 0,00 €
Geldstrafen sind nicht abziehbar (§ 10 Nr. 3 KStG)	+ 2.000,00 €
50 % der Aufsichtsratsvergütungen sind nicht abziehbar (§ 10 Nr. 4 KStG)	+ 14.000,00 €
zvE	**= 294.562,50 €**

3.2.3 Verdeckte Gewinnausschüttungen – vGA

Lösung zu Aufgabe 6: Gehaltserhöhung

Eine Vermögensminderung („mehr Gehaltsaufwand aus Sicht der Gesellschaft") liegt vor.

Diese ist aber nicht durch das Gesellschaftsverhältnis veranlasst.

Nach 8.5 III. Veranlassung durch das Gesellschaftsverhältnis (Allgemeines) KStH 2015 liegt dann eine Veranlassung durch das Gesellschaftsverhältnis vor, wenn ein ordentlicher und gewissenhafter Geschäftsleiter die Vermögensminderung oder verhinderte Vermögensmehrung gegenüber einer Person, die nicht Gesellschafter ist, unter sonst gleichen Umständen nicht hingenommen hätte.

Da das neue Bruttogehalt i. H. v. 4.600 € angemessen ist, hätte ein ordentlicher und gewissenhafter Geschäftsleiter die Vermögensminderung auch gegenüber einer Person, die nicht Gesellschafter ist, hingenommen.

Damit handelt es sich nicht um eine vGA gem. § 8 Abs. 3 Satz 2 KStG.

---

[1] Leitsatz des BFH Beschlusses vom 15.02.2012:

1. Nachzahlungszinsen gehören nach § 10 Nr. 2 KStG zu den nicht abziehbaren Aufwendungen und mindern deshalb auch nicht die Bemessungsgrundlage der Körperschaftsteuer.
2. **Zinsen auf erstattete Körperschaftsteuerzahlungen (sog. Erstattungszinsen) erhöhen das Einkommen der Kapitalgesellschaften.**

Lösung zu Aufgabe 7: Sondervergütung

Nach 8.5 III. Veranlassung durch das Gesellschaftsverhältnis (Beherrschender Gesellschafter) KStH 2015 liegt eine beherrschende Stellung eines GmbH-Gesellschafters im Regelfall vor, wenn der Gesellschafter die Mehrheit der Stimmrechte (also > 50 %) besitzt. Kai B. verfügt über 75 % der Anteile an einer GmbH und ist deshalb beherrschender Gesellschafter.

Nach 8.5 III. Veranlassung durch das Gesellschaftsverhältnis (Beherrschender Gesellschafter) KStH 2015 sind **rückwirkende Vereinbarungen** zwischen der Gesellschaft und dem beherrschenden Gesellschafter steuerrechtlich unbeachtlich. Die Frage der Angemessenheit spielt daher keine Rolle.

Die Sondervergütung i. H. v. 10.000 € ist eine vGA gem. § 8 Abs. 3 Satz 2 KStG (und deshalb bei der Ermittlung des Einkommens der GmbH wieder hinzuzurechnen).

Die als Aufwand gebuchte Sondervergütung (vgl. Sachverhalt) ist buchungstechnisch zu stornieren und im Rahmen der Gewinnverwendung zu berücksichtigen.

Lösung zu Aufgabe 8: Darlehensgewährung an Gesellschaft

Der außergewöhnlich hohe Zinssatz lässt sich letztlich nur durch das Gesellschaftsverhältnis erklären, d. h. die Vermögensminderung ist durch dieses Verhältnis veranlasst, vgl. 8.5 V. Einzelfälle (Darlehenszinsen) KStH 2015.

Gibt ein Gesellschafter der Gesellschaft ein Darlehen zu einem außergewöhnlich hohen Zinssatz, liegt eine vGA vor.

In Höhe von 68.000 € (Differenz zwischen dem außergewöhnlich hohen Zinssatz (14 %) und dem marktüblichen Zinssatz (5,5 %) = 8,5 % • 800.000 € = 68.000 €) liegt deshalb eine vGA gem. § 8 Abs. 3 Satz 2 KStG vor (Hinzurechnung i. H. v. 68.000 € bei der Ermittlung des Einkommens der GmbH).

Der unangemessene Teil (68.000 €) ist bei der Zinsaufwandsbuchung der GmbH zu stornieren und im Rahmen der Gewinnverwendung zu berücksichtigen.

Lösung zu Aufgabe 9: Darlehensgewährung an Gesellschafter

Auch eine verhinderte Vermögensmehrung („zu wenig Zinsertrag“) kann eine vGA sein.

Der außergewöhnlich niedrige Zinssatz lässt sich letztlich nur durch das Gesellschaftsverhältnis erklären, d. h. die verhinderte Vermögensmehrung ist durch dieses Verhältnis veranlasst, vgl. 8.5 V. Einzelfälle (Darlehenszinsen) KStH 2015.

Erhält ein Gesellschafter ein Darlehen von der Gesellschaft zinslos oder zu einem außergewöhnlich geringen Zinssatz, liegt eine vGA vor.

In Höhe von 22.000 € (Differenz zwischen dem außergewöhnlich geringen Zinssatz (0,5 %) und dem marktüblichen Zinssatz (4,9 %) = 4,4 % • 500.000 € = 22.000 €) liegt deshalb eine vGA gem. § 8 Abs. 3 Satz 2 KStG vor (Hinzurechnung i. H. v. 22.000 € bei der Ermittlung des Einkommens der GmbH).

Die fehlenden Zinserträge müssen nachgebucht werden.

3.2.4 Gesamtbetrag der Zuwendungen (§ 9 Abs. 1 Nr. 2 KStG)

Lösung zu Aufgabe 10: Zuwendungen (Spenden) ohne Höchstgrenzenproblematik

	260.000 €	vorläufiger Jahresüberschuss lt. Handelsbilanz
+	11.000 €	Aufwendungen zur Förderung staatspolitischer Zwecke (Parteispende) sind gem. § 4 Abs. 6 EStG keine Betriebsausgaben.
=	271.000 €	Gewinn nach EStG (Steuerbilanz)
+	55.000 €	Der Gesamtbetrag der nach § 9 Abs. 1 Nr. 2 KStG abziehbaren Zuwendungen ist (für die Prüfung der Höchstgrenze) zunächst hinzuzurechnen.
=	326.000 €	Summe der Einkünfte (= Bemessungsgrundlage für die Prüfung der Höchstgrenze)
-	55.000 €	Die nach § 9 Abs. 1 Nr. 2 KStG abziehbaren Zuwendungen sind nun wieder abzuziehen. Prüfung der Höchstgrenze: max. 20 % von 326.000 € = 65.200 €; Höchstgrenze nicht überschritten.
=	**271.000 €**	**Gesamtbetrag der Einkünfte = Einkommen = zvE**

Vorliegend können nur die Zuwendungen zur Förderung von Kunst und Kultur (33.000 €) und die Zuwendungen zur Förderung des Tierschutzes (22.000 €) nach §§ 9 Abs. 1 Nr. 2 KStG, 52 AO abgezogen werden, also insgesamt 55.000 €.

Zuwendungen an politische Parteien sind weder in § 9 KStG, noch in §§ 52 - 54 AO erwähnt und können deshalb nicht abgezogen werden.

Lösung zu Aufgabe 11: Zuwendungen (Spenden) mit Höchstgrenzenproblematik

	17.500 €	vorläufiger Jahresüberschuss lt. Handelsbilanz
+	5.000 €	Aufwendungen zur Förderung staatspolitischer Zwecke (Parteispende) sind gem. § 4 Abs. 6 EStG keine Betriebsausgaben.
=	22.500 €	Gewinn nach EStG (Steuerbilanz)
+	7.500 €	Der Gesamtbetrag der nach § 9 Abs. 1 Nr. 2 KStG abziehbaren Zuwendungen ist (für die Prüfung der Höchstgrenze) zunächst hinzuzurechnen.
=	30.000 €	Summe der Einkünfte (= Bemessungsgrundlage für die Prüfung der Höchstgrenze)
-	6.000 €	Die nach § 9 Abs. 1 Nr. 2 KStG abziehbaren Zuwendungen sind nun wieder abzuziehen. Prüfung der Höchstgrenze: max. 20 % von 30.000 € = 6.000 €; Höchstgrenze überschritten.
=	**24.000 €**	**Gesamtbetrag der Einkünfte = Einkommen = zvE**

Hier ist die Höchstgrenze nach § 9 Abs. 1 Nr. 2 KStG überschritten worden (abzugsfähige Zuwendungen eigentlich i. H. v. 7.500 €, Höchstgrenze aber bei 6.000 €).

Der Differenzbetrag (hier i. H. v. 1.500 €) „verfällt" nicht. Nach § 9 Abs. 1 Nr. 2 Satz 9 KStG werden diese 1.500 € im Rahmen der Höchstbeträge in den folgenden VZ abgezogen.

ACHTUNG

Achtung bei Parteispenden! Diese müssen zwingend nach § 4 Abs. 6 EStG (keine BA) dem handelsrechtlichen Jahresüberschuss hinzugerechnet werden. Es ist wichtig, die Parteispende an dieser Stelle (Korrekturen nach EStG; vgl. Prüfungsschema) hinzuzurechnen. Wer dies an dieser Stelle unterlässt, bekommt Probleme im weiteren Verlauf der Prüfung. Es ist dann nicht mehr möglich, die Parteispende hinzuzurechnen. Denn bei den Korrekturen nach KStG werden eben nicht zunächst alle Zuwendungen hinzugerechnet, sondern nur die nach § 9 Abs. 1 Nr. 2 KStG abziehbaren Zuwendungen. Die Parteispende ist aber ja gerade eine nicht abziehbare Zuwendung.

In vielen Lehrbüchern wird diese Problematik geschickt „umschifft", indem zunächst einfach alle Zuwendungen (also inkl. der Parteispende) hinzugerechnet werden und dann nur die abziehbaren Zuwendungen (also ohne Parteispende) abgezogen werden.

Dies führt zwar im Ergebnis zu identischen Lösungen (vgl. Aufgabe 10 und 11 – auch hier werden im Ergebnis alle Zuwendungen zunächst hinzugerechnet, allerdings an unterschiedlichen Prüfungspunkten), die Autoren halten diese Herangehensweise allerdings für didaktisch und juristisch nicht sauber. Hier werden Korrekturen nach EStG und KStG und damit Begriffe wie Gewinn nach EStG (Steuerbilanz), Summe der Einkünfte und Gesamtbetrag der Einkünfte wild durcheinander gewürfelt.

3.3 Verlustabzug

Lösung zu Aufgabe 12: Verlustabzug ohne Mindestbesteuerung

	70.500 €	Gesamtbetrag der Einkünfte
-	8.000 €	Verlustabzug gem. §§ 8 Abs. 1 Satz 1 KStG, 10d Abs. 2 Satz 1 EStG
=	**62.500 €**	**Einkommen = zu versteuerndes Einkommen (zvE)**

Lösung zu Aufgabe 13: Verlustabzug mit Mindestbesteuerung

	3,5 Mio. €	Gesamtbetrag der Einkünfte
-	1,0 Mio. €	uneingeschränkter Verlustabzug (Sockelbetrag) gem. §§ 8 Abs. 1 Satz 1 KStG, 10d Abs. 2 Satz 1 EStG
-	1,5 Mio. €	eingeschränkter Verlustabzug (60 % von 2,5 Mio. €) gem. §§ 8 Abs. 1 Satz 1 KStG, 10d Abs. 2 Satz 1 EStG
=	**1,0 Mio. €**	**Einkommen = zu versteuerndes Einkommen (zvE)**

Es verbleibt ein vortragsfähiger Verlust für die folgenden VZ i. H. v. 6,5 Mio. €.

3.6 Die Aufgabenstellungen

Lösung zu Aufgabe 14: Nachzahlung oder Erstattung?

150.000 € (zvE) • 15 % (§ 23 Abs. 1 KStG) = **22.500 € (festzusetzende Körperschaftsteuer)**
22.500 € • 5,5 % (§§ 3, 4 SolzG) = **1.237,50 € (festzusetzender Solidaritätszuschlag)**

Festzusetzende Körperschaftsteuer	22.500,00 €
- Vorauszahlungen Körperschaftsteuer	- 20.000,00 €
= Nachzahlung/Rückstellung Körperschaftsteuer	**= 2.500,00 €**

Festzusetzender Solidaritätszuschlag	1.237,50 €
- Vorauszahlungen Solidaritätszuschlag	- 1.100,00 €
= Nachzahlung/Rückstellung Solidaritätszuschlag	**= 137,50 €**

Lösung zu Aufgabe 15: Erstattung oder Nachzahlung?

185.000 € (zvE) • 15 % (§ 23 Abs. 1 KStG) = **27.750 € (festzusetzende Körperschaftsteuer)**
27.750 € • 5,5 % (§§ 3, 4 SolzG) = **1.526,25 € (festzusetzender Solidaritätszuschlag)**

Festzusetzende Körperschaftsteuer	27.750,00 €
- Vorauszahlungen Körperschaftsteuer	- 30.000,00 €
= Erstattung Körperschaftsteuer	**= 2.250,00 €**

Festzusetzender Solidaritätszuschlag	1.526,25 €
- Vorauszahlungen Solidaritätszuschlag	- 1.650,00 €
= Erstattung Solidaritätszuschlag	**= 123,75 €**

Lösung zu Aufgabe 16: Vom vorläufigen zum endgültigen Jahresüberschuss

Vorüberlegung/Exkurs Rechnungswesen

Sollten Ihre Berechnungen ergeben haben, dass **Nachzahlungen** zu leisten sind (Körperschaftsteuer und Solidaritätszuschlag), so handelt es sich hierbei jeweils um ungewisse Steuerverbindlichkeiten.

Gemäß § 249 Abs. 1 Satz 1 HGB sind für ungewisse Verbindlichkeiten Rückstellungen zu bilden.

Es sind also zwei Rückstellungen zu bilden: Eine Körperschaftsteuerrückstellung und eine Solidaritätszuschlagsrückstellung, jeweils in Höhe der entsprechenden Nachzahlung.

Es muss daher jeweils wie folgt gebucht werden:

Aufwand *an Rückstellung*

Der jeweilige Aufwand mindert den vorläufigen handelsrechtlichen Jahresüberschuss:

Vorläufiger Jahresüberschuss	100.000,00 €
- Nachzahlung/Rückstellung Körperschaftsteuer	- 2.500,00 €
- Nachzahlung/Rückstellung Solidaritätszuschlag	- 137,50 €
= endgültiger Jahresüberschuss	= 97.362,50 €

Sollten Ihre Berechnungen ergeben haben, dass voraussichtlich **Erstattungsansprüche** bestehen (Körperschaftsteuer und Solidaritätszuschlag) muss jeweils wie folgt gebucht werden:

Sonstige Vermögensgegenstände an ***Ertrag***

Der jeweilige Ertrag erhöht den vorläufigen handelsrechtlichen Jahresüberschuss:

Vorläufiger Jahresüberschuss	100.000,00 €
+ Erstattung Körperschaftsteuer	+ 2.250,00 €
+ Erstattung Solidaritätszuschlag	+ 123,75 €
= endgültiger Jahresüberschuss	= 102.373,75 €

4. Gewerbesteuer

4.1 Korrekturen nach EStG/KStG

Lösung zu Aufgabe 1: GewSt-VZ, Parteispende, Bußgeld und Tätigkeitsvergütung

	27.350 €	vorläufiger Jahresüberschuss lt. Handelsbilanz
+	4.400 €	Gemäß § 4 Abs. 5b EStG ist die Gewerbesteuer (und damit auch die GewSt-VZ) keine BA.
+	2.200 €	Gemäß § 4 Abs. 6 EStG sind Aufwendungen zur Förderung staatspolitischer Zwecke (= Parteispende) keine BA.
+	50 €	Gemäß § 4 Abs. 5 Satz 1 Nr. 8 EStG darf das Bußgeld den Gewinn nicht mindern.
+	66.000 €	Gemäß § 15 Abs. 1 Satz 1 Nr. 2 Satz 1 EStG gehören Tätigkeitsvergütungen (5.500 € • 12 Monate = 66.000 €) zu den Einkünften aus Gewerbebetrieb.
=	**100.000 €**	**Gewinn nach EStG (Steuerbilanz)**

Lösung zu Aufgabe 2: GewSt-Erstattung, vGA, KSt-VZ und Soli-VZ

	470.450 €	vorläufiger Jahresüberschuss lt. Handelsbilanz
+	10.000 €	Gemäß § 10 Nr. 2 KStG sind die KSt-VZ nicht abziehbare Aufwendungen.
+	550 €	Gemäß § 10 Nr. 2 KStG sind die Soli-VZ nicht abziehbare Aufwendungen.
+	20.000 €	Gemäß § 8 Abs. 3 Satz 2 KStG mindern verdeckte Gewinnausschüttungen[1] das Einkommen nicht.
-	1.000 €	Soweit GewSt erstattet wird, die dem Betriebsausgabenabzugsverbot unterlegen hat (wie vorliegend, vgl. § 4 Abs. 5b EStG), ist diese Erstattung steuerlich nicht als Betriebseinnahme (BE) zu erfassen.
=	**500.000 €**	**Gewinn nach EStG (Steuerbilanz)**

1 Einzelheiten zur vGA finden Sie in >> **Kapitel 3.2.4 verdeckte Gewinnausschüttungen – vGA**.

4.2 Hinzurechnungen gem. § 8 GewStG

Lösung zu Aufgabe 3: Zinszahlungen, Mietzahlungen, Damnum/Disagio

§ 8 Nr. 1a GewStG	100 % der Entgelte für Schulden 58.500 € + 6.500 € = 65.000 € = **65.000 €**
§ 8 Nr. 1e GewStG	50 % der Miet- und Pachtzinsen für unbewegliche WG des AV 14.000 € • 12 = 168.000 € (Jahresmiete) • 50 % = **84.000 €**

Die Summe dieser Beträge (sog. Finanzierungsanteile) ist jetzt um den Freibetrag i. H. v. 100.000 €[1] zu kürzen und schließlich mit dem Faktor 25 % zu multiplizieren.

(∑ - 100.000 €) • 0,25 = (149.000 € - 100.000 €) • 0,25 = 49.000 € • 0,25 = 12.250 €

	100.000 €	Gewinn/Verlust nach Steuerbilanz
+	12.250 €	Hinzurechnungen (§ 8 GewStG)
-		Kürzungen (§ 9 GewStG)
=	**112.250 €**	**Maßgebender Gewerbeertrag**

Lösung zu Aufgabe 4: Mietzahlungen, Leasing, Instandhaltung/Versicherung

§ 8 Nr. 1d GewStG	20 % der Miet- und Pachtzinsen für bewegliche WG des AV 500 € • 12 = 6.000 € (Jahresmiete EDV-Anlage) • 20 % = **1.200 €** 70.000 € (Leasingraten) • 20 % = **14.000 €** Nach H 8.1 Abs. 4 („Miet- und Pachtzinsen“) gehören zu den Miet- und Pachtzinsen die Aufwendungen des Mieters oder Pächters für die Instandsetzung, Instandhaltung und Versicherung des Miet- oder Pachtgegenstandes, die er über seine gesetzliche Verpflichtung hinaus aufgrund vertraglicher Verpflichtungen übernommen hat. = **180 €**
§ 8 Nr. 1e GewStG	50 % der Miet- und Pachtzinsen für unbewegliche WG des AV 1.000 € • 12 = 12.000 € (Jahresmiete Lagerhalle) • 50 % = **6.000 €**

Die Summe dieser Beträge (sog. Finanzierungsanteile) ist jetzt um den Freibetrag i. H. v. 100.000 €[2] zu kürzen und schließlich mit dem Faktor 25 % zu multiplizieren.

(∑ - 100.000 €) • 0,25 = (21.380 € - 100.000 €) • 0,25 = 0 € • 0,25 = **0 €**

	545.500 €	Gewinn/Verlust nach Steuerbilanz
+	0 €	Hinzurechnungen (§ 8 GewStG)
-	0 €	Kürzungen (§ 9 GewStG)
=	**545.500 €**	**Maßgebender Gewerbeertrag**

1 Ab EZ 2020: 200.000 €

2 Ab EZ 2020: 200.000 €.

Lösung zu Aufgabe 5: Gewinnanteil eines Gesellschafters, Patent

§ 8 Nr. 1c GewStG	100 % der Gewinnanteile des stillen Gesellschafters = **4.000 €** Hiermit sind nur die Gewinnanteile des echten (typischen) stillen Gesellschafters gemeint; vgl. §§ 230 ff. HGB.
§ 8 Nr. 1f GewStG	25 % der Aufwendungen für die zeitlich befristete Überlassung von Rechten 390.000 € • 25 % = **97.500 €**

Die Summe dieser Beträge (sog. Finanzierungsanteile) ist jetzt um den Freibetrag i. H. v. 100.000 €[1] zu kürzen und schließlich mit dem Faktor 25 % zu multiplizieren.

(∑ - 100.000 €) • 0,25 = (101.500 € - 100.000 €) • 0,25 = 1.500 € • 0,25 = **375 €**

	890.000 €	Gewinn/Verlust nach Steuerbilanz
+	375 €	Hinzurechnungen (§ 8 GewStG)
-	0 €	Kürzungen (§ 9 GewStG)
=	**890.375 €**	**Maßgebender Gewerbeertrag**

Lösung zu Aufgabe 6: Zuwendungen

	67.500 €	vorläufiger Jahresüberschuss lt. Handelsbilanz
+	1.000 €	Aufwendungen zur Förderung staatspolitischer Zwecke (Parteispenden) sind gem. § 4 Abs. 6 EStG keine Betriebsausgaben.
=	68.500 €	Gewinn/Verlust nach Steuerbilanz
+	7.000 €	Hinzurechnungen (§ 8 Nr. 9 GewStG) Ausgaben i. S. d. § 9 Abs. 1 Nr. 2 KStG sind zunächst hinzuzurechnen
-	7.000 €	Kürzungen (§ 9 Nr. 5 GewStG) Die Zuwendungen sind dann wieder zu kürzen.
=	**68.500 €**	**Maßgebender Gewerbeertrag**

Abwandlung:

	67.500 €	vorläufiger Jahresüberschuss lt. Handelsbilanz
+	1.000 €	Parteispende (s. o.)
+	**7.000 €**	**Bei einer OHG oder KG dürfen Zuwendungen i. S. d. § 10b EStG (hier die Spende für wissenschaftliche Zwecke) den Gewinn aus Gewerbebetrieb nicht mindern.**
=	75.500 €	Gewinn/Verlust nach Steuerbilanz
+	**0 €**	**Keine Hinzurechnungen nach § 8 Nr. 9 GewStG, da keine Ausgaben i. S d § 9 Abs. 1 Nr. 2 KStG (für eine OHG oder KG nicht anwendbar).**
-	7.000 €	Spende für wissenschaftliche Zwecke (s. o. § 9 Nr. 5 GewStG)
=	**68.500 €**	**Maßgebender Gewerbeertrag**

[1] Ab EZ 2020: 200.000 €.

ACHTUNG

Die Abwandlung zeigt, dass das Ergebnis (der maßgebende Gewerbeertrag) unabhängig von der Rechtsform (GmbH oder OHG/KG) identisch ist. Lediglich die Stelle im Prüfungsschema, an dem die wissenschaftliche Spende hinzugerechnet werden muss, ist unterschiedlich. Ist Aufgabenstellung des Prüfungsamtes, dass Sie (u. a.) den maßgebenden Gewerbeertrag ohne Nennung von Rechtsgrundlagen zu ermitteln haben, fällt diese feine Differenzierung nicht weiter ins Gewicht. Sind aber Normen erforderlich, muss aus Ihrer Lösung hervorgehen, an welcher Stelle im Prüfungsschema Sie aufgrund von welcher Norm die Spende hinzurechnen.

4.3 Kürzungen gem. § 9 GewStG

Lösung zu Aufgabe 7: Grundbesitz

	234.400 €	Gewinn/Verlust nach Steuerbilanz
+	0 €	Hinzurechnungen (§ 8 GewStG)
-	4.200 €	Kürzungen (§ 9 Nr. 1 GewStG)
		250.000 € • 1,4 (140 %) • 0,012 (1,2 %) = 4.200 €
=	**230.200 €**	**Maßgebender Gewerbeertrag**

Lösung zu Aufgabe 8: Kauf und Verkauf von Grundbesitz

Wird ein Grundstück erst im Laufe des Jahres gekauft oder ein vormals im BV befindliches Grundstück verkauft oder der Gewerbebetrieb erst im Laufe des Jahres eröffnet, stellt § 20 Abs. 1 Satz 2 GewStDV klar, dass grundsätzlich nach dem Stand zu Beginn des Kalenderjahrs (01.01.) zu beurteilen ist.

Daraus folgt, dass eine Kürzung gem. § 9 Nr. 1 GewStG nur hinsichtlich des alten, im August verkauften Grundstücks zu erfolgen hat.

	55.432 €	Gewinn/Verlust nach Steuerbilanz
+	0 €	Hinzurechnungen (§ 8 GewStG)
-	1.512 €	Kürzungen (§ 9 Nr. 1 GewStG)
		90.000 € • 1,4 (140 %) • 0,012 (1,2 %) = **1.512 €**
=	**53.920 €**	**Maßgebender Gewerbeertrag**

Lösung zu Aufgabe 9: Grundbesitz, Zuwendungen

	80.000 €	vorläufiger Jahresüberschuss lt. Handelsbilanz
+	10.000 €	Aufwendungen zur Förderung staatspolitischer Zwecke (Parteispenden) sind gem. § 4 Abs. 6 EStG keine Betriebsausgaben.
+	8.000 €	Bei Einzelgewerbetreibenden (wie vorliegend) und Personengesellschaften dürfen Zuwendungen i. S. d. § 10b EStG (hier Spende Greenpeace) den Gewinn aus Gewerbebetrieb nicht mindern.
=	98.000 €	Gewinn/Verlust nach Steuerbilanz
-	882 €	Kürzungen (§ 9 Nr. 1 GewStG) 150.000 € • 1,4 (140 %) • 0,012 (1,2 %) = 2.520 € • 35 % eigenbetriebliche Nutzung = 882 €
-	8.000 €	Kürzungen (§ 9 Nr. 5 GewStG) Spende Greenpeace
=	**89.118 €**	**Maßgebender Gewerbeertrag**

Lösung zu Aufgabe 10: Zusammenfassende Aufgabe zur Ermittlung des maßgebenden Gewerbeertrags mit Korrekturen nach EStG, Hinzurechnungen gem. § 8 GewStG und Kürzungen gem. § 9 GewStG

	369.500 €	vorläufiger Jahresüberschuss lt. Handelsbilanz
+	25.000 €	Die Gewerbesteuer und die darauf entfallenden Nebenleistungen sind gem. § 4 Abs. 5b EStG keine Betriebsausgaben.
+	5.000 €	Aufwendungen zur Förderung staatspolitischer Zwecke (Parteispenden) sind gem. § 4 Abs. 6 EStG keine Betriebsausgaben.
+	35.000 €	Gemäß § 5 Abs. 5 Satz 1 Nr. 1 EStG ist für die Steuerbilanz zwingend ein ARAP zu bilden (Aktivierungspflicht; vgl. H 6.10 EStH). Aus diesem Grund sind die gebuchten Zinsen zur Ermittlung des Gewinns nach EStG dem handelsrechtlichen Jahresüberschuss hinzuzurechnen. Zum Abschlussstichtag ist das Damnum/Disagio in der Steuerbilanz als ARAP auf die Laufzeit des Darlehens zu verteilen.
-	500 €	(„Abschreibungspflicht"): 35.000 € : 35 Jahre • $\frac{6}{12}$ = 500 €
=	434.000 €	Gewinn/Verlust nach Steuerbilanz
+	125 €	Hinzurechnungen (§ 8 Nr. 1 GewStG) § 8 Nr. 1a GewStG 100 % der Entgelte für Schulden 10.500 € (700.000 € • 3 % • $\frac{6}{12}$) + 500 € (Damnum/Disagio) = **11.000 €**

		§ 8 Nr. 1e GewStG 50 % der Miet- und Pachtzinsen für unbewegliche WG des AV
		24.000 € • 50 % = **12.000 €**
		§ 8 Nr. 1f GewStG 25 % der Konzessionszahlungen
		310.000 € • 25 % = **77.500 €**
		Die Summe dieser Beträge ist jetzt um den Freibetrag i. H. v. 100.000 €[1] zu kürzen und schließlich mit dem Faktor 25 % zu multiplizieren: ([11.000 € + 12.000 € + 77.500 €] - 100.000 €) • 25 % = 500 € • 25 % = **125 €**
+	18.000 €	Hinzurechnungen (§ 8 Nr. 8 GewStG)
		Die Anteile am Verlust einer KG werden hinzugerechnet.
+	3.000 €	Hinzurechnungen (§ 8 Nr. 9 GewStG)
		Ausgaben i. S. d. § 9 Abs. 1 Nr. 2 KStG sind zunächst hinzuzurechnen (Spende wissenschaftliche Zwecke).
-	20.000 €	Kürzungen (§ 9 Nr. 2 GewStG)
		Die Anteile am Gewinn einer KG werden gekürzt.
-	3.000 €	Kürzungen (§ 9 Nr. 5 GewStG)
		Die Zuwendungen sind dann wieder zu kürzen.
=	**432.125 €**	**Maßgebender Gewerbeertrag**

4.4 Gewerbeverlust aus Vorjahren gem. § 10a GewStG

Lösung zu Aufgabe 11: Verlustabzug ohne Mindestbesteuerung

	500.000 €	Maßgebender Gewerbeertrag
-	80.000 €	Gewerbeverlust aus Vorjahren (§ 10a Satz 1 GewStG)
=	**420.000 €**	**vorläufiger Gewerbeertrag**

Lösung zu Aufgabe 12: Verlustabzug mit Mindestbesteuerung

	2.000.000 €	Maßgebender Gewerbeertrag
-	1.000.000 €	Uneingeschränkter Verlustabzug (Sockelbetrag) gem. § 10a Satz 1 GewStG
-	600.000 €	Eingeschränkter Verlustabzug (60 % von 1 Mio. €) gem. § 10a Satz 2 GewStG
=	**400.000 €**	**vorläufiger Gewerbeertrag**

Es verbleibt ein vortragsfähiger Verlust für die folgenden EZ i. H. v. 3,4 Mio. €.

[1] Ab EZ 2020: 200.000 €.

4.6 Steuermesszahl und Steuermessbetrag gem. § 11 Abs. 2 GewStG

Lösung zu Aufgabe 13: Freibetrag, Steuermessbetrag (1)

vorläufiger Gewerbeertrag im EZ 2018	30.096,87 €
Abrundung auf volle 100 € (§ 11 Abs. 1 Satz 3 GewStG)	30.000,00 €
abzüglich. Freibetrag (§ 11 Abs. 1 Satz 3 Nr. 1 GewStG)	24.500,00 €
endgültiger Gewerbeertrag	5.500,00 €
• Steuermesszahl (3,5 %) = Steuermessbetrag (§ 11 Abs. 1 Satz 1, 2, Abs. 2 GewStG)	192,50 €
Gemäß R 14.1 Satz 3 GewStR ist der Steuermessbetrag auf volle Euro nach unten abzurunden.	192,00 €

Nach R 11.1 Satz 2 GewStR ist der Freibetrag auch dann in voller Höhe zu gewähren, wenn die Betriebseröffnung oder Betriebsschließung im Laufe des Kalenderjahres erfolgt.

Lösung zu Aufgabe 14: Freibetrag, Steuermessbetrag (2)

vorläufiger Gewerbeertrag im EZ 2018	89.634,27 €
Abrundung auf volle 100 € (§ 11 Abs. 1 Satz 3 GewStG)	89.600,00 €
abzüglich Freibetrag (§ 11 Abs. 1 Satz 3 Nr. 1 GewStG)	0,00 €
endgültiger Gewerbeertrag	89.600,00 €
• Steuermesszahl (3,5 %) = Steuermessbetrag (§ 11 Abs. 1 Satz 1, 2, Abs. 2 GewStG)	3.136,00 €

4.8 Die Aufgabenstellungen

Lösung zu Aufgabe 15: Festzusetzende GewSt

	68.358,47 €	vorläufiger Gewerbeertrag
	68.300,00 €	Abrundung auf volle 100 € gem. § 11 Abs. 1 Satz 3 GewStG
-	24.500,00 €	Freibetrag (§ 11 Abs. 1 Satz 3 Nr. 1 GewStG)
=	43.800,00 €	endgültiger Gewerbeertrag
•	3,5 %	Steuermesszahl (§ 11 Abs. 2 GewStG)
=	1.533,00 €	Steuermessbetrag
•	440 %	Hebesatz (§ 16 GewStG)
=	**6.745,20 €**	**Gewerbesteuer**

Lösung zu Aufgabe 16: Rückstellung für GewSt

	85.550 €	vorläufiger Gewerbeertrag
	85.500 €	Abrundung auf volle 100 € gem. § 11 Abs. 1 Satz 3 GewStG
-	24.500 €	Freibetrag (§ 11 Abs. 1 Satz 3 Nr. 1 GewStG)
=	61.000 €	endgültiger Gewerbeertrag
•	3,5 %	Steuermesszahl (§ 11 Abs. 2 GewStG)
=	2.135 €	Steuermessbetrag
•	440 %	Hebesatz (§ 16 GewStG)
=	**9.394 €**	**Gewerbesteuer**

GewSt-Rückstellung: 9.394 € - 8.000 € (Vorauszahlungen) = 1.394 €

Lösung zu Aufgabe 17: GewSt-Erstattungsbetrag, GewSt-Nachzahlung

	88.888,88 €	vorläufiger Gewerbeertrag
	88.800,00 €	Abrundung auf volle 100 € gem. § 11 Abs. 1 Satz 3 GewStG
-	24.500,00 €	Freibetrag (§ 11 Abs. 1 Satz 3 Nr. 1 GewStG)
=	64.300,00 €	endgültiger Gewerbeertrag
•	3,5 %	Steuermesszahl (§ 11 Abs. 2 GewStG)
=	2.250,50 €	Steuermessbetrag
=	2.250,00 €	Abrundung gem. R 14.1 Satz 3 GewStR
•	440 %	Hebesatz (§ 16 GewStG)
=	**9.900,00 €**	**Gewerbesteuer**

GewSt-Erstattung: 10.000 € (Vorauszahlungen) - 9.900,00 € = 100,00 €

Lösung zu Aufgabe 18: Vom vorläufigen zum endgültigen handelsrechtlichen Jahresüberschuss

	272.200 €	vorläufiger Jahresüberschuss
-	1.394 €	GewSt-Rückstellung (vgl. Lösung zu Aufgabe 16)
=	**270.806 €**	**Endgültiger Jahresüberschuss**

4.9 Zerlegung gem. §§ 28 ff. GewStG

Lösung zu Aufgabe 19: Zerlegung

Gemäß § 28 Abs. 1 Satz 1 GewStG ist der **Steuermessbetrag** zu zerlegen. Dieser ist deshalb zunächst zu ermitteln:

Maßgebender Gewerbeertrag	444.444,00 €
- Gewerbeverlust aus Vorjahren (§ 10a GewStG)	- 0,00 €
= Vorläufiger Gewerbeertrag	= 444.444,00 €
Abrundung auf volle 100 € (§ 11 Abs. 1 Satz 3 GewStG)	444.400,00 €
Abzüglich Freibetrag (§ 11 Abs. 1 Satz 3 Nr. 1 GewStG)	- 24.500,00 €
= Endgültiger Gewerbeertrag	= 419.900,00 €
• Steuermesszahl (3,5 %) = Steuermessbetrag (§ 11 Abs. 1 Satz 1, 2, Abs. 2 GewStG)	= 14.696,50 €
Gemäß R 14.1 Satz 3 GewStR ist der **Steuermessbetrag** auf volle Euro nach unten abzurunden.	**14.696,00 €**

	Bremen	**Hamburg**
Arbeitslöhne (§ 31 Abs. 1 Satz 1 GewStG)	404.895,00 €	562.990,00 €
- Ausbildungsvergütungen (§ 31 Abs. 2 GewStG)	- 12.550,00 €	
- Einmalige Vergütungen (§ 31 Abs. 4 Satz 1 GewStG)		- 24.000,00 €
+ fiktiver Unternehmerlohn (§ 31 Abs. 5 GewStG)	+ 25.000,00 €	
= Arbeitslohn i. S. d. § 29 Abs. 1 Nr. 1 GewStG	= 417.345,00 €	= 538.990,00 €
Abrundung auf volle 1.000 € (§ 29 Abs. 3 GewStG)	**417.000 €**	**538.000 €**
Aufteilung des Arbeitslohns	$^{417}/_{955}$	$^{538}/_{955}$
Zerlegung des Steuermessbetrages (14.696 €)	$^{417}/_{955}$ • 14.696 € = **6.417 €**	$^{538}/_{955}$ • 14.696 € = **8.279 €**
• Hebesatz	• 440 %	• 470 %
= Gewerbesteuer	= 28.234,80 €	= 38.911,30 €
Summe (Gewerbesteuer für Felix Mauricius)	**67.146,10 €**	

5. Abgabenordnung

5.1 Örtliche Zuständigkeit

Lösung zu Aufgabe 1: Örtliche Zuständigkeit (1)

Steuererklärung	Zuständiges FA mit §§
Einkommensteuererklärung	Gemäß § 19 Abs. 1 AO ist für die ESt-Erklärung das Wohnsitz-FA Bremen zuständig.
Umsatzsteuererklärung	Gemäß § 21 Abs. 1 AO ist für die USt-Erklärung das Betriebs-FA Verden zuständig.
Gewerbesteuererklärung	Gemäß § 22 Abs. 1 AO ist für die GewSt-Erklärung das Betriebs-FA Verden zuständig.

Lösung zu Aufgabe 2: Örtliche Zuständigkeit (2)

(jährliche) Steuererklärung	Zuständiges FA mit §§
Einkommensteuererklärung	Gemäß § 19 Abs. 1 AO ist für die ESt-Erklärung das Wohnsitz-FA Krefeld zuständig.
Umsatzsteuererklärung	Gemäß § 21 Abs. 1 AO ist für die USt-Erklärung das Betriebs-FA Aachen-Kreis zuständig.
Gewerbesteuererklärung	Gemäß § 22 Abs. 1 AO ist für die GewSt-Erklärung das Betriebs-FA Aachen-Kreis zuständig.

(monatliche) Anmeldung	Zuständiges FA mit §§
Umsatzsteuervoranmeldung	Gemäß § 21 Abs. 1 AO ist für die USt-Voranmeldung das Betriebs-FA Aachen- Kreis zuständig; vgl. auch § 18 UStG.
Lohnsteueranmeldung	Gemäß § 21 Abs. 1 AO ist für die LSt-Anmeldung das Betriebs-FA Aachen-Kreis zuständig; vgl. auch § 41a EStG.

Lösung zu Aufgabe 3: Örtliche Zuständigkeit (3)

Steuererklärung	Zuständiges FA mit §§
Einkommensteuererklärung Jacob Grimm	Gemäß § 19 Abs. 1 AO ist für die ESt-Erklärung das Wohnsitz-FA HH-Altona zuständig.
Einkommensteuererklärung Wilhelm Grimm	Gemäß § 19 Abs. 1 AO ist für die ESt-Erklärung das Wohnsitz-FA Kiel-Süd zuständig.
Einheitliche und gesonderte Feststellungserklärung für die Einkünfte aus Vermietung und Verpachtung für das Einfamilienhaus auf Fehmarn Brüder Grimm	Gemäß §§ 18 Abs. 1 Nr. 4 AO i. V. m. 180 Abs. 1 Nr. 2a AO ist für die Feststellungserklärung für die Einkünfte aus VuV das Verwaltungs-FA Kiel-Süd zuständig, da von dessen Bezirk die Verwaltung dieser Einkünfte ausgeht.

INFO

Gemäß § 181 Abs. 2 Satz 2 Nr. 1 AO ist jeder der Beteiligten (in der Aufgabe also die Brüder Grimm) erklärungspflichtig. Insgesamt muss natürlich nur eine Feststellungserklärung abgegeben werden. Das FA kann sich aber an jeden der Beteiligten wenden und ggf. Zwangsmittel (Verspätungszuschlag, Zwangsgeld) festsetzen.

Aus Vereinfachungsgründen kann das FA bei der gesonderten Feststellung der Einkünfte aus Vermietung und Verpachtung aus nur einem Grundstück davon ausgehen, dass die Verwaltung dieser Einkünfte von dem Ort ausgeht, in dem das Grundstück liegt, es sei denn, die Steuerpflichtigen legen etwas anderes dar (wie in der vorliegenden Aufgabe, wonach Wilhelm Grimm sich seit Jahren um die Verwaltung des Hauses kümmert); vgl. AEAO zu § 18 Nr. 4.

5.2 Bekanntgabe und Einspruchsfrist

5.2.1 Bekanntgabe

Lösung zu Aufgabe 4: Bekanntgabe (1)

Gemäß § 122 Abs. 2 Nr. 1 AO gilt ein schriftlicher VA (hier der ESt-Bescheid), der durch die Post (im Inland) übermittelt wird, am dritten Tage nach der Aufgabe zur Post als bekannt gegeben (sog. Drei-Tages-Fiktion).

Der Tag der Aufgabe zur Post (hier Montag, der 01.12.) wird bei der Drei-Tages-Fiktion nicht mitgezählt.

Der ESt-Bescheid gilt daher als am Donnerstag, den 04.12., bekannt gegeben (Zugangsvermutung).

Lösung zu Aufgabe 5: Bekanntgabe (2)

Gemäß § 122 Abs. 2 Nr. 1 AO gilt ein schriftlicher VA (hier der ESt-Bescheid), der durch die Post (im Inland) übermittelt wird, am dritten Tage nach der Aufgabe zur Post als bekannt gegeben (sog. Drei-Tages-Fiktion).

Der ESt-Bescheid gilt daher als am Donnerstag, den 04.12., bekannt gegeben (Zugangsvermutung), auch wenn er tatsächlich schon früher zugegangen ist.

Lösung zu Aufgabe 6: Bekanntgabe (3)

Gemäß § 122 Abs. 2 Nr. 1 AO gilt ein schriftlicher VA (hier der ESt-Bescheid), der durch die Post (im Inland) übermittelt wird, am dritten Tage nach der Aufgabe zur Post als bekannt gegeben (sog. Drei-Tages-Fiktion).

Der ESt-Bescheid gilt daher grundsätzlich als am Donnerstag, den 04.12., bekannt gegeben (Zugangsvermutung).

Die Frist des § 122 Abs. 2 Nr. 1 AO und damit die Drei-Tages-Fiktion gilt aber nicht, wenn der VA nicht (also gar nicht) oder zu einem späteren Zeitpunkt zugegangen ist, wobei im Zweifel die Behörde den Zugang des VA und den Zeitpunkt des Zugangs nachzuweisen hat.

Vorliegend hat der Steuerpflichtige den Bescheid nachweislich am Freitag, den 05.12., erhalten (= Tag der Bekanntgabe).

Lösung zu Aufgabe 7: Bekanntgabe (4)

Gemäß § 122 Abs. 2 Nr. 1 AO gilt ein schriftlicher VA (hier der ESt-Bescheid), der durch die Post (im Inland) übermittelt wird, am dritten Tage nach der Aufgabe zur Post als bekannt gegeben (sog. Drei-Tages-Fiktion).

Der ESt-Bescheid gilt daher grundsätzlich als am Samstag, den 06.12., bekannt gegeben (Zugangsvermutung).

Fällt das Ende einer Frist auf einen Sonntag, einen gesetzlichen Feiertag oder einen Samstag (wie vorliegend), so endet die Frist gem. § 108 Abs. 3 AO mit dem Ablauf des nächstfolgenden Werktags.

Bekanntgabe daher Montag, der 08.12.

Lösung zu Aufgabe 8: Bekanntgabe (5)

Gemäß § 122 Abs. 2 Nr. 1 AO gilt ein schriftlicher VA (hier der ESt-Bescheid), der durch die Post (im Inland) übermittelt wird, am dritten Tage nach der Aufgabe zur Post als bekannt gegeben (sog. Drei-Tages-Fiktion).

Der ESt-Bescheid gilt daher grundsätzlich als am Donnerstag, den 25.12., bekannt gegeben (Zugangsvermutung).

Fällt das Ende einer Frist auf einen Sonntag, einen gesetzlichen Feiertag (wie vorliegend) oder einen Sonnabend, so endet die Frist gem. § 108 Abs. 3 AO mit dem Ablauf des nächstfolgenden Werktags.

Bekanntgabe daher Montag, der 29.12.

Lösung zu Aufgabe 9: Bekanntgabe (6)

Gemäß § 122 Abs. 2 Nr. 1 AO gilt ein schriftlicher VA (hier der ESt-Bescheid), der durch die Post (im Inland) übermittelt wird, am dritten Tage nach der Aufgabe zur Post als bekannt gegeben (sog. Drei-Tages-Fiktion).

Aufgabe zur Post ist Einwurf in den Briefkasten oder Einlieferung bei der Post. Es kommt auf den Tag an, an dem die Handlung vorgenommen worden ist. Dieser lässt sich vorliegend nicht zweifelsfrei bestimmen. Aus dem Bescheiddatum oder aus einem aufgedruckten Aufgabedatum lässt sich nicht auf den Tag der Aufgabe zur Post schließen, da das Datum des Bescheids nicht mit dem Tag der Aufgabe zur Post identisch sein muss. Bei Zweifeln hat die Finanzbehörde den Tag der Absendung nachzuweisen, sie müsste z. B. darlegen, wie der Ablauf der Postversendung gestaltet war und welche Maßnahmen ergriffen worden sind, um eine Übereinstimmung von Bescheiddatum und Tag der Aufgabe zur Post zu gewährleisten. Bleiben Zweifel bei der Beweiswürdigung an dem Absendedatum, geht das zulasten der Finanzbehörde. Bei einem Widerspruch zwischen dem Absendevermerk auf dem bei den Steuerakten verbleibenden Bescheid und dem Poststempel auf dem Briefumschlag ist dem aus dem Poststempel ersichtlichen Datum der Vorzug zu geben.

Aufgabe zur Post also vorliegend Mittwoch, der 03.12.

Der ESt-Bescheid gilt daher grundsätzlich als am Samstag, den 06.12., bekannt gegeben (Zugangsvermutung).

Fällt das Ende einer Frist auf einen Sonntag, einen gesetzlichen Feiertag oder einen Samstag (so wie vorliegend), so endet die Frist gem. § 108 Abs. 3 AO mit dem Ablauf des nächstfolgenden Werktags.

Bekanntgabe daher Montag, der 08.12.

5.2.2 Einspruchsfrist

Lösung zu Aufgabe 10: Einspruchsfrist (1)

BEGINN: 04.11. 00:00 Uhr

Gemäß § 108 Abs. 1 AO i. V. m. § 187 Abs. 1 BGB beginnt die Einspruchsfrist mit Ablauf des Tages der Bekanntgabe.

DAUER: ein Monat

Gemäß § 355 Abs. 1 Satz 1 AO ist der Einspruch innerhalb eines Monats nach Bekanntgabe des VA einzulegen.

ENDE: 03.12. 24:00 Uhr

Gemäß § 108 Abs. 1 AO i. V. m. § 188 Abs. 2 BGB endet die Monatsfrist mit Ablauf desjenigen Tages des letzten Monats, der durch seine Zahl dem Tage entspricht, in den das Ereignis (vorliegend Bekanntgabe am 03.) oder der Zeitpunkt fällt.

Lösung zu Aufgabe 11: Einspruchsfrist (2)

Gemäß § 122 Abs. 2 Nr. 1 AO gilt ein schriftlicher VA (hier der ESt-Bescheid), der durch die Post (im Inland) übermittelt wird, am dritten Tage nach der Aufgabe zur Post als bekannt gegeben (sog. Drei-Tages-Fiktion).

Der ESt-Bescheid gilt daher grundsätzlich als am Samstag, den 08.11., bekannt gegeben (Zugangsvermutung), auch wenn er tatsächlich schon früher zugegangen ist.

Fällt das Ende einer Frist auf einen Sonntag, einen gesetzlichen Feiertag oder einen Samstag (wie vorliegend), so endet die Frist gem. § 108 Abs. 3 AO mit dem Ablauf des nächstfolgenden Werktags.

Bekanntgabe daher Montag, der 10.11.

BEGINN: 11.11. 00:00 Uhr

Gemäß § 108 Abs. 1 AO i. V. m. § 187 Abs. 1 BGB beginnt die Einspruchsfrist mit Ablauf des Tages der Bekanntgabe.

DAUER: ein Monat

Gemäß § 355 Abs. 1 Satz 1 AO ist der Einspruch innerhalb eines Monats nach Bekanntgabe des VA einzulegen.

ENDE: 10.12. 24:00 Uhr

Gemäß § 108 Abs. 1 AO i. V. m. § 188 Abs. 2 BGB endet die Monatsfrist mit Ablauf desjenigen Tages des letzten Monats, der durch seine Zahl dem Tage entspricht, in den das Ereignis (vorliegend Bekanntgabe am 10.) oder der Zeitpunkt fällt.

Noch (heute 10.12. bis 24:00 Uhr) ist also ein fristgerechter Einspruch möglich.

Lösung zu Aufgabe 12: Einspruchsfrist (3)

Gemäß § 122 Abs. 2 Nr. 1 AO gilt ein schriftlicher VA (hier der ESt-Bescheid), der durch die Post (im Inland) übermittelt wird, am dritten Tage nach der Aufgabe zur Post als bekannt gegeben (sog. Drei-Tages-Fiktion).

Der ESt-Bescheid gilt daher als am Freitag, den 30.01., bekannt gegeben (Zugangsvermutung).

BEGINN: 31.01. 00:00 Uhr

Gemäß § 108 Abs. 1 AO i. V. m. § 187 Abs. 1 BGB beginnt die Einspruchsfrist mit Ablauf des Tages der Bekanntgabe.

DAUER: ein Monat

Gemäß § 355 Abs. 1 Satz 1 AO ist der Einspruch innerhalb eines Monats nach Bekanntgabe des VA einzulegen.

ENDE: 02.03. 24:00 Uhr (!)

Gemäß § 108 Abs. 1 AO i. V. m. § 188 Abs. 2 BGB endet die Monatsfrist mit Ablauf desjenigen Tages des letzten Monats, der durch seine Zahl dem Tage entspricht, in den das Ereignis (vorliegend Bekanntgabe am 30.) oder der Zeitpunkt fällt.

Gemäß § 108 Abs. 1 AO i. V. m. § 188 Abs. 3 BGB endet die Monatsfrist mit dem Ablauf des letzten Tages dieses Monats (vorliegend Februar), falls bei einer Monatsfrist der für ihren Ablauf maßgebende Tag fehlt.

Ende der Frist also 28.02., da das eigentliche Ende der Frist auf einen nicht vorhandenen Tag fällt (30.02.). Der 28.02. ist allerdings ein Samstag. Deshalb endet die Frist gem. § 108 Abs. 3 AO (erst) mit Ablauf des nächstfolgenden Werktags.

5.3 Folgen einer Fristversäumnis/steuerliche Nebenleistungen

5.3.1. Verspätungszuschlag

Lösung zu Aufgabe 13: Verspätungszuschlag

Gemäß § 149 Abs. 1 Satz 2 AO ist zur Abgabe einer Steuererklärung auch verpflichtet, wer hierzu von der Finanzbehörde aufgefordert wird.

Gemäß § 149 Abs. 2 Satz 1 AO sind Steuererklärungen, die sich auf ein Kalenderjahr beziehen, spätestens sieben Monate danach abzugeben.

Charles Wegelagerer hätte demnach seine ESt-Erklärung 2017 bis zum 31.07.2018 abgeben müssen. Tatsächlich hat er seine ESt-Erklärung erst am 30.01.2019, also nicht fristgerecht, abgegeben.

Gemäß § 152 Abs. 1 Satz 1 AO kann das FA einen Verspätungszuschlag festsetzen.

Gemäß **§ 152 Abs. 5 Satz 2 AO** beträgt der Verspätungszuschlag für jeden angefangenen Monat der eingetretenen Verspätung **0,25 %** der um die festgesetzten Vorauszahlungen (...) verminderten Steuer, **mindestens jedoch 25 €** für jeden angefangenen Monat der eingetretenen Verspätung.

Festgesetzte Steuer:	43.232 €
abzgl. Vorauszahlungen:	39.500 € (4 • 9.875 €)
	3.732 € • 0,25 % = 9,33 € mindestens jedoch 25 €

Das FA kann also einen Verspätungszuschlag i. H. v. **150 €** (25 € • 6 angefangene Monate der eingetretenen Verspätung) festsetzen.

5.3.2 Säumniszuschlag

Lösung zu Aufgabe 14: Säumniszuschlag

Gemäß § 36 Abs. 4 Satz 1 EStG hätte Charles Wegelagerer den rückständigen Steuerbetrag innerhalb eines Monats nach Bekanntgabe des Steuerbescheids (also bis zum 30.04.) entrichten müssen.

Der Geldeingang bei der Finanzkasse erfolgte am 15.05.

Mithin hat Charles Wegelagerer eine Steuer nicht bis zum Ablauf des Fälligkeitstages entrichtet.

Gemäß § 240 Abs. 1 Satz 1 AO ist deshalb für jeden angefangenen Monat der Säumnis (vorliegend ein angefangener Monat der Säumnis) ein Säumniszuschlag von 1 % des abgerundeten rückständigen Steuerbetrages zu entrichten; abzurunden ist auf den nächsten durch 50 € teilbaren Betrag.

1 % • 3.700 € (abgerundeter rückständiger Steuerbetrag) = 37 €

Das FA muss einen Säumniszuschlag i. H. v. 37 € festsetzen.

5.3.3 Zinsen

Lösung zu Aufgabe 15: Zinsen

Gemäß § 233a Abs. 2 Satz 1 AO beginnt der Zinslauf 15 Monate nach Ablauf des Kalenderjahrs, in dem die Steuer entstanden ist.

Gemäß § 36 Abs. 1 EStG entsteht die Einkommensteuer mit Ablauf des Veranlagungszeitraums.

Vorliegend geht es um die ESt aus 2016. Diese entsteht mit Ablauf des 31.12.2016. Der Zinslauf beginnt demnach am 01.04.2018.

Gemäß § 233a Abs. 2 Satz 3 AO endet der Zinslauf mit Ablauf des Tages, an dem die Steuerfestsetzung wirksam wird.

Das ist vorliegend der 03.06.2018 (Tag der Bekanntgabe). Der Zinslauf endet demnach mit Ablauf des 03.06.2018.

Gemäß § 233a Abs. 3 Satz 1 AO ist die festgesetzte Steuer (vorliegend 43.232 €), vermindert um die bis zum Beginn des Zinslaufs festgesetzten Vorauszahlungen (vorliegend 39.500 €) maßgebend für die Zinsberechnung.

Gemäß § 238 Abs. 2 AO wird für die Berechnung der Zinsen der zu verzinsende Betrag (vorliegend 3.732 €) auf den nächsten durch 50 € teilbaren Betrag abgerundet.

Gemäß § 238 Abs. 1 Satz 1, Satz 2 AO betragen die Zinsen für jeden vollen Monat 0,5 %.

Das FA muss Zinsen i. H. v. 37 € festsetzen (0,5 % • 2 volle Monate • 3.700 €).

Lösung zu Aufgabe 16: Stundungszinsen

Gemäß **§ 234 Abs. 1 Satz 1 AO** werden (auch) für die Dauer einer gewährten Stundung von Ansprüchen aus dem Steuerschuldverhältnis Zinsen erhoben.

1. Rate

Die ESt-Abschlusszahlung i. H. v. insgesamt 6.580 € ist gem. § 36 Abs. 4 Satz 1 EStG innerhalb eines Monats nach Bekanntgabe des Steuerbescheids zu entrichten.

Einen Monat nach Bekanntgabe ist vorliegend der 23.12.2018 (Bekanntgabe ausweislich des Sachverhalts: 23.11.2018).

- Beginn Zinslauf: 24.12.2018, 00:00 Uhr
- Ende Zinslauf: 24.01.2019, 24:00 Uhr (Geldeingang beim FA)
- Dauer Zinslauf: 1 voller Monat

Festzusetzende Stundungszinsen gem. § 238 Abs. 1 AO: 0,5 % von 2.000 € = 10 €

2. Rate

- Beginn Zinslauf: 24.12.2018, 00:00 Uhr (vgl. 1. Rate)
- Ende Zinslauf: 24.02.2019, 24:00 Uhr (Geldeingang beim FA)
- Dauer Zinslauf: 2 volle Monate

Festzusetzende Stundungszinsen gem. § 238 Abs. 1 AO: 0,5 % • 2 von 2.000 € = 20 €

3. Rate

- Beginn Zinslauf: 24.12.2018, 00:00 Uhr (vgl. 1. und 2. Rate)
- Ende Zinslauf: 24.03.2019 (Geldeingang beim FA)
- Dauer Zinslauf: 3 volle Monate

Festzusetzende Stundungszinsen gem. § 238 Abs. 1 AO: 0,5 % • 3 von 2.550 €[1] = 38,25 €

Rundung gem. § 239 Abs. 2 Satz 1 AO auf 38 €.

Höhe der festzusetzenden Stundungszinsen insgesamt: 68,00 € (10,00 € + 20,00 € + 38,00 €).

Der Verspätungszuschlag i. H. v. 175 € ist gem. § 233 Satz 2 AO nicht zu verzinsen.

---

1 Der zu verzinsende Betrag (2.580 €) ist gem. § 238 Abs. 2 AO auf den nächsten durch 50 € teilbaren Betrag abzurunden.

Lösung zu Aufgabe 17: Steuerliche Nebenleistungen (zusammenfassende Aufgabe)

Verspätungszuschlag

Gemäß § 149 Abs. 2 Satz 1 AO hätte Bernd Schussel seine ESt-Erklärung 2017 bis zum 31.07.2018 abgeben müssen. Tatsächlich hat er seine ESt-Erklärung erst zu Beginn des Jahres 2019 (und damit nicht fristgerecht) abgegeben.

Gemäß § 152 Abs. 1 Satz 1 AO **kann** das FA daher einen Verspätungszuschlag festsetzen.

Gemäß **§ 152 Abs. 5 Satz 2 AO** beträgt der Verspätungszuschlag für jeden angefangenen Monat der eingetretenen Verspätung **0,25 %** der um die festgesetzten Vorauszahlungen (...) verminderten Steuer, **mindestens jedoch 25 €** für jeden angefangenen Monat der eingetretenen Verspätung.

Festgesetzte Steuer:	16.580 €
abzgl. Vorauszahlungen:	10.000 €
	6.580 € • 0,25 % = 16,45 € mindestens jedoch 25 €

Das FA kann also einen Verspätungszuschlag i. H. v. **25 €** für jeden angefangenen Monat der eingetretenen Verspätung festsetzen (Anzahl der angefangenen Monate im Sachverhalt nicht bestimmbar, da Abgabe der Steuererklärung „zu Beginn des Jahres 2019“).

Säumniszuschlag

Gemäß § 36 Abs. 4 EStG hätte Bernd Schussel die Abschlusszahlung i. H. v. 6.580 € innerhalb eines Monats nach Bekanntgabe des Steuerbescheids entrichten müssen.

Der Steuerbescheid wurde Bernd Schussel ausweislich des Sachverhalts am 19.05.2019 bekanntgegeben. Er hätte also bis zum 19.06. zahlen müssen. Tatsächlich gezahlt hat er am 22.07.2019 (= Geldeingang beim Finanzamt). Damit hat er die Steuer bei Fälligkeit nicht entrichtet.

Gemäß § 240 Abs. 1 Satz 1 AO **muss** das FA daher für jeden angefangenen Monat der Säumnis einen Säumniszuschlag von 1 % des (auf den nächsten durch 50 € teilbaren) abgerundeten rückständigen Steuerbetrags festsetzen: 1 % • 2 (zwei angefangene Monate) • 6.550 € = 131 €.

Zinsen

- Beginn Zinslauf: 01.04.2019 (§ 233a Abs. 2 Satz 1 AO i. V. m. § 36 Abs. 1 EStG)
- Ende Zinslauf: 19.05.2019 (= Tag der Bekanntgabe; vgl. § 233a Abs. 2 Satz 3 AO)
- Dauer Zinslauf: 1 voller Monat

Maßgebender Betrag für die Zinsberechnung: 6.580 € (§ 233a Abs. 3 Satz 1 AO)

- Abrundung: 6.550 € (§ 238 Abs. 2 AO)
- Zinssatz: 0,5 % für jeden vollen Monat (§ 238 Abs. 1 Satz 1, Satz 2 AO)

Das FA **muss** Zinsen i. H. v. 32,75 € (0,5 % von 6.550 €) festsetzen.

Rundung gem. § 239 Abs. 2 Satz 1 AO auf 32 €.

Zur Vermeidung der o. a. steuerlichen Nebenleistungen sollte Bernd Schussel in Zukunft zunächst einmal seine Steuererklärung fristgemäß (also bis zum 31.07.) abgeben. Ein Verspätungszuschlag kann dann nicht festgesetzt werden. Außerdem werden dann auch keine Zinsen festgesetzt (vorausgesetzt, das FA gibt den Bescheid vor Beginn des Zinslaufs also innerhalb von acht Monaten nach Abgabe der Steuererklärung bekannt, wovon grundsätzlich auszugehen ist).

Säumniszuschläge lassen sich in Zukunft durch Erteilung einer Einzugsermächtigung vermeiden, da gem. § 224 Abs. 2 Nr. 3 AO eine wirksam geleistete Zahlung bei Vorliegen einer Einzugsermächtigung als am Fälligkeitstag entrichtet gilt.

5.4 Erlöschen des Steueranspruchs

Lösung zu Aufgabe 18: Erlöschen des Steueranspruchs

a) Die Abschlusszahlung i. H. v. 9.990 € ist gem. § 20 Abs. 2 GewStG innerhalb eines Monats nach Bekanntgabe des Steuerbescheids zu entrichten. Damit hätte Gustav Gans grundsätzlich bis zum 25.12.2018 zahlen müssen (Tag der Bekanntgabe ausweislich des Sachverhalts: 25.11.2018). Gemäß § 108 Abs. 3 AO endet die Frist aber erst mit dem Ablauf des nächstfolgenden Werktags. Das ist vorliegend, der 27.12.2018. Bei Hingabe oder Übersendung von Schecks gilt eine wirksam geleistete Zahlung gem. § 224 Abs. 2 Nr. 1 AO drei Tage nach dem Tag des Eingangs als entrichtet. Damit hat Gustav Gans rechtzeitig gezahlt (Eingang des Schecks beim Finanzamt ausweislich des Sachverhalts: 24.12.2018 + 3 Tage = Zahlung gilt als entrichtet am 27.12.2018). Das Finanzamt setzt **keine** Säumniszuschläge fest.

b) Die Einkommensteuervorauszahlung für das 4. Quartal 2018 i. H. v. 55.660 € hat der Steuerpflichtige gem. § 37 Abs. 1 EStG am 10.12.2018 zu entrichten. Mickey Mouse überwies die Vorauszahlung am 11.12.2018. Eine wirksam geleistete Zahlung gilt gem. § 224 Abs. 2 Nr. 2 AO bei Überweisung an dem Tag, an dem der Betrag der Finanzbehörde gutgeschrieben wird, als entrichtet. Gemäß § 224 Abs. 3 Satz 3 AO gilt als Tag der Zahlung bei Überweisung der dritte Tag nach der Hingabe oder Absendung des Auftrags an das Kreditinstitut. Das heißt, Mickey Mouse hat am 14.12.2018 wirksam geleistet. Er ist deshalb säumig i. S. d. § 240 AO. Das Finanzamt müsste daher grundsätzlich Säumniszuschläge festsetzen.

c) Gemäß § 31 KStG i. V. m. § 37 Abs. 1 EStG hat der Steuerpflichtige am 10.09. die Körperschaftsteuervorauszahlungen für das 3. Quartal zu entrichten. Bei Vorliegen einer Einzugsermächtigung (ausweislich des Sachverhalts liegt eine solche vor) gilt eine wirksam geleistete Zahlung gem. § 224 Abs. 2 Nr. 3 AO als am Fälligkeitstag (10.09.) entrichtet. Das heißt, unabhängig von dem Zeitpunkt der tatsächlichen Zahlung (19.09.), gilt die Zahlung als am Fälligkeitstag entrichtet. Das Finanzamt wird deshalb **keine** Säumniszuschläge festsetzen.

d) Gemäß § 18 Abs. 1 UStG ist die Vorauszahlung am 10. Tag nach Ablauf des Voranmeldungszeitraums fällig. Das heißt, Dagobert Duck muss die Vorauszahlung bis zum 10.12. leisten. Bei Hingabe oder Übersendung von Schecks gilt eine wirksam geleistete Zahlung gem. § 224 Abs. 2 Nr. 1 AO drei Tage nach dem Tag des Eingangs als entrichtet. Die Zahlung gilt also als am 11.12. entrichtet (Tag des Eingangs des Schecks ausweislich des Sachverhalts am 08.12. + 3 Tage = 11.12.). Damit hat Dagobert Duck zu spät gezahlt. Die Schonfrist des § 240 Abs. 3 Satz 1 AO, nach welcher ein Säumniszuschlag bei einer Säumnis bis zu drei Tagen (vorliegend ein Tag Säumnis) nicht erhoben wird, findet vorliegend **keine** Anwendung, da diese Schonfrist nach § 240 Abs. 3 Satz 2 AO nicht bei Zahlungen nach § 224 Abs. 2 Nr. 1 AO (= Scheckzahlungen) gilt. Das Finanzamt wird deshalb einen Säumniszuschlag (i. H. v. 1 % des abgerundeten rückständigen Steuerbetrags) festsetzen.

5.5 Nicht endgültige Steuerfestsetzungen

5.5.1 Steuerfestsetzung unter Vorbehalt der Nachprüfung

Lösung zu Aufgabe 19: Steuerfestsetzung unter Vorbehalt der Nachprüfung (1)

Der ESt-Bescheid 2017 ist ausweislich des Sachverhalts nach § 164 Abs. 1 Satz 1 AO unter Vorbehalt der Nachprüfung ergangen.

Solange der Vorbehalt wirksam ist, kann die Steuerfestsetzung aufgehoben oder geändert werden; vgl. § 164 Abs. 2 Satz 1 AO.

Diese Aufhebung oder Änderung der Steuerfestsetzung kann der Steuerpflichtige gem. § 164 Abs. 2 Satz 2 AO jederzeit beantragen.

Rudi Rüssel hat also auch noch jetzt (Anfang 2019) die Möglichkeit, den Einkommensteuerbescheid 2017 ändern zu lassen.

Gemäß § 164 Abs. 4 Satz 1 AO entfällt der Vorbehalt der Nachprüfung, wenn die Festsetzungsfrist abläuft.

BEGINN: 31.12.2018 24:00 Uhr

Gemäß § 170 Abs. 2 Satz 1 Nr. 1 AO beginnt die Festsetzungsfrist mit Ablauf des Kalenderjahrs, in dem die Steuererklärung eingereicht wird (vorliegend 2018[1]).

DAUER: 4 Jahre

Gemäß § 169 Abs. 2 Satz 1 Nr. 2 AO beträgt die Festsetzungsfrist vier Jahre.

ENDE: 31.12.2022 24:00 Uhr

[1] Ausweislich des Sachverhalts ist der 24.12.2018 der Tag der Bekanntgabe. Bei lebensnaher Sachverhaltsauslegung muss davon ausgegangen werden, dass die Steuererklärung in 2018 abgegeben worden ist.

Lösungen zu Aufgabe 20: Steuerfestsetzung unter Vorbehalt der Nachprüfung (2)

Die Festsetzung einer Vorauszahlung ist gem. § 164 Abs. 1 Satz 2 AO **stets** eine Steuerfestsetzung unter dem Vorbehalt der Nachprüfung.

Solange der Vorbehalt wirksam ist, kann die Steuerfestsetzung aufgehoben oder geändert werden; vgl. § 164 Abs. 2 Satz 1 AO.

Diese Aufhebung oder Änderung der Steuerfestsetzung kann der Steuerpflichtige gem. § 164 Abs. 2 Satz 2 AO jederzeit beantragen.

Der Vorauszahlungsbescheid kann also den geänderten Verhältnissen von Alexa Wegelagerer angepasst werden.

Fraglich ist allerdings, ob unter den gegebenen Umständen (keine Liquiditätsengpässe, Abgabe Steuererklärung durch StB, Bearbeitungszeit Finanzamt Bremen ca. 1 Jahr) der orauszahlungsbescheid auf jeden Fall den geänderten Verhältnissen von Alexa Wegelagerer angepasst werden sollte.

Wenn die Steuererklärung 2018 fristgemäß erst am 28.02.2020 abgegeben werden kann und das FA Bremen zurzeit nachweislich ca. 1 Jahr zur Bearbeitung benötigt, wird die Bekanntgabe des Einkommensteuerbescheids 2018 voraussichtlich um den 28.02.2021 liegen.

Der Zinslauf für die Erstattungszinsen beginnt am 01.04.2020 (§ 233a Abs. 2 Satz 1 AO i. V. m. § 36 Abs. 1 EStG) und endet mit dem Tag der Bekanntgabe (§ 233a Abs. 2 Satz 3 AO); also voraussichtlich um den 28.02.2021.

Die (aufgrund der zu hohen Vorauszahlungen) zu erwartende Steuererstattung muss das Finanzamt Bremen mit 0,5 % für jeden vollen Monat (§ 238 Abs. 1 Satz 1 und 2 AO) verzinsen.

Bei voraussichtlich 11 vollen Monaten (s. o.: 01.04.2020 - 28.02.2021) hat Alexa Wegelagerer damit die Möglichkeit einer sicheren (!) Geldanlage in Höhe der Steuererstattung mit einem Zinssatz i. H. v. 5,5 %.

In der heutigen Zinsniedrigphase eine interessante Geldanlage: Der Vorauszahlungsbescheid 2018 sollte also nicht auf jeden Fall den geänderten Verhältnissen von Alexa Wegelagerer angepasst werden.

5.6 Festsetzungsverjährung

Lösung zu Aufgabe 21: Die Arbeitnehmerin

Beginn der Festsetzungsfrist:
Gemäß § 170 Abs. 1 AO **beginnt die Festsetzungsfrist mit Ablauf des Kalenderjahrs, in dem die Steuer entstanden ist** oder eine bedingt entstandene Steuer unbedingt geworden ist.

Gemäß § 36 Abs. 1 EStG entsteht die Einkommensteuer mit Ablauf des VZ, vorliegend also mit Ablauf des 31.12.2017. Dies ist auch der Beginn der Festsetzungsfrist.

Dauer der Festsetzungsfrist:
Vier Jahre gemäß § 169 Abs. 2 Satz 1 Nr. 2 AO.

Ende der Festsetzungsfrist:
Mit Ablauf des 31.12.2021

Lösung zu Aufgabe 22: Der Rentner

Beginn der Festsetzungsfrist:
Nach § 170 Abs. 2 Satz 1 Nr. 1 AO **beginnt die Festsetzungsfrist, wenn eine Steuererklärung oder eine Steueranmeldung einzureichen oder eine Anzeige zu erstatten ist, mit Ablauf des Kalenderjahres, in dem die Steuererklärung, die Steueranmeldung oder die Anzeige eingereicht wird**, spätestens jedoch mit Ablauf des dritten Kalenderjahres, das auf das Kalenderjahr folgt, in dem die Steuer entstanden ist.

Charles Dobben hat seine Einkommensteuererklärung am 08.08.2018 beim zuständigen Finanzamt abgegeben. Die Festsetzungsfrist beginnt deshalb mit Ablauf des 31.12.2018.

Dauer der Festsetzungsfrist:
Vier Jahre gemäß § 169 Abs. 2 Satz 1 Nr. 2 AO.

Ende der Festsetzungsfrist:
Mit Ablauf des 31.12.2022

Der für die Verwirklichung des Steuerschuldverhältnisses maßgebliche Verwaltungsakt (= der Steuerbescheid) muss also bis zu diesem Zeitpunkt ergehen.

Lösung zu Aufgabe 23: Die Schnullerfee

Da gem. § 169 Abs. 1 Satz 1 AO eine Steuerfestsetzung sowie ihre Aufhebung oder Änderung nicht mehr zulässig sind, wenn die Festsetzungsfrist abgelaufen ist, muss das Finanzamt Bremen den Körperschafsteuerbescheid unter Schätzung der Besteuerungsgrundlagen innerhalb der Festsetzungsfrist erlassen:

Beginn der Festsetzungsfrist:
Nach § 170 Abs. 2 Satz 1 Nr. 1 AO beginnt die Festsetzungsfrist, wenn eine Steuererklärung oder eine Steueranmeldung einzureichen oder eine Anzeige zu erstatten ist, mit Ablauf des Kalenderjahres, in dem die Steuererklärung, die Steueranmeldung oder die Anzeige eingereicht wird, **spätestens jedoch mit Ablauf des dritten Kalenderjahres, das auf das Kalenderjahr folgt, in dem die Steuer entstanden ist**.

Gemäß § 30 Nr. 3 KStG entsteht die Körperschafsteuer mit Ablauf des VZ, vorliegend also mit Ablauf des 31.12.2010. Beginn der Frist ist, da keine Steuererklärung abgegeben wurde, mit Ablauf des 31.12.2013 (31.12.2010 + drei Jahre).

Dauer der Festsetzungsfrist:
Vier Jahre gemäß § 169 Abs. 2 Satz 1 Nr. 2 AO.

Ende der Festsetzungsfrist:
Mit Ablauf des 31.12.2017

F

G

H

I

R

S

T

U

V

W

Z